CB138262

GRANDE TESOURO
DE MÉRITO

Outros livros de Geshe Kelsang Gyatso

Contemplações Significativas
Clara-Luz de Êxtase
Compaixão Universal
Caminho Alegre da Boa Fortuna
Guia à Terra Dakini
O Voto do Bodhisattva
Joia-Coração
Introdução ao Budismo
Solos e Caminhos Tântricos
Oceano de Néctar
Essência do Vajrayana
Viver Significativamente, Morrer com Alegria
Oito Passos para a Felicidade
Transforme sua Vida
Novo Manual de Meditação
Como Solucionar Nossos Problemas Humanos
Mahamudra Tantra
Budismo Moderno
Novo Coração de Sabedoria
Como Entender a Mente

O lucro recebido pela Editora Tharpa com
a venda deste livro será doado ao
Fundo Projeto Internacional de Templos da NTK-UBKI,
de acordo com as diretrizes que constam
em *O Manual do Dinheiro*
[Reg. Charity number 1015054 (England)]
Uma instituição beneficente budista,
construindo pela Paz Mundial.
www.kadampa.org/temples.htm

GESHE KELSANG GYATSO

Grande Tesouro de Mérito

A MANEIRA DE CONFIAR EM UM GUIA ESPIRITUAL

THARPA BRASIL

São Paulo, SP, Brasil

© Geshe Kelsang Gyatso e Nova Tradição Kadampa

Primeira edição em língua inglesa em 1992.
Primeira edição em língua portuguesa em 2013.

Título original:
Great Treasury of Merit: How to Rely Upon a Spiritual Guide

Tradução do original autorizada pelo autor.

Tradução, Revisão e Diagramação Tharpa Brasil

A pintura de capa representando Lama Losang Tubwang Dorjechang e do frontispício, representando o Campo de Mérito, foram realizadas pelo artista tibetano Chating Jamyang Lama.

Dados Internacionais de Catalogação na Publicação (CIP)
(Câmara Brasileira do Livro, SP, Brasil)

Kelsang Gyatso, Geshe, 1932-
Grande tesouro de mérito: a maneira de confiar em um guia espiritual: Geshe Kelsang Gyatso;
Título original: Great treasury of merit: how to rely upon a spiritual guide.
Tradução: Tharpa Brasil - 1. ed. - São Paulo : Tharpa Brasil, Centro de Meditação Kadampa Mahabodhi, 2013.
460p.
Il.
ISBN 978-85-85928-76-6
1. Budismo 2. Carma 3. Meditação I. Título.
05-9278 CDD-294.3

Índices para catálogo sistemático:
1. Budismo: Religião 294.3

Todo o lucro recebido pela Editora Tharpa
com a venda deste livro será doado ao
Projeto Internacional de Templos da NKT-IKBU
parte da Nova Tradição Kadampa (*New Kadampa Tradition*).
[Reg.Charity number 1015054 (England)]
Uma entidade beneficente budista, construindo pela Paz Mundial.
www.kadampa.org/en/temples

2013

Todos os direitos desta edição reservados à
EDITORA THARPA BRASIL
Rua Fradique Coutinho, 701
05416-011 São Paulo SP Brasil
Fone: 11 3812 7509 / Fax: 11 3815 0358
www.tharpa.com.br

Sumário

Ilustrações

As ilustrações retratam os
Gurus da Linhagem Mahamudra

Agradecimentos

Este livro, *Grande Tesouro de Mérito*, é um comentário extenso à tradicional e profunda prática de Guru-Ioga *Oferenda ao Guia Espiritual*, a porta de ingresso pela qual podemos acumular o mérito (ou boa fortuna) necessário para uma prática tântrica bem-sucedida. O livro está fundamentado em comentários orais fiéis e detalhados transmitidos por Venerável Geshe Kelsang Gyatso durante cursos oferecidos, primeiramente, no *Manjushri Centre* durante o inverno de 1979-1980 e, depois, no *Madhyamaka Centre* em 1986 e 1990. Do fundo de nosso coração, agradecemos ao autor por sua incomensurável grande bondade em preparar este livro, por meio da qual esses ensinamentos muito preciosos e importantes irão se tornar disponíveis para todo o mundo de língua inglesa e, agora, para o de língua portuguesa.

Agradecemos, também, aos dedicados estudantes seniores de Dharma que auxiliaram o autor a editar o livro e a prepará-lo para publicação.

Roy Tyson
Diretor Administrativo,
Manjushri Kadampa
Meditation Centre,
Maio de 1994.

Nota do Tradutor

As palavras de origem sânscrita e tibetana, como *Bodhichitta*, *Bodhisattva*, *Dharma*, *Geshe*, *Sangha* etc., foram grafadas como aparecem na edição original deste livro, em língua inglesa, em respeito ao trabalho de transliteração previamente realizado e por evocarem a pureza das línguas originais das quais procedem.

Em alguns casos, contudo, optou-se por aportuguesar as palavras já assimiladas à língua portuguesa (Buda, Budeidade, budismo, carma) em vez de escrevê-las de acordo com a sua transliteração (*Buddha*, *karma*).

As palavras estrangeiras foram grafadas em itálico somente na primeira vez que aparecem no texto.

Nas páginas 77, 134, 153, 155, 162, 199, 204 e 273, a palavra inglesa *thatness* (pronome demonstrativo *that* + sufixo *–ness*, que indica o estado, condição, qualidade ou instância de algo) foi traduzida como "talidade", neologismo derivado do pronome demonstrativo *tal*. Em filosofia, o conceito de *talidade* (ou *istoidade*, como algumas vezes também aparece) diz respeito ao conjunto de características que fazem com que um fenômeno seja um fenômeno específico e não outro. Do ponto de vista budista, dizemos que os fenômenos "surgem de suas causas e condições interiores e exteriores e que não possuem existência independente"; consequentemente, "porque dependem, para a sua existência, de fatores exteriores a si mesmos, eles são vazios de existência inerente, ou independente, e são meras imputações da mente" (*Budismo Moderno*, 2ª edição, pág. 120). No livro *Ocean* *of Nectar*, de Geshe Kelsang Gyatso, podemos ler também: "Nas escrituras, a vacuidade é, com frequência, denominada talidade [*thatness*] porque ela é a natureza última dos fenômenos" (página 142); "verdade, natureza última, talidade [*thatness*] e vacuidade são sinônimos" (página 208); e "ausência de produção inerentemente existente é talidade [*thatness*]" (página 410). Talidade, portanto, expressa o fenômeno tal como é, ou seja, "o modo como as coisas realmente são" (*Budismo Moderno*, 2ª edição, pág. 100). A escolha dessa palavra seguiu Éditions Tharpa France - Canada (*l'ainsité*), Editorial Tharpa España (*talidad*) e Tharpa-Verlag (*Dasheits*).

A palavra tibetana *nada*, na página 296, é o nome dado a uma linha de três curvas que aparece na parte superior de algumas letras-sementes e não tem nenhuma relação com a palavra "nada" em português.

Vajradhara

Introdução

Oferenda ao Guia Espiritual, ou *Lama Chopa* em tibetano, é um Guru-Ioga especial de Je Tsongkhapa relacionado ao Tantra Ioga Supremo. Foi compilado pelo primeiro Panchen Lama, Losang Chokyi Gyaltsen, como uma prática preliminar ao *Mahamudra Vajrayana*. Embora a prática principal seja confiar no Guia Espiritual, *Oferenda ao Guia Espiritual* também inclui todas as práticas essenciais das etapas do caminho (*Lamrim*) e do treino da mente (*Lojong*), assim como o estágio de geração e o estágio de conclusão do Tantra Ioga Supremo.

Guru-Ioga, ou *lamai neljor* em tibetano, é um método especial para receber as bênçãos do nosso Guia Espiritual. Aqui, o termo "Guru" não implica que nosso Guia Espiritual deva ser indiano, tampouco o termo "lama" implica que nosso Guia Espiritual deva ser tibetano. Nosso Guia Espiritual é qualquer professor espiritual que nos conduza sinceramente a caminhos espirituais dando instruções corretas. Assim, nosso Guia Espiritual pode ser oriental ou ocidental, leigo ou ordenado, homem ou mulher. Nos dias atuais, por exemplo, é bastante possível que encontremos um Guia Espiritual que seja uma mulher leiga ocidental. O termo "ioga", neste contexto, indica uma maneira especial de ver, ou considerar, nosso Guia Espiritual.

Todas as escolas de budismo concordam que a prática do Guru-Ioga – ou seja, a prática de confiar em um Guia Espiritual – é a raiz do caminho espiritual e o fundamento de todas as aquisições espirituais. Podemos compreender isso a partir da nossa experiência comum. Por exemplo, se quisermos obter habilidades especiais, tornando-nos exímios em um esporte específico ou aprendendo a tocar bem um instrumento musical, buscamos naturalmente um professor qualificado que nos instrua. Seguindo o exemplo de nosso professor e aplicando sinceramente suas instruções, realizamos, por fim, nosso objetivo e nos tornamos semelhantes a nosso professor. Se confiar em um professor qualificado é necessário para aquisições mundanas como essas, quão mais necessário será para aquisições espirituais como a libertação e a iluminação?

Existem duas principais correntes no budismo: a *Hinayana*, ou Veículo Menor, e a *Mahayana*, ou Grande Veículo; e a prática de confiar em um Guia Espiritual é fundamental para ambas. De acordo com a corrente Hinayana, devemos considerar nosso Guia Espiritual *como sendo semelhante* a um Buda e, com uma mente de fé e devoção, oferecer presentes e serviço a ele ou ela, e retribuir sua bondade seguindo seus conselhos e praticando suas instruções. No entanto, de acordo com a corrente Mahayana, devemos considerar nosso Guia Espiritual como um Buda *propriamente dito* e, com uma mente de fé, confiar nele sinceramente, tanto em pensamento quanto em ações.

O objetivo supremo de um praticante hinayana é a conquista da libertação. Isso depende de praticar os três treinos superiores, o que, por sua vez, depende de, primeiramente, desenvolver a motivação de renúncia. Todas essas aquisições dependem da bondade de um Guia Espiritual qualificado. Por exemplo, a motivação de renúncia não surge de modo automático em nossa mente, mas precisa ser cultivada utilizando-se de métodos especiais. Primeiro, temos de compreender a natureza insatisfatória do *samsara* e desenvolver o desejo de escapar dele. Isso depende de termos uma compreensão clara sobre impermanência, renascimento, carma, refúgio e as Quatro Nobres Verdades. Sem um Guia Espiritual que nos instrua nessas práticas e nos encoraje a treiná-las, nunca obteremos essas experiências.

Uma vez que tenhamos desenvolvido renúncia, empenhamo-nos, então, nos três treinos superiores: treino em disciplina moral superior, treino em concentração superior e treino em sabedoria superior. Para praticar disciplina moral superior precisamos, primeiramente, receber votos de um Guia Espiritual qualificado que, então, nos auxilie a praticar disciplina moral pura, ensinando-nos o que deve ser praticado e o que deve ser evitado e que nos demonstre um exemplo imaculado para seguir.

Sobre a base do nosso treino de disciplina moral superior, praticamos concentração superior ao treinar o tranquilo-permanecer. Isso requer superar os cinco obstáculos pela aplicação dos oito antídotos. Sem receber as instruções de um Guia Espiritual qualificado, sequer temos como saber quais são esses obstáculos e antídotos, e menos ainda, o que fazer com eles. Por essas razões, somente seremos capazes de progredir pelas nove permanências mentais e alcançar, por fim, o tranquilo-permanecer confiando em um Guia Espiritual, que nos dê instruções e orientação fundamentadas em sua própria experiência.

Uma vez que tenhamos alcançado o tranquilo-permanecer, se treinarmos sabedoria superior, posicionando nossa mente em concentração estritamente focada na vacuidade, rapidamente alcançaremos a visão superior e, com ela, seremos capazes de erradicar nosso agarramento ao em-si e alcançar a libertação do samsara. No entanto, a vacuidade é um objeto profundo e é impossível obter uma realização da vacuidade sem as instruções e a orientação habilidosas de um Guia Espiritual qualificado. Portanto, todas as etapas do caminho hinayana à libertação – desde, inicialmente, gerar renúncia, até o abandono do agarramento ao em-si e a conquista da libertação – são realizadas somente por meio da bondade de um Guia Espiritual qualificado.

Do mesmo modo que confiar em um Guia Espiritual qualificado é essencial para concluir o caminho hinayana, é também essencial confiar em um Guia Espiritual qualificado para treinar o caminho mahayana. Todas as etapas do caminho mahayana – desde gerar equanimidade e grande compaixão até a aquisição final da Budeidade – são realizadas somente por meio da orientação e das bênçãos de um Guia Espiritual mahayana. Para ingressar no caminho mahayana, devemos, primeiramente, gerar a motivação de *bodhichitta*. Assim como a renúncia, essa motivação não surge naturalmente, mas precisa ser cultivada utilizando-se de métodos especiais, como o método sétuplo de causa e efeito e o método de equalizar e trocar eu por outros. Sem receber instruções e orientação de um Guia Espiritual mahayana, nunca conseguiremos obter essas preciosas realizações. Quando tivermos gerado a bodhichitta, precisaremos receber, de um Guia Espiritual mahayana, os votos *bodhisattva*; então, ele irá nos instruir sobre a prática das seis perfeições e nos guiar pelos Cinco Caminhos Mahayana e pelos dez solos do Bodhisattva, até alcançarmos o Caminho Mahayana do Não-Mais-Aprender, ou Budeidade. Sem a inspiração do puro exemplo de nosso Guia Espiritual, de suas instruções inequívocas e de suas constantes bênçãos, nunca concluiremos esse treino.

Se treinar as etapas do caminho do Sutra é impossível sem confiar em um Guia Espiritual, é totalmente impensável ingressar nas práticas tântricas sem confiar em um Mestre Tântrico. Os ensinamentos tântricos de Buda são muito difíceis de serem compreendidos e estão dispersos por muitas escrituras, sem qualquer indicação clara sobre a sequência correta em que devem ser praticados. Se tentarmos praticar o Tantra sem confiar em um Mestre Tântrico qualificado, iremos somente aumentar nossa confusão. Está dito nas escrituras que não importa o tempo que fiquemos a bater fortemente a água, ela nunca produzirá manteiga; do mesmo modo, não importa o quanto tentemos praticar o Tantra sem confiar em um Guia Espiritual qualificado, nunca obteremos realizações tântricas. No entanto, se encontrarmos um Guia Espiritual tântrico plenamente qualificado, recebermos iniciações dele, confiarmos nele com profunda fé, mantivermos puramente nossos votos e compromissos e praticarmos com sinceridade as instruções sobre o estágio de geração e o estágio de conclusão, conseguiremos alcançar facilmente a iluminação em uma breve vida humana.

Portanto, podemos ver que todo treino espiritual - hinayana ou mahayana, de Sutra ou de Tantra - depende da orientação e das bênçãos de um Guia Espiritual qualificado. Na *Escritura Azul*, Geshe Potowa diz:

Não abandonar o sagrado Guia Espiritual
É a coroa de todas as instruções reunidas.
É o tesouro de tudo,
A fonte de todas as boas qualidades, como fé e
bodhichitta.

Em *Exposição Condensada das Etapas do Caminho*, Je Tsongkhapa também diz:

A raiz de tudo o que é bom e auspicioso
E de toda excelência, agora e no futuro,
É o empenho em confiar corretamente, em pensamento e
ações,
No sagrado Guia Espiritual, que revela o caminho.
Compreendendo isso, deves agradá-lo, oferecendo uma
prática zelosa,
Nunca o abandonando, mesmo a custa de tua vida.
Eu, que sou um iogue, pratiquei desse modo;
Tu, que buscas a libertação, por favor, faz o mesmo.

Je Tsongkhapa diz ainda:

O bondoso professor é a fonte de todas as boas qualidades
De virtude e excelência, tanto as mundanas quanto as
supramundanas.

Manjushri

O *Sutra Perfeição de Sabedoria Condensado* também diz:

> Bons discípulos, que respeitam seus Guias Espirituais,
> Devem sempre confiar em seus sábios Guias Espirituais.
> Se perguntares por quê, qualidades de sabedoria surgem deles;
> Eles revelam a perfeição de sabedoria.
> O Conquistador, que possui todas as supremas boas qualidades, diz:
> "As qualidades de um Buda dependem do Guia Espiritual".

Nunca haverá um momento em que não precisaremos confiar em um Guia Espiritual. Mesmo após termos alcançado a iluminação, precisaremos, ainda assim, confiar sinceramente em nosso Guia Espiritual a fim de mostrar um bom exemplo aos outros. A coroa de Avalokiteshvara, por exemplo, está adornada com Amitabha para mostrar o quanto ele confia em seu Guia Espiritual. De modo semelhante, a coroa de Maitreya está adornada com uma estupa, simbolizando sua confiança em Buda Shakyamuni, seu Guia Espiritual.

Um Guia Espiritual puro precisa ter aquisições espirituais autênticas, deter uma linhagem pura, apreciar o *Budadharma* e, com amor e compaixão, dar ensinamentos inequívocos a seus discípulos. Se encontrarmos um Guia Espiritual como esse, devemos nos considerar muito afortunados. Devemos desenvolver fé e confiar nele sinceramente, praticando com pureza o que ele ensina. Geshe Potowa diz que, se um discípulo puro encontrar um Guia Espiritual puro, não será difícil para ele (ou ela) alcançar a iluminação.

Nossa mente é como um campo, as instruções de nosso Guia Espiritual são como sementes plantadas nesse campo e nossa fé em nosso Guia Espiritual é como a água que faz germinar essas sementes. Se esses três se reunirem, colheremos rápida e facilmente uma opulenta colheita de realizações de *Dharma*. Se não tivermos essas condições no momento atual, devemos rezar para que as encontremos no futuro.

Uma vez que tenhamos encontrado um Guia Espiritual qualificado, a maneira de confiar nele ou nela é, basicamente, muito simples. Tudo o que precisamos fazer é desenvolver fé nele e colocar suas instruções em prática, com o melhor de nossa habilidade. Se fizermos isso, nossas realizações de Dharma irão naturalmente aumentar e alcançaremos rapidamente a iluminação. Desenvolvemos fé em nosso Guia Espiritual ao considerá-lo um Buda vivo, a síntese de todos os objetos de refúgio. Mesmo que nosso Guia Espiritual possa aparecer para nós com um aspecto comum, devemos evitar enxergar falhas nele e, em vez disso, aprender a vê-lo como um Buda. Precisamos desenvolver profunda fé em nosso Guia Espiritual e sempre manter uma visão pura dele. Devemos tentar nos sentir próximos dele, mantendo uma mente feliz e afetuosa para com ele, o tempo todo. Devemos considerar nosso Guia Espiritual como nossa mãe, que cuida de nós e nos aprecia; como nosso pai, que nos provê de tudo o que precisamos e que nos protege do perigo; como a lua que refresca o calor das delusões em nosso *continuum* mental; como o sol que dissipa a escuridão da ignorância de nossa mente; e como um bondoso benfeitor que nos dá o presente inestimável do Dharma.

Encontrar um Guia Espiritual plenamente qualificado é mais significativo que possuir riqueza exterior. Nosso Guia Espiritual é o nosso verdadeiro benfeitor. Ele nos dá a riqueza interior da disciplina moral, da concentração e da sabedoria; por fim, ele nos conduz ao êxtase supremo da plena iluminação. Mesmo se tivermos uma vasta riqueza material, mas se formos carentes dessas realizações interiores, seremos, realmente, pessoas empobrecidas. Por outro lado, se por confiarmos em um Guia Espiritual, desenvolvermos as realizações das etapas do caminho à iluminação em nosso continuum mental, seremos realmente ricos, mesmo não tendo posses materiais. Por essa razão, não devemos ficar preocupados com riqueza e desenvolvimento exteriores; ao contrário, devemos colocar toda a nossa energia em confiar sinceramente em um Guia Espiritual plenamente qualificado.

Colocar em prática as instruções de nosso Guia Espiritual é a oferenda suprema. De acordo com a tradição de Je Tsongkhapa, um Guia Espiritual qualificado ficará muito mais satisfeito com a prática de Dharma de seus discípulos do que recebendo oferendas materiais. Mesmo se fizermos prostrações durante o dia inteiro ou dermos regularmente presentes a nosso Guia Espiritual, tais práticas terão pequeno poder se não estivermos seguindo o caminho espiritual que ele nos ensina. Por outro lado, se praticarmos as instruções de nosso Guia Espiritual puramente e com profunda fé, mesmo que sejamos incapazes de fazer prostrações físicas ou oferendas materiais, estaremos continuamente fazendo oferendas que deleitam nosso Guia Espiritual.

Por praticar sinceramente o Guru-Ioga, mesmo alguém que anteriormente tenha sido muito mau pode se tornar iluminado; mas, sem confiar sinceramente em um Guia Espiritual, até mesmo a pessoa mais inteligente nunca irá se tornar um Buda. Milarepa, inicialmente, era muito mau. Utilizando magia negra, ele matou trinta e seis pessoas antes de encontrar seu Guru, Marpa. Mais tarde, por confiar sinceramente em Marpa, Milarepa foi capaz de purificar sua mente por completo, acumular mérito e sabedoria e, por fim, alcançar a iluminação naquela mesma vida.

Nosso Guia Espiritual é um poderoso campo para acumular mérito, purificar carma negativo e receber bênçãos. Precisamos acumular mérito para sermos bem-sucedidos em nosso treino espiritual. Nos Sutras, Buda diz que aqueles que possuem mérito não têm dificuldade em satisfazer seus desejos, ao passo que aqueles que carecem de mérito acham isso difícil, não importando quão virtuosos seus desejos possam ser. De modo semelhante, se não purificarmos nosso carma negativo anteriormente acumulado, ele irá atuar como um obstáculo às puras realizações de Dharma. Assim como as plantas não conseguem se desenvolver em um solo poluído, as realizações de Dharma não conseguem se desenvolver em uma mente impura. As práticas de acumular mérito e purificar negatividade são, portanto, preliminares essenciais para uma prática de Dharma bem-sucedida. Em geral, todos os Budas e seres sagrados são poderosos objetos diante dos quais podemos acumular mérito e purificar nossa mente, mas o objeto supremo é nosso próprio Guia Espiritual.

De modo semelhante, todos os Budas são muito bondosos, pois abençoam a mente dos seres sencientes e revelam o Dharma, mas nosso Guia Espiritual é mais bondoso que todos os Budas porque ele (ou ela) nos dá, diretamente, bênçãos e instruções de Dharma. Por isso, no *Tantra de Heruka* está dito:

> Ele é o Abençoado, de si mesmo surgido,
> O Principal dentre as Deidades do Tantra Ioga Supremo;
> Mas o Mestre-*Vajra* lhe é superior,
> Pois ele dá instruções.

Compreendendo isso, devemos procurar um Guia Espiritual plenamente qualificado e confiar nele sinceramente, tanto em pensamento como em ações.

No *Sutra Perfeição de Sabedoria em Oito Mil Versos*, é narrada a história de um grande Bodhisattva chamado Sadaprarudita, que confiava sinceramente em seu Guia Espiritual, Dharmodgata, considerando-o mais precioso que sua própria vida e mais importante que todos os Budas.

Embora fosse um meditador altamente realizado, Sadaprarudita ansiava por encontrar um professor que lhe explicasse o *Sutra Perfeição de Sabedoria*, pois havia compreendido que era impossível alcançar a libertação ou a iluminação sem realizar o significado desse Sutra. Embora tivesse um forte desejo de encontrar um Guia Espiritual qualificado e tivesse vagado por toda a extensão do país à procura de um, Sadaprarudita foi incapaz de encontrar um professor que pudesse lhe dar as instruções que desejava. Ele estava tão triste devido ao seu fracasso em encontrar um Guia Espiritual, que chorava e se lamentava constantemente. As pessoas que o conheciam chamavam-no de "Sadaprarudita", que significa "Aquele que está constantemente chorando".

Um dia, enquanto estava em profunda meditação, Sadaprarudita recebeu uma visão extraordinária, na qual muitos Budas apareceram diretamente diante dele. Eles lhe disseram que ele tinha uma conexão muito próxima com um Bodhisattva chamado Dharmodgata e que deveria procurá-lo e seguir suas instruções. Saindo da meditação, Sadaprarudita foi à procura de Dharmodgata. Ele viajou grandes distâncias e enfrentou muitas dificuldades, mas sua mente permaneceu feliz porque, agora, sabia que havia um Guia Espiritual que lhe daria o auxílio que precisava. Finalmente, ele descobriu a localização de Dharmodgata.

Sadaprarudita queria comprar algumas oferendas para presentear Dharmodgata, mas não tinha nenhuma posse ou dinheiro. Para obter algum dinheiro com o qual pudesse comprar oferendas, foi a uma cidade próxima e anunciou que venderia sua carne para qualquer pessoa que a quisesse. Os habitantes da cidade presumiram que ele estava louco e o ignoraram, mas o deus Indra, vendo Sadaprarudita do alto dos céus, decidiu testar a sinceridade de suas intenções. Manifestando-se como um homem idoso, aproximou-se de Sadaprarudita dizendo que compraria um pouco de sua carne. Sadaprarudita ficou deleitado e imediatamente cortou um pedaço de carne de sua coxa e deu a ele. Então, o homem disse que gostaria, também, de um pouco de tutano. Sadaprarudita ficou ainda mais deleitado. No exato momento em que estava para quebrar o osso da canela para extrair um pouco de tutano, uma jovem mulher, filha de um comerciante local, apareceu e perguntou a Sadaprarudita o que estava fazendo. Sadaprarudita respondeu que estava vendendo sua carne e tutano para que pudesse comprar oferendas para seu Guia Espiritual. A mulher perguntou como alguém podia ser tão importante para que ele estivesse disposto a tal extremo para fazer-lhe oferendas. Sadaprarudita explicou que Dharmodgata lhe daria preciosos ensinamentos sobre a perfeição de sabedoria e que, por praticar essas instruções, seria capaz de alcançar a iluminação para o benefício de todos os seres vivos. Ouvindo isso, a jovem mulher desenvolveu grande fé em Buda e em seus ensinamentos. Ela convenceu Sadaprarudita a não prosseguir com a automutilação, dizendo que pediria a seus pais que doassem o dinheiro que precisava para as oferendas.

Nesse momento, Indra desfez-se de seu disfarce e perguntou a Sadaprarudita porque o dinheiro era tão importante. Sadaprarudita

Je Tsongkhapa

respondeu que não era de dinheiro que necessitava, mas das instruções sobre o caminho à iluminação. Indra, ao ver que a intenção de Sadaprarudita era genuína, ofereceu-se para provê-lo de todas as riquezas que precisasse, mas Sadaprarudita recusou sua oferta, dizendo que já havia recebido dos pais da jovem o dinheiro suficiente para fazer oferendas a Dharmodgata. Então, ele partiu com a jovem mulher e muitos de seus empregados para encontrar-se com Dharmodgata. Sadaprarudita fez oferendas e recebeu preciosos ensinamentos sobre a perfeição de sabedoria e, por praticar as instruções de Dharmodgata, alcançou, mais tarde, a plena iluminação.

Se pensarmos profundamente sobre essa história, veremos que não há nada mais precioso do que um Guia Espiritual qualificado, que pode nos dar instruções corretas sobre o caminho à iluminação. Se um grande meditador como Sadaprarudita, que era capaz de receber instruções diretamente dos Budas, precisava, mesmo assim, confiar em um Guia Espiritual, não é necessário dizer que precisamos encontrar um Guia Espiritual e confiar nele ou nela com sinceridade.

As Preeminentes Qualidades de Je Tsongkhapa e de sua Doutrina

A ESSÊNCIA DO Guru-Ioga é desenvolver a forte convicção de que nosso Guia Espiritual é um Buda, fazer prostrações, oferendas e pedidos sinceros a ele ou ela e, então, receber suas profundas bênçãos. De acordo com o Guru-Ioga de *Oferenda ao Guia Espiritual*, desenvolvemos a convicção de que nosso Guia Espiritual é de mesma natureza que Je Tsongkhapa, uma emanação do Buda da Sabedoria Manjushri. O comentário a essa prática é apresentado de acordo com os seguintes dois tópicos:

1. As preemintes qualidades de Je Tsongkhapa e de sua doutrina;
2. O Guru-Ioga de Je Tsongkhapa.

AS PREEMINENTES QUALIDADES DE JE TSONGKHAPA E DE SUA DOUTRINA

Um dia, quando Buda Shakyamuni dava ensinamentos a seus discípulos, transmitindo o *Sutra Rei Doador de Instruções*, um menino – na realidade, uma emanação de Manjushri – apareceu diante dele. O menino ofereceu a Buda um rosário de cristal juntamente com a prece "Que eu me torne o detentor da linhagem da visão pura e dos feitos puros". Buda, então, profetizou que, no futuro, esse menino apareceria como um monge chamado Losang Dragpa, em um lugar chamado Ganden, próximo a Drikhung, e que ele iria se tornar o detentor da linhagem da visão pura e dos feitos puros. Assim como Buda predisse, Je Tsongkhapa – cujo nome de ordenação era Losang Dragpa – apareceu no Tibete no século XIV e fundou seu primeiro monastério, chamado Ganden, próximo ao local denominado Drikhung.

Embora Je Tsongkhapa fosse uma emanação de Manjushri e possuísse clarividência e poderes miraculosos, ele não aparecia como um ser excelso e especial, mas manifestava-se como um praticante humilde e comum. Nesse aspecto, mostrou um exemplo imaculado para os outros, deu ensinamentos puros e conduziu milhares de pessoas aos caminhos espirituais corretos. Ele difundiu um Budadharma muito puro por todo o Tibete, mostrando como combinar as práticas de Sutra e de Tantra e, em particular, como praticar o *Vinaya* e o Tantra Ioga Supremo conjuntamente.

Je Tsongkhapa era como uma mãe ensinando seus filhos. Uma mãe ensina pacientemente tudo o que seus filhos precisam saber, desde como comer e andar até ler e escrever. Do mesmo modo, Je Tsongkhapa ensinou pacientemente os tibetanos tudo o que precisavam para seu desenvolvimento espiritual, desde os passos iniciais para ingressar na prática espiritual até a aquisição suprema da Budeidade. Ensinou, de modo claro e inequívoco, como praticar passo a passo – como dar o passo inicial para ingressar no Budadharma; depois, como ingressar no Mahayana; e, por fim, como ingressar no Vajrayana e alcançar a plena iluminação; e mostrou, também, métodos especiais para realizar esses resultados rapidamente. A bondade incomparável de Je Tsongkhapa foi celebrada pelo primeiro Dalai Lama, Je Gendundrub, em sua *Canção da Montanha Nevada Oriental*, na qual diz:

Para o afortunado povo do Tibete, a Terra das Neves, tua
bondade, ó Protetor, é inconcebível.
Especialmente para mim, Gendundrub,
O fato de minha mente estar direcionada para o Dharma
Deve-se somente a tua bondade, ó Venerável Pai e Filhos.

Doravante, até que eu alcance a iluminação,
Não buscarei outro refúgio além de ti.
Ó Venerável Pai e Filhos,
Por favor, cuida de mim com tua compaixão.

Embora não possa retribuir tua bondade, ó Protetor,
Rezo para que, com minha mente livre da influência do
apego e do ódio,
Eu me empenhe para manter tua doutrina e fazê-la florescer
Sem nunca abandonar esse objetivo.

Antes de Je Tsongkhapa aparecer no Tibete, havia muitos outros seres elevados praticando o Dharma, mas a maior parte deles revelava suas aquisições espirituais aos outros, fazendo demonstrações de clarividência, poderes miraculosos e assim por diante. Je Tsongkhapa considerava de pouco valor tais demonstrações, pois elas não ajudam os seres vivos a superarem sua ignorância, a principal causa de seu sofrimento. Se um professor demonstrar clarividência ou poderes miraculosos a seus discípulos – levitando diante deles, por exemplo – como isso pode ajudá-los? Ao invés de ajudá-los, isso pode até mesmo causar impedimentos. Os discípulos podem se tornar desconfiados ou desenvolver dúvidas, e alguns podem até mesmo se sentir desconfortáveis ao tomar conhecimento de que seu professor tem o poder de ler suas mentes e descobrir seus segredos mais profundos. Preocupações como essas somente causam obstáculos, tanto para os discípulos como para o professor. No passado, praticantes que revelaram seus poderes miraculosos foram acusados de praticar magia negra e alguns tiveram, inclusive, suas vidas em perigo. Por essas razões, os geshes kadampas e Je Tsongkhapa estabeleceram uma regra proibindo seus seguidores de mostrar seus poderes miraculosos. Nos monastérios da tradição de Je Tsongkhapa, todo monge que fizesse demonstração pública de seus poderes miraculosos seria convidado a deixar o monastério.

Outras tradições consideram a demonstração de poderes miraculosos como um sinal de grande aquisição, mas, de acordo com a tradição de Je Tsongkhapa, demonstrações como essas têm pouco significado. Afinal, pássaros podem voar pelo céu e camundongos podem mover-se sob a terra, mas todos eles permanecem tão deludidos quanto antes e não estão mais próximos da libertação ou da iluminação como resultado disso. Além do mais, durante nossas incontáveis vidas anteriores, cada um de nós possuiu poderes miraculosos diversas vezes, mas nossas mentes permanecem obscurecidas pela ignorância e continuamos a tomar renascimentos descontrolados em estados de sofrimento.

Por ser uma manifestação do Buda da Sabedoria Manjushri, Je Tsongkhapa compreendeu que a melhor maneira de ajudar os seres vivos a superarem sua ignorância é demonstrando um bom exemplo e dando ensinamentos claros e profundos. Como uma mãe que cuida de seus filhos, Je Tsongkhapa devotou toda a sua vida ajudando os outros a eliminar sua ignorância por meio de ensinamentos claros e profundos.

Os ensinamentos de Je Tsongkhapa são como chaves que abrem e revelam o sentido dos Sutras e dos Tantras de Buda. Sem o auxílio das obras de Je Tsongkhapa, acharíamos impossível descobrir a intenção de Buda simplesmente lendo as escrituras. Nos dias atuais, somente somos capazes de praticar as etapas do caminho à iluminação, o Lamrim, devido à bondade de Je Tsongkhapa. Os ensinamentos de Lamrim originaram-se do próprio Buda, mas foram organizados em sua forma sistemática por Atisha, o grande mestre budista indiano, que foi convidado para ir ao Tibete pelo rei Jangchub Ö. Todos consideram Atisha muito bondoso por ter fundado a tradição pura conhecida como Tradição Kadampa e por ter escrito o texto original do Lamrim, *Luz para o Caminho*, mas, se examinarmos esse texto, veremos que possui apenas algumas poucas páginas e que o complexo sentido de todas as etapas do caminho à iluminação está condensado em pouquíssimas palavras. É impossível compreendermos esses ensinamentos e colocá-los em prática sem uma explicação ou comentário. Foi Je Tsongkhapa quem forneceu as explicações essenciais que nos tornam capazes de praticar as preciosas instruções de Atisha. Em seu texto *Grande Exposição das Etapas do Caminho* (assim como em *Média Exposição das Etapas do Caminho* e *Exposição Condensada das Etapas do Caminho*), Je Tsongkhapa forneceu um guia completamente claro e inequívoco para cada uma das práticas essenciais do caminho à iluminação.

Je Tsongkhapa deu uma explicação especialmente clara e inequívoca sobre a vacuidade profunda de acordo com a visão, ou perspectiva, do Protetor Nagarjuna. Antes de Je Tsongkhapa ter aparecido no Tibete, muitos praticantes desenvolveram uma compreensão ruim e equivocada a respeito dos ensinamentos de Buda sobre a vacuidade. Incapazes de distinguir o objeto de negação de modo preciso, eles caíram no extremo da permanência e no extremo do nada. Muitos tibetanos consideravam que se os fenômenos fossem completamente vazios de existência inerente, seria impossível estabelecer a infalibilidade de causa e efeito e, assim, não haveria base para praticar disciplina moral ou demais práticas do método, como compaixão ou bodhichitta. Por outro lado, consideravam que se houvesse uma base para as práticas do método, os fenômenos existiriam do seu próprio lado e, consequentemente, a vacuidade seria impossível. Je Tsongkhapa mostrou os erros dessa maneira de pensar e estabeleceu de modo claro que não há contradição entre a vacuidade – a ausência de existência inerente de todos os fenômenos – e a relação não enganosa de causa e efeito. Desse modo, foi capaz de estabelecer a visão correta do Caminho do Meio de acordo com a intenção de Nagarjuna e, assim, proteger seus seguidores de caírem nos dois extremos.

Além do Lamrim, os praticantes de Dharma dos dias de hoje também são capazes de praticar os métodos especiais do treino da mente, ou Lojong. Essas práticas, extraídas do Lamrim e enfatizadas de maneira particular, são métodos poderosos para gerar uma bodhichitta especial por meio das práticas de equalizar e de trocar eu por outros, associadas à prática de tomar e dar. Assim como o Lamrim, as instruções originais sobre o Lojong são muito breves e difíceis de compreendermos. Por exemplo, o texto raiz *Treinar a Mente em Sete Pontos*, escrito por Geshe Chekhawa, possui apenas duas páginas. Se tentarmos praticar o Lojong confiando apenas nesse texto, acharemos muito difícil fazer progressos. Os comentários de Je Tsongkhapa revelam o sentido oculto dos textos do treino da mente e nos capacitam a colocá-los em prática. Nos dias atuais, somente somos capazes de praticar as instruções sobre o treino da mente devido à bondade de Je Tsongkhapa.

As obras de Je Tsongkhapa são também indispensáveis para a prática do Mantra Secreto. Se tentássemos praticar o Mantra Secreto confiando somente nos Tantras, acharíamos essas escrituras indecifráveis. Sem os comentários de Je Tsongkhapa para revelar seu sentido, escrituras como *Tantra Raiz de Guhyasamaja*, de Vajradhara, ou seu *Tantra Raiz de Heruka* – que também inclui as instruções sobre o *Tantra de Vajrayogini* – seriam como arcas de tesouros lacradas, às quais não obteríamos acesso. Em seus ensinamentos tântricos, Je Tsongkhapa explica as práticas essenciais de todas as Deidades tântricas. Nos dias atuais, por exemplo, muitas pessoas são capazes de praticar os iogas especiais de Heruka e de Vajrayogini devido unicamente à bondade de Je Tsongkhapa. Seguindo as explicações de Je Tsongkhapa, professores escreveram as sadhanas e comentários excepcionais sobre Heruka e Vajrayogini que são praticados atualmente.

Je Tsongkhapa apresentou, a partir de sua profunda sabedoria, uma organização especial das práticas de Sutra e de Tantra que, se forem seguidas com sinceridade, podem conduzir à plena iluminação em uma breve vida humana. De acordo com essa organização, começamos praticando o Lamrim (as etapas do caminho); em seguida, progredimos para o Lojong (o treino da mente); e, por fim, avançamos para o Mahamudra Vajrayana, o caminho rápido à iluminação propriamente dito. Existe um ditado tibetano que diz "*cho ma nor chag lam lo su*", que significa "O Dharma inequívoco é o Lamrim, o Lojong e o Mahamudra". Je Tsongkhapa ensinou como incorporar todas as práticas de Dharma nessa sequência. As duas primeiras práticas – Lamrim e Lojong – são práticas preliminares, e o Mahamudra Vajrayana é a prática propriamente dita. Muitos dos devotados seguidores de Je Tsongkhapa alcançaram a iluminação em três anos praticando o Mahamudra Vajrayana da Tradição Gelugpa.

Antes de Je Tsongkhapa ter aparecido no Tibete, havia muita incompreensão e práticas errôneas com respeito aos ensinamentos tântricos de Buda. Muitos tibetanos consideravam que as práticas de Tantra eram incompatíveis com a prática de manter puros os votos Vinaya e, como consequência, abandonavam o Tantra com o objetivo de praticar o Vinaya ou abandonavam o Vinaya com o objetivo de praticar o Tantra. Je Tsongkhapa refutou essas visões errôneas e mostrou de que modo todos os ensinamentos de Buda podem ser praticados puramente, sem contradição. Exteriormente, Je Tsongkhapa mostrou como praticar a pura disciplina moral do Vinaya mantendo, de modo imaculado, todos os 253 votos de um monge plenamente ordenado; interiormente, mostrou como se empenhar nas vastas práticas dos feitos de um Bodhisattva, mantendo imaculados os votos bodhisattva; e, secretamente, mostrou como praticar os dois estágios do Mantra Secreto – cujo ponto culminante é a suprema união de êxtase e vacuidade – apreciando profundamente, mais do que a própria vida, seus votos e compromissos tântricos. Essas qualidades extraordinárias de Je Tsongkhapa são louvadas em uma estrofe dedicatória especial que é frequentemente recitada nos Centros de Dharma:

Que eu encontre a doutrina do Conquistador Losang Dragpa,
Que possui uma prática pura de imaculada disciplina moral,
A prática corajosa dos extensos feitos de um Bodhisattva
E os iogas dos dois estágios ao êxtase supremo e vacuidade.

Embora Je Tsongkhapa nunca tenha feito demonstração pública de seus poderes miraculosos enquanto era vivo, houve ocasiões em que as revelou, reservadamente. Por exemplo, certa época, quando vivia no Tibete Central, recebeu muitas mensagens de sua mãe, que estava muito longe, no Tibete Oriental, dizendo que sentia muito a sua falta e que gostaria que retornasse para casa. Por estar muito ocupado ajudando os outros, Je Tsongkhapa percebeu que não poderia interromper seu trabalho para fazer uma viagem tão longa e, com o objetivo de consolar sua mãe, desenhou um retrato de si próprio em um pedaço de papel e o enviou por um mensageiro. Quando a mãe de Je Tsongkhapa recebeu o retrato, o retrato falou com ela, dizendo: "Não se preocupe, querida mãe, estou aqui". Posteriormente, o retrato foi levado ao Monastério Kumbum, onde tornou-se um objeto sagrado de oferenda e prostração para milhares de monges.

Quando Je Tsongkhapa faleceu, o país inteiro ficou dominado pela dor da perda de seu precioso professor. A dor não era apenas porque nunca mais iriam vê-lo diretamente, mas, já que havia pouquíssimas representações de Je Tsongkhapa, muitas pessoas ficariam incapazes de ter uma ideia, até mesmo, de sua aparência. Consequentemente muitos artesãos começaram a fazer estátuas e a pintar *thangkas* de Je Tsongkhapa. Embora Je Tsongkhapa não mostrasse publicamente seus poderes miraculosos enquanto era vivo, fez, após sua morte, muitos milagres por meio dessas estátuas e thangkas. Oito estátuas, em particular, tornaram-se muito famosas. Elas são conhecidas como:

1. *Je she par ma* (O Venerável que Desapareceu com um Sorriso)
2. *Je nga dra ma* (O Venerável que é o Mais Semelhante)
3. *Je shen pen ma* (O Venerável que é Mais Benéfico para os Outros)
4. *Je ku thim ma* (O Venerável que se Dissolveu no Corpo)
5. *Je nam pur ma* (O Venerável que se Elevava ao Espaço)
6. *Je tsong pon gelek ma* (O Venerável Eminente Mercador Gelek)
7. *Je tso dog ma* (O Venerável que Pacifica Conflitos)
8. *Je ling pur ma* (O Venerável que Partiu para Outras Terras)

A história da primeira estátua é a seguinte. Certa época, um humilde praticante tentou encontrar uma estátua de Je Tsongkhapa para seu retiro, mas não obteve sucesso; então, durante o retiro, fez uma pequena estátua e colocou-a em seu altar. Para o praticante, essa estátua era como Je Tsongkhapa vivo, e, todos os dias, antes de começar sua meditação, fazia oferendas e prostrações diante da estátua.

Um dia, assim que saiu da meditação, percebeu que a estátua estava gradualmente se dissolvendo em luz. Conforme observava, a estátua inesperadamente sorriu e, ascendendo ao espaço, desapareceu por completo. O meditador ficou surpreso e mal podia acreditar no que havia visto. Após refletir por um longo tempo, decidiu ir até seu professor e contar-lhe o que havia acontecido. Seu professor ficou deleitado e disse a ele para fazer outra estátua, exatamente igual à primeira. Assim ele fez e é essa estátua que, posteriormente, passou a ser conhecida como "O Venerável que Desapareceu com um Sorriso".

A segunda e terceira estátuas foram feitas por dois artesãos envolvidos em uma competição amigável, para ver quem era o mais habilidoso na fabricação de estátuas. Eles levaram as duas estátuas a um elevado lama, para que as avaliasse. Enquanto o lama as examinava com uma mente de devoção, uma estátua pronunciou-se, dizendo: "Sou a mais semelhante". Então, a outra estátua retorquiu: "Mas eu sou mais benéfica para os outros". Foi assim que essas duas estátuas famosas receberam seus nomes.

A quarta estátua recebeu seu nome após um evento ocorrido com outra estátua pertencente a um praticante chamado Nyungne Lama, cuja prática principal era o Guru-Ioga de Je Tsongkhapa. Esse praticante costumava manter uma estátua de Je Tsongkhapa em seu altar, e considerava-a como Je Tsongkhapa vivo. Todo dia, ele praticava o Guru-Ioga, desde buscar refúgio até dissolver Guru Tsongkhapa em seu coração. Porque praticava tão sinceramente, desenvolveu um coração muito puro e obteve uma experiência especial de concentração. Um dia, enquanto visualizava Guru Tsongkhapa dissolvendo-se em seu coração, experienciou sua estátua dissolvendo-se de fato nele e, quando saiu da meditação, a estátua que estava em seu altar havia desaparecido por completo. Após esse acontecimento, o praticante rapidamente alcançou muitas realizações elevadas. Notícias sobre esse evento espalharam-se e o artesão que havia feito a estátua ficou muito famoso. Posteriormente, fez outra estátua de Je Tsongkhapa, à qual deu o nome de "O Venerável que se Dissolveu no Corpo".

A quinta estátua pertenceu a um monastério onde, com frequência, era vista – especificamente por um praticante sincero –

subindo ao espaço e, depois, retornando ao seu lugar no altar. Por causa disso, a estátua ficou conhecida como "O Venerável que se Elevava ao Espaço".

A sexta estátua foi feita por um ministro do governo, fervoroso discípulo de Je Tsongkhapa, e que o próprio Je Tsongkhapa a havia abençoado. Um dia, contudo, uma pessoa maldosa, movida por inveja, roubou a estátua e, levando-a para muito longe, jogou-a num grande rio. Algum tempo depois, um importante mercador chamado Gelek estava viajando a cavalo por aquela região quando notou um arco-íris de cores brilhantes elevando-se verticalmente no espaço e que, aparentemente, emergia do leito do rio. Pensando que fosse um sinal extraordinário, decidiu passar a noite nas proximidades. Na manhã seguinte, o arco-íris ainda estava lá e, por essa razão, o mercador decidiu prosseguir com a investigação. Embora as pessoas do local não conseguissem ver nada no rio, Gelek não estava convencido. Amarrando-se com cordas, entrou nas águas geladas do rio e mergulhou até o fundo. Lá, encontrou a estátua de Je Tsongkhapa, irradiando luzes brilhantes nas cores do arco-íris. Quando voltou à superfície, as pessoas que testemunhavam o fato ficaram surpresas ao ver que ele não havia se afogado e ficaram ainda mais surpresas ao verem a preciosa estátua que estava segurando. Já que a estátua fora recuperada pelo eminente mercador Gelek, ela passou a ser conhecida, posteriormente, como "O Venerável Eminente Mercador Gelek".

A sétima estátua vem de uma região do Tibete Oriental onde, em certa época, houve uma prolongada guerra civil. A população local ansiava pelo fim dos combates e, por isso, foram até um lama, com reputação de ser um grande meditador, que vivia nas proximidades, e perguntaram a ele o que deveriam fazer. Ele lhes disse para construírem uma grande estátua de Je Tsongkhapa na cidade e fazerem oferendas e pedidos diante dela. Assim eles fizeram e, logo em seguida, os combates cessaram e a paz prevaleceu por toda a região. Essa estátua ficou conhecida, posteriormente, como "O Venerável que Pacifica Conflitos".

A oitava estátua recebeu seu nome após uma estátua muito venerada de Je Tsongkhapa ter desaparecido misteriosamente do Tibete.

Praticantes puros com clarividência constataram que a estátua havia partido para terras muito distantes, onde o solo era coberto com diamantes e a língua e os costumes eram completamente diferentes. Eles também constataram que a estátua estava beneficiando as pessoas desse lugar; por essa razão, decidiram fazer outra estátua semelhante a ela e a chamaram de "O Venerável que Partiu para Outras Terras".

Milagres como esses não estão restritos aos tempos antigos. Mesmo nos dias atuais, há muitas estátuas e outras representações de Je Tsongkhapa que possuem qualidades especiais. Por exemplo, quando eu estava no Monastério Sera, no Tibete, havia um geshe chamado Geshe Jatse que eu conhecia bem. Quando concluiu seu treinamento como geshe, retirou-se para uma caverna nas montanhas com o objetivo de fazer um retiro e permaneceu ali, vivendo do mesmo modo que Milarepa, pelo resto de sua vida. Quando faleceu, seus muitos discípulos, juntamente com um grande número de pessoas, foram até a caverna para prestar respeito e, para a surpresa de todos, viram que a estátua de Je Tsongkhapa que pertencia a Geshe Jatse havia desenvolvido dentes e cabelo. Ouvi esse relato diretamente desses discípulos, alguns dos quais eu conhecia bem.

O nome do meu primeiro professor de filosofia no Monastério Ngamring Jampaling era Geshe Palden. Certa vez, ele fez um longo retiro aproximador de Je Tsongkhapa, contando preces *Migtsema*. Ao final de seu retiro, uma imagem de Je Tsongkhapa apareceu em uma das contas de seu mala. Ele me mostrou e eu a vi muito claramente.

Há muitas outras histórias como essas que mostram como, até mesmo nestes tempos impuros, praticantes fervorosos podem receber bênçãos incessantes de Je Tsongkhapa. Se mantivermos uma pintura ou estátua de Je Tsongkhapa em nosso altar e, com profunda fé, considerarmos que essa representação é Je Tsongkhapa vivo e, então, fizermos oferendas, prostrações e pedidos diante dela, nosso tempo de vida e realizações de Dharma irão, com toda a certeza, aumentar. Em particular, é dito que, se uma estátua de Je Tsongkhapa for mantida em uma casa, os membros desse lar nunca irão experienciar problemas de pobreza e sua sabedoria irá aumentar naturalmente.

Togden Jampel Gyatso

As Razões por que Precisamos Praticar o Guru-Ioga de Je Tsongkhapa

O GURU-IOGA DE JE TSONGKHAPA

O Guru-Ioga de Je Tsongkhapa será agora explicado de acordo com os três tópicos abaixo:

1. As razões por que precisamos praticar o Guru-Ioga de Je Tsongkhapa;
2. Origem e linhagem destas instruções;
3. As instruções propriamente ditas.

AS RAZÕES POR QUE PRECISAMOS PRATICAR O GURU-IOGA DE JE TSONGKHAPA

Normalmente, por sermos tão apegados às atividades mundanas, temos pouco desejo de praticar o Dharma e, menos ainda, de praticar o Guru-Ioga de Je Tsongkhapa. Esse é o nosso maior obstáculo. Para superá-lo, precisamos refletir sobre as razões por que é necessário praticar esse Guru-Ioga especial.

Existem duas práticas principais de Guru-Ioga relacionadas a Je Tsongkhapa: *Oferenda ao Guia Espiritual*, ou *Lama Chopa*, que é praticado em associação com o Tantra Ioga Supremo; e *As Centenas de Deidades da Terra Alegre*, ou *Ganden Lhagyema*, que é um ioga mais geral que pode ser praticado em associação tanto com o Sutra quanto com o Tantra. Essa segunda prática é muito famosa e todos os seguidores de Je Tsongkhapa a memorizam e a praticam regularmente. Nessa prática, está contida uma prece especial denominada prece *Migtsema*. Se compreendermos essa prece, compreenderemos por que é tão importante praticar o Guru-Ioga de Je Tsongkhapa. A prece é a seguinte:

Tsongkhapa, ornamento-coroa dos eruditos da Terra das Neves,
Tu és Avalokiteshvara, o tesouro de inobservável compaixão,
Manjushri, a suprema sabedoria imaculada
E Vajrapani, o destruidor das hostes de maras;
Ó Losang Dragpa, peço a ti, por favor, concede tuas bênçãos.

mig me tse wai ter chen chän rä zig
dri me khyen pai wang po jam päl yang
dü pung ma lü jom dzä sang wai dag
gang chän khä pai tsug gyän tsong kha pa
lo zang drag pai zhab la söl wa deb

Essa prece é muito abençoada porque foi revelada, originalmente, por Manjushri. Ela procede da *Escritura Emanação*, de Manjushri, transmitida diretamente por ele a Je Tsongkhapa. Quando Je Tsongkhapa recebeu essa prece, modificou dois versos e ofereceu-a a seu Guia Espiritual, Rendapa, mas Rendapa devolveu a prece em sua forma original a Je Tsongkhapa, dizendo que a prece era mais adequada a ele.

Muitos dos seguidores de Je Tsongkhapa têm alcançado realizações muito elevadas por meio da prática da prece *Migtsema* associada ao Guru-Ioga de Je Tsongkhapa. Aqueles que concluíram um retiro-ação de Je Tsongkhapa podem executar 108 práticas rituais associadas à prece *Migtsema*, escritas por lamas posteriores. Essas práticas incluem rituais para curar doenças mentais e físicas, superar diversos obstáculos, afastar sinais inauspiciosos e impedir maus sonhos; fazer chover ou interromper a chuva; e para aumentar o tempo de vida, mérito e realizações de Dharma. Acima de tudo, a prática *Migtsema* é o melhor método para aumentar nossa fé em Je Tsongkhapa e em sua doutrina. Se tivermos fé e praticarmos sinceramente os ensinamentos de Je Tsongkhapa sobre o Mahamudra, poderemos alcançar a iluminação em três breves anos. Nosso principal problema é a falta de fé.

A prece *Migtsema* indica que Je Tsongkhapa é uma emanação de Avalokiteshvara, Manjushri e Vajrapani. Como emanação de Avalokiteshvara, Je Tsongkhapa é a corporificação da compaixão de todos os Budas; como emanação de Manjushri, Je Tsongkhapa é a corporificação da sabedoria de todos os Budas; e como emanação de Vajrapani, Je Tsongkhapa é a corporificação do poder de todos os Budas. Porque Je Tsongkhapa é uma emanação de Avalokiteshvara, Manjushri e Vajrapani, quando fazemos prostrações a ele, fazemos prostrações a todos os Budas; quando fazemos oferendas a ele, fazemos oferendas a todos os Budas; quando fazemos pedidos a ele, fazemos pedidos a todos os Budas; e quando recebemos suas bênçãos, recebemos as bênçãos de todos os Budas. Portanto, precisamos, definitivamente, praticar o Guru-Ioga de Je Tsongkhapa.

Por confiar em Je Tsongkhapa, nossa compaixão, sabedoria e poder espiritual irão aumentar naturalmente. Em particular, porque Je Tsongkhapa é uma emanação do Buda da Sabedoria Manjushri, seus devotados discípulos nunca experienciam dificuldades para aumentar sua sabedoria. Onde quer que haja uma comunidade de seguidores fervorosos praticando sinceramente os ensinamentos de Je Tsongkhapa, sua sabedoria interior aumenta naturalmente. Sabedoria é muito importante. Quanto mais sabedoria tivermos, menos ignorância teremos; e quanto menos ignorância tivermos, menos sofrimento experienciaremos. Se tivermos sabedoria, não haverá base para experienciar problemas.

O que é sabedoria? Inteligência comum não é sabedoria. Por exemplo, algumas pessoas são muito inteligentes para fabricar armas, venenos químicos ou outras substâncias destrutivas ou danosas. Outras pessoas têm grande habilidade em negócios ou política. De modo semelhante, alguns animais são muito inteligentes. Gatos, por exemplo, são muito habilidosos em caçar camundongos, e camundongos são muito habilidosos para roubar comida. No entanto, esses exemplos não são exemplos de sabedoria. Sabedoria nunca causa sofrimento ou não-virtude.

Sabedoria é uma mente inteligente virtuosa que compreende seu objeto de modo inequívoco e atua para dissipar dúvida deludida. Por ser uma mente virtuosa, a sabedoria sempre causa felicidade; ela nunca causa sofrimento ou problemas. Além disso, porque compreende de modo inequívoco seu objeto, a sabedoria sempre conduz a caminhos corretos e ações corretas; ela nunca engana os seres vivos. Se sempre nos envolvermos em ações corretas, não haverá base para que problemas surjam e, por essa razão, sempre experienciaremos bons resultados. Além do mais, a sabedoria dissipa dúvidas deludidas que obstruem o desenvolvimento da fé e que impedem nosso progresso espiritual.

Se nossa sabedoria for fraca, experienciaremos obstáculos; mas se nossa sabedoria for forte, não teremos problemas. A sabedoria nos ensina o que fazer e o que não fazer; ela é como um professor interior que carregamos em nosso coração e como um protetor que nos protege de nos envolvermos em ações errôneas e de experienciar seus resultados desagradáveis. Quando estamos desencorajados, desapontados ou deprimidos, a sabedoria eleva nossa mente e nos torna felizes; e quando estamos muito excitados ou distraídos, a sabedoria acalma nossa mente e reduz nossas distrações. Com sabedoria, nossa mente está sempre equilibrada e confortável.

No *Sutra Perfeição de Sabedoria,* Buda diz que, se carecemos de sabedoria, somos como uma pessoa cega, mas, se possuímos sabedoria, conseguimos enxergar tudo. Sabedoria é o olho supremo que nos capacita a enxergar todos os diferentes tipos de caminho. Olhos comuns somente podem ver caminhos exteriores, que nos conduzem de um lugar exterior a outro, mas os olhos da sabedoria podem também ver caminhos interiores. Existem muitos tipos diferentes de caminho interior. Alguns conduzem ao renascimento em reinos inferiores, outros conduzem ao renascimento em reinos superiores e outros conduzem ao renascimento em

Terras Puras. Alguns caminhos interiores conduzem à libertação e outros conduzem à iluminação. Os olhos da sabedoria podem ver todos esses diferentes caminhos. Além disso, a sabedoria nos guia a tomar decisões corretas sobre quais caminhos interiores seguir. Sem sabedoria, é muito fácil seguir caminhos errôneos. Devido a nossa falta de sabedoria, temos seguido caminhos errôneos desde tempos sem início. Embora tenhamos sempre procurado felicidade e contentamento, até agora nossas ações têm resultado, em grande medida, em sofrimento e insatisfação. Isso mostra que temos seguido caminhos interiores errôneos.

Existem muitos tipos diferentes de sabedoria, como a sabedoria que surge de ouvir, a sabedoria que surge de contemplar, a sabedoria que surge de meditar, a sabedoria que realiza as verdades convencionais e a sabedoria que realiza a verdade última. Cada uma delas tem muitos níveis. Se quisermos ser completamente livres do sofrimento e conquistar felicidade duradoura, precisamos, definitivamente, desenvolver esses diferentes tipos de sabedoria. Portanto, precisamos praticar o Guru-Ioga de Je Tsongkhapa.

Desejar eliminar nossa ignorância e aumentar nossa sabedoria ao mesmo tempo que não demonstramos interesse ou rejeitamos o Guru-Ioga de Je Tsongkhapa é uma contradição, pois Je Tsongkhapa é o Buda da Sabedoria. Considerando que a maior parte dos lamas tibetanos anteriores a Je Tsongkhapa enfatizaram a aquisição e demonstração de poderes miraculosos, Je Tsongkhapa compreendeu que sua principal responsabilidade era ajudar os seres sencientes a eliminarem a ignorância por meio de melhorar a sabedoria deles. Ele compreendeu de modo muito claro que o desenvolvimento da sabedoria é o único caminho incontestável que conduz à libertação do sofrimento. Por essa razão, em vez de revelar poderes miraculosos, Je Tsongkhapa dedicou sua vida inteira a dar ensinamentos, revelando de modo claro e inequívoco o caminho à libertação. Se rejeitarmos a prática de Je Tsongkhapa, iremos apenas aumentar nossa ignorância.

Assim como precisamos aperfeiçoar nossa sabedoria, precisamos também aperfeiçoar nossa compaixão e poder espiritual.

Baso Chokyi Gyaltsen

Já que Je Tsongkhapa é uma emanação de Avalokiteshvara, o Buda da Compaixão, e de Vajrapani, o Buda do Poder Espiritual, se praticarmos o Guru-Ioga de Je Tsongkhapa, nossa compaixão e poder espiritual irão naturalmente aumentar. Desejar aumentar nossa compaixão e poder espiritual ao mesmo tempo que ignoramos ou rejeitamos o Guru-Ioga de Je Tsongkhapa é, também, uma contradição. Mais detalhes sobre as práticas *Migtsema* e *Ganden Lhagyema* podem ser encontrados no comentário intitulado *Joia-Coração*.

Do ponto de vista do Tantra Ioga Supremo, o Senhor da linhagem da compaixão é Heruka, o Senhor da linhagem da sabedoria é Yamantaka, e o Senhor da linhagem do poder espiritual é Guhyasamaja. Para obter rapidamente a iluminação, devemos receber as bênçãos dessas três Deidades. Quando praticamos o Guru-Ioga de *Oferenda ao Guia Espiritual*, o principal objeto de refúgio e Campo de Acumular Mérito é Je Tsongkhapa, que, por ser uma emanação do Buda da Sabedoria, é de mesma natureza que Yamantaka. Dentro de seu corpo, visualizamos as 32 Deidades de Guhyasamaja e, ao mesmo tempo, geramos a nós mesmos como Heruka. Desse modo, seremos capazes de receber as bênçãos de todas as três Deidades e de nos envolvermos nas práticas essenciais do Tantra Ioga Supremo numa mesma sessão.

Como já foi mencionado, a sequência para alcançarmos a iluminação em uma breve vida humana é, primeiro, obter alguma experiência do Lamrim; em seguida, praticar o Lojong e, depois, praticar o Mahamudra Vajrayana. O Guru-Ioga de *Oferenda ao Guia Espiritual* inclui todas essas práticas. Por conter todas as instruções das etapas do caminho à iluminação, *Oferenda ao Guia Espiritual* possui todas as preeminentes qualidades dos textos de Lamrim. Assim, por confiar nessa prática, compreenderemos que não existem contradições nos ensinamentos de Buda, tomaremos todos os ensinamentos de Buda como conselhos pessoais e os colocaremos em prática, realizaremos com facilidade a intenção última de Buda e naturalmente iremos nos tornar livres da grande falha e de todas as demais falhas. Além disso, porque esse

Guru-Ioga contém todas as instruções do treino da mente, ele também possui as preeminentes qualidades dos textos de Lojong. Por tudo isso, como Geshe Chekhawa diz em *Treinar a Mente em Sete Pontos*, "É como um diamante, como o sol e como uma árvore medicinal". Mais detalhes sobre as preeminentes qualidades do Lamrim e do Lojong podem ser encontrados em *Caminho Alegre da Boa Fortuna* e *Compaixão Universal*.

Oferenda ao Guia Espiritual é, também, uma prática preliminar para o Mahamudra Vajrayana e inclui todas as etapas do estágio de geração e do estágio de conclusão do Tantra Ioga Supremo. Se nos empenharmos com regularidade e sinceridade nessa prática, receberemos bênçãos especiais de maneira que, quando finalmente entrarmos no retiro de três anos do Mahamudra Vajrayana, constataremos ser muito fácil obter realizações. Muitos dos seguidores de Je Tsongkhapa – como Mahasiddha Dharmavajra, Gyalwa Ensapa e Khedrub Sangye Yeshe – alcançaram a iluminação em três anos por confiarem nesse Guru-Ioga especial. Diferente de Milarepa, que não teve acesso a essa prática, eles não tiveram de passar por grandes privações e sofrimentos para obter realizações; ao contrário, foram capazes de progredir suave e rapidamente pelas etapas do Mahamudra Vajrayana por confiarem nesse Guru-Ioga. Essa é a qualidade incomum do Guru-Ioga de Je Tsongkhapa. Portanto, se quisermos alcançar a iluminação de modo rápido e fácil, precisamos, definitivamente, desenvolver fé em Je Tsongkhapa e praticar seu Guru-Ioga sinceramente.

O alcance dos benefícios que recebemos desse Guru-Ioga depende de nossa fé em Je Tsongkhapa. Para aumentar nossa fé, precisamos contemplar muitas e muitas vezes por que precisamos praticar o Guru-Ioga de Je Tsongkhapa. Depois, se seguirmos puramente a tradição de Je Tsongkhapa, sem misturá-la com outras tradições, e confiarmos em seu Protetor do Dharma, Dorje Shugden, nossa fé em Je Tsongkhapa – juntamente com nossas realizações – irá crescer naturalmente. Se seguirmos esse conselho – desenvolver fé profunda e imutável em Je Tsongkhapa; seguir puramente sua tradição, sem misturá-la; e confiar sinceramente em seu Protetor do Dharma Dorje Shugden – com toda a certeza receberemos grandes benefícios. Se um professor nos incentivar a realizar isso, seremos nós a experienciar os benefícios, não o professor. Não há nada de sectário ou faccioso nesse conselho; ele é dado somente para nosso benefício. A experiência mostra que realizações vêm de fé profunda e imutável e que essa fé é o resultado de seguirmos puramente uma única tradição – confiar em um único professor, praticar somente seus ensinamentos e seguir seu Protetor do Dharma. Se misturarmos tradições, muitos obstáculos surgirão e levaremos muito tempo para alcançar realizações.

Origem e Linhagem destas Instruções

A LINHAGEM DESTA instrução, conhecida como "A Linhagem Sussurrada Incomum", foi transmitida de Buda Vajradhara a Manjushri e de Manjushri diretamente a Je Tsongkhapa. De Je Tsongkhapa, tem sido transmitida aos professores atuais exatamente pela mesma linhagem do Mahamudra da Tradição Virtuosa. Já foi explicado anteriormente que existem duas práticas principais de Guru-Ioga relacionadas a Je Tsongkhapa: *As Centenas de Deidades da Terra Alegre* (ou *Ganden Lhagyema*) e *Oferenda ao Guia Espiritual* (ou *Lama Chopa*). Ambas as práticas foram transmitidas por Buda Manjushri a Je Tsongkhapa em uma escritura especial conhecida como *Escritura Emanação Kadam*. Essa escritura também inclui instruções sobre o Mahamudra Vajrayana, assim como seis sadhanas de Manjushri: *Realizando Manjushri Exterior*, *Realizando Manjushri Interior*, *Realizando Manjushri Secreto*, *Realizando o Mandala de Corpo de Manjushri*, *Realizando a Roda do Dharma de Manjushri* e *Realizando Manjushri Solitário*.

As Centenas de Deidades da Terra Alegre foi transmitida por Je Tsongkhapa a seu discípulo, Je Sherab Senge. Esse grande lama viveu e praticou em um local chamado Se, no Tibete, e ele e seus dois principais discípulos tornaram-se, mais tarde, conhecidos como "Pai e Filhos Segyupa". A linhagem da prática *As Centenas de Deidades da Terra Alegre* é conhecida como "a Linhagem Segyu". Mais informações sobre essa linhagem podem ser encontradas no livro *Joia-Coração*, e uma explicação profunda sobre como praticar o Mahamudra Vajrayana em associação com o Guru-Ioga da linhagem Segyu pode ser encontrada no livro *Mahamudra Tantra*.

A linhagem de *Oferenda ao Guia Espiritual* desenvolveu-se como segue. Após a morte de Je Tsongkhapa, sua tradição foi preservada e promovida por seus dois principais discípulos, Khedrubje e Togden Jampel Gyatso. Khedrubje, que era uma emanação de Vajrapani, tornou-se o sucessor de Je Tsongkhapa no Monastério Ganden. Enquanto permaneceu nesse monastério, deu extensos ensinamentos a um grande número de discípulos, assim como Je Tsongkhapa, seu Guia Espiritual, havia feito. Ele era particularmente habilidoso em lógica e debate, e era capaz de responder a todas as questões relacionadas aos ensinamentos de Je Tsongkhapa e solucionar equívocos e má compreensão sobre esses ensinamentos. Sua sabedoria era tão aguçada e seu raciocínio tão incisivo que Khedrubje foi comparado ao grande mestre budista indiano Dharmakirti, uma emanação de Manjushri, que revelou as instruções essenciais sobre lógica e raciocínio.

Je Tsongkhapa transmitiu todas as instruções essenciais sobre o Mahamudra Vajrayana para Khedrubje, que as praticou sinceramente. Porque estava incumbido da grande responsabilidade de assegurar que os preciosos ensinamentos de Je Tsongkhapa continuassem a florescer, Khedrubje fazia, após a morte de Je Tsongkhapa, frequentes pedidos para que ele o orientasse e o inspirasse. Je Tsongkhapa apareceu diretamente a Khedrubje em cinco ocasiões distintas, cada uma sob uma forma diferente. Em uma ocasião, quando estava refletindo sobre a extraordinária bondade de Je Tsongkhapa, Khedrubje ficou tão dominado pela tristeza com a perda de seu Guia Espiritual que começou a chorar. Com os olhos cheios de lágrimas, começou a escrever um louvor a Je Tsongkhapa, no qual expressava seu profundo desejo de vê-lo novamente. Tão logo terminou de escrever o louvor, Je Tsongkhapa apareceu diante dele montado em um elefante e rodeado por uma aura de luz. Je Tsongkhapa perguntou a Khedrubje por que estava chorando, e Khedrubje respondeu que o motivo era que estava pensando na bondade de Je Tsongkhapa. Ele perguntou a Je Tsongkhapa onde havia estado desde sua morte, e Je Tsongkhapa respondeu que estava habitando uma Terra Pura, ao nordeste. Eles seguiram conversando por um longo tempo antes que a visão de Je Tsongkhapa, por fim, desaparecesse. Em outras ocasiões, Je Tsongkhapa apareceu a Khedrubje sob outras manifestações – como Manjushri montado em um leão e como um iogue montado em um tigre.

Enquanto Khedrubje permanecia em Ganden, enfatizando a tradição de Je Tsongkhapa de dar ensinamentos claros e inequívocos, Togden Jampel Gyatso empregou a maior parte de sua vida isolado em florestas e cavernas nas montanhas, enfatizando a tradição de Je Tsongkhapa de fazer retiros de meditação. Praticando sinceramente as instruções sobre o Mahamudra Vajrayana, obteve a grande iluminação em três anos. Embora tanto Khedrubje quanto Togden Jampel Gyatso houvessem recebido de Je Tsongkhapa a linhagem da *Escritura Emanação*, foi Togden Jampel Gyatso quem a transmitiu aos outros e, assim, é ele quem é considerado como o guru-linhagem imediatamente posterior a Je Tsongkhapa.

Togden Jampel Gyatso transmitiu a linhagem dessas instruções ao irmão mais novo de Khedrubje, Baso Chokyi Gyaltsen. Baso Chokyi Gyaltsen empregou sua vida inteira praticando essas instruções e realizou-as plenamente. Ele as transmitiu a Mahasiddha Dharmavajra, um grande meditador que empregou sua vida toda em retiros em cavernas nas montanhas. Em certa ocasião, Mahasiddha Dharmavajra estava em retiro numa caverna no topo de uma montanha chamada Chumo Lhari, próxima ao Monastério Tashi Lhunpo, no Tibete Oriental. Durante uma de suas sessões, Je Tsongkhapa apareceu a ele como a unificação de três seres sagrados. Seu aspecto exterior era o de Je Tsongkhapa vestido com as três vestes de um monge e um chapéu de Pândita amarelo, com sua mão direita no mudra de expor o Dharma e a mão esquerda no mudra do equilíbrio meditativo, segurando uma vasilha adornada com joias e repleta de néctares. Em seu coração estava Buda Shakyamuni e, no coração de Buda Shakyamuni, Conquistador Vajradhara. Esse aspecto de Je Tsongkhapa é conhecido, em tibetano, como "*je sempa sum tseg*", que significa "Je Tsongkhapa, a unificação de Três Seres Sagrados". Ele é também conhecido como "Lama Losang Tubwang Dorjechang". Aqui, "Lama" significa "Guru", indicando que Je Tsongkhapa é nosso Guia Espiritual; "Losang" é a abreviação de "Losang Dragpa", que é o nome de ordenação de Je Tsongkhapa; "Tubwang" é a abreviação de "Shakya Tubwang", que é o nome tibetano para Buda Shakyamuni; e "Dorjechang" é o nome tibetano para Vajradhara.

Enquanto aparecia sob essa forma, Je Tsongkhapa transmitiu a Mahasiddha Dharmavajra as instruções sobre *Oferenda ao Guia Espiritual* juntamente com as instruções sobre o Mahamudra Vajrayana e todas as demais instruções essenciais da *Escritura Emanação*. Confiando nessas instruções preciosas, Mahasiddha Dharmavajra obteve a iluminação em três anos. Mais tarde, quando a forma comum de Mahasiddha Dharmavajra morreu, muitas pessoas da localidade viram um arco-íris com luzes de cinco cores saindo de sua caverna e iluminando toda a montanha. Quando as pessoas chegaram a sua caverna, ela estava completamente vazia. Mahasiddha Dharmavajra havia obtido um corpo arco-íris e seu corpo comum havia desaparecido totalmente.

Desde a época em que Manjushri transmitiu a *Escritura Emanação* a Je Tsongkhapa, milhares de praticantes da Tradição Gelugpa têm alcançado a iluminação praticando essas instruções. Além disso, porque essas instruções possuem uma linhagem próxima incomum, elas são extremamente abençoadas, e aqueles que as praticam sinceramente são capazes de alcançar a iluminação em três anos com facilidade considerável, sem terem de passar pelos tipos de privações e sofrimentos experienciados por Milarepa.

Antes de morrer, Mahasiddha Dharmavajra avaliou, com sua clarividência, a quem poderia transmitir a linhagem dessas instruções preciosas. Ele viu que um iogue, chamado Losang Dondrub, que estava em retiro a centenas de quilômetros em um local chamado Ensa, possuía uma conexão muito especial com Je Tsongkhapa e era um recipiente adequado para essa linhagem. Utilizando seus poderes miraculosos, atravessou, em um instante, a grande distância que o separava da caverna de Losang Dondrub e manifestou-se, do lado de fora da caverna, sob o aspecto de um monge mendicante idoso. Naqueles dias, para indicar que necessitava de caridade, um mendigo podia esperar do lado de fora recitando as escrituras. De acordo com esse costume, Mahasiddha Dharmavajra começou a recitar *Louvor à Relação-Dependente*, de Je Tsongkhapa.

Na época em que isso aconteceu, Losang Dondrub estava doente, mas quando ouviu o mendigo recitando esse texto de Je Tsongkhapa, sua mente tornou-se muito feliz e, apesar da doença, arrastou-se até a entrada da caverna. Imediatamente ao ver o mendigo, sua mente ficou repleta de devoção e teve certeza de que era um ser sagrado. Convidou o mendigo a entrar em sua caverna e ofereceu-lhe chá. Conforme fazia perguntas ao mendigo, rapidamente compreendeu que ele era, na verdade, um grande iogue. Losang Dondrub prostrou-se aos pés de Mahasiddha Dharmavajra e pediu-lhe que o tomasse sob seus cuidados e lhe desse instruções de Dharma. Mahasiddha Dharmavajra respondeu que, para receber essas instruções, Losang Dondrub teria de viajar até sua própria caverna, em Chumo Lhari, e desapareceu em seguida. Losang Dondrub passou por grandes dificuldades e sofrimentos para encontrar a caverna de Mahasiddha Dharmavajra, mas, por fim, quando chegou à caverna, imediatamente fez oferendas *tsog* e pediu ensinamentos. Mahasiddha Dharmavajra transmitiu a ele a linhagem completa das instruções da *Escritura Emanação*, incluindo as instruções sobre *Oferenda ao Guia Espiritual*. Losang Dondrub, então, retornou a sua caverna, em Ensa, e colocou essas instruções em prática, alcançando, por fim, a iluminação em três anos, como seu professor havia feito. Após ter alcançado a iluminação, escreveu em uma de suas muitas canções:

> Minhas únicas boas qualidades são que, em primeiro lugar, fiz pedidos estritamente focados a meu Guia Espiritual; depois, pratiquei minhas sadhanas assim que as recebi; e, por fim, alcancei a iluminação em três anos e três meses.

Mais tarde, Losang Dondrub ficou conhecido como Gyalwa Ensapa, nome dado em referência à caverna na qual meditava. Gyalwa

Ensapa é considerado o primeiro Panchen Lama, embora nunca tenha recebido oficialmente esse título, pois Losang Chokyi Gyaltsen, que é reconhecido como sendo o primeiro Panchen Lama, era, na verdade, uma emanação de Gyalwa Ensapa.

Quando era garoto, Gyalwa Ensapa recebeu muitas visões de Buda Shakyamuni. Ele também possuía clarividência natural e era capaz de saber quando alguém, ainda a muitos dias de viagem, estava para visitar sua família. Mais tarde, quando foi ordenado monge, Gyalwa Ensapa era capaz de recitar, de memória, o *Sutra Perfeição de Sabedoria em Oito Mil Versos* por inteiro, tanto em tibetano como em sânscrito. Os monges de sua comunidade, que nunca haviam escutado o sânscrito falado, pensavam que ele estivesse possuído por espíritos!

Em razão de seu Guia Espiritual, Mahasiddha Dharmavajra, haver empregado sua vida inteira em retiro, coube a Gyalwa Ensapa transmitir a linhagem da *Escritura Emanação* aos outros. Ele transmitiu a linhagem a Khedrub Sangye Yeshe, guru-raiz de Losang Chokyi Gyaltsen, o primeiro Panchen Lama, e foi de Khedrub Sangye Yeshe que o primeiro Panchen Lama recebeu essa preciosa linhagem. Uma vez que Mahasiddha Dharmavajra e seus dois principais discípulos – Gyalwa Ensapa e Khedrub Sangye Yeshe – ficaram conhecidos como “Pai e Filhos Ensapa”, essa linhagem é chamada de “Linhagem Ensa”. Posteriormente, Kachen Yeshe Gyaltsen escreveu um livro contendo as biografias de todos esses gurus-linhagem. Suas histórias são muito inspiradoras e espero que, um dia, sejam traduzidas do tibetano para o benefício dos praticantes ocidentais.

O primeiro Panchen Lama, Losang Chokyi Gyaltsen, foi um protetor muito sábio e habilidoso da doutrina de Je Tsongkhapa. Posteriormente, ele se tornou o guru-raiz do quinto Dalai Lama. Devido às ambições de um barão local, o quinto Dalai Lama não foi imediatamente reconhecido e passou os primeiros vinte e cinco anos de sua vida aparentando ser um camponês comum e rústico que trabalhava nos campos. Para converter o barão ao Dharma e persuadi-lo a reconhecer o quinto Dalai Lama, o primeiro Panchen

Lama executou um ritual irado especial denominado "o ritual da roda". Como resultado, o barão ficou temporariamente doente e ninguém era capaz de curá-lo. Uma noite, pelo poder de sua concentração, o Panchen Lama fez com que o nobre sonhasse com um homem que lhe pedia, com insistência, que convidasse o Panchen Lama para vir de Tsang e curá-lo. No dia seguinte, o barão enviou um pedido ao Panchen Lama, que aceitou o convite. Ao chegar, executou muitos pujas e outros rituais e, como resultado, o barão ficou completamente curado. Em agradecimento, o barão ofereceu ao Panchen Lama extensas riquezas, mas ele as recusou. Quando o nobre perguntou-lhe de que modo poderia retribuir sua bondade, o Panchen Lama respondeu que deveria reconhecer o quinto Dalai Lama. Quando o nobre perguntou onde estava ele, o Panchen Lama apontou um homem jovem trabalhando num campo próximo. Assim, o quinto Dalai Lama foi oficialmente reconhecido e foi estudar no Monastério Drepung. Mais tarde, ele se tornou, dentre todos os Dalai-Lamas, um dos mais influentes.

Até a época do primeiro Panchen Lama, a linhagem da *Escritura Emanação* havia sido transmitida diretamente de professor a discípulo sem ter sido colocada por escrito, e somente aqueles com grande boa fortuna sabiam de sua existência e, sobretudo, tinham a oportunidade de praticar as instruções. Por essa razão, ela ficou conhecida como "a Linhagem Sussurrada Ensa". No entanto, porque os tempos estivessem se tornando mais e mais impuros, e porque os seres sencientes tivessem cada vez menos e menos mérito, o Panchen Lama ficou preocupado com o fato de que essa preciosa linhagem pudesse, em breve, ficar perdida por completo; então, para preservá-la para as gerações futuras, ele decidiu colocá-la por escrito. Desse modo, escreveu um texto intitulado *O Principal Caminho dos Conquistadores, o Texto Raiz do Mahamudra.* Esse texto contém todas as instruções essenciais sobre o Mahamudra vindas da *Escritura Emanação.*

Para praticar o Mahamudra com êxito é necessário, primeiramente, concluir quatro práticas preliminares, conhecidas como "os quatro grandes guias preliminares". São eles:

1. O grande guia de buscar refúgio e de gerar a bodhichitta, a porta de ingresso ao Budadharma e ao Mahayana;
2. O grande guia de fazer oferendas de mandala, a porta para acumular uma coleção de mérito;
3. O grande guia da meditação e recitação de Vajrasattva, a porta para purificar negatividades e quedas;
4. O grande guia do Guru-Ioga, a porta para receber bênçãos.

Para que os discípulos fervorosos pudessem praticar o quarto grande guia como uma preliminar ao Mahamudra propriamente dito, o primeiro Panchen Lama também compilou *Oferenda ao Guia Espiritual*, fundamentado nas instruções vindas da *Escritura Emanação*. Desde então, essa prática tem florescido no Tibete, Mongólia, China e Índia; e agora ela está começando a se difundir no Ocidente. Devemos relembrar a grande bondade do primeiro Panchen Lama em compilar essa sadhana e tentarmos praticá-la com pureza e sinceridade.

Embora *Oferenda ao Guia Espiritual* tenha sido compilada pelo primeiro Panchen Lama, ela não foi criada por ele. Em verdade, todas as práticas contidas na sadhana foram ensinadas por Buda em seus ensinamentos de Sutra e de Tantra. Assim, para tornar isso claro, o primeiro Panchen Lama escreveu no início da sadhana:

> Preparei um ornamento-garganta, uma bela guirlanda de flores,
> Retiradas do jardim de lótus das sagradas instruções de Sutra e de Tantra,
> O único método supremo para discípulos afortunados
> Realizarem todo benefício e felicidade.

O título completo da sadhana é *Lama Chopai Choga* em tibetano, que significa "*Ritual de Oferecimento ao Guia Espiritual*". Embora tenha sido, primeiramente, escrita em tibetano, o primeiro Panchen Lama também lhe deu um nome em sânscrito, *Guru puja se kalpa*, colocando-o no título do texto. Essa era a prática normalmente adotada quando um texto era traduzido do sânscrito para o tibetano, com o objetivo de mostrar que o texto não havia sido criado pelos tibetanos, mas que era uma autêntica escritura vinda da Índia. Não é comum dar um título em sânscrito para um texto escrito, originalmente, em tibetano. A obra *Grande Exposição das Etapas do Caminho*, de Je Tsongkhapa, por exemplo, não tem um título em sânscrito, mas é conhecida em tibetano simplesmente como *Lamrim Chenmo*. Por que, então, o primeiro Panchen Lama deu um título em sânscrito à *Oferenda ao Guia Espiritual*? Seu propósito foi o de indicar que, embora tenha compilado a sadhana, as práticas nela contidas originam-se dos Sutras e dos Tantras e, em particular, dos ensinamentos tântricos de Conquistador Vajradhara.

É a tradição tanto de Atisha quanto de Je Tsongkhapa fundamentar todos os seus ensinamentos na palavra de Buda e nunca ensinar nada que contradiga os ensinamentos de Buda. De acordo com esses dois grandes professores, a menos que uma instrução esteja referida nos Sutras ou nos Tantras, ela não pode ser considerada um ensinamento budista autêntico, mesmo que essa instrução seja um assim denominado "*terma*", ou "texto-tesouro escondido". Sempre que davam ensinamentos ou escreviam textos, tanto Atisha quanto Je Tsongkhapa citavam, com profusão, tanto os Sutras como os Tantras. Desse modo, eles mostravam seu grande respeito pelos ensinamentos originais de Buda e enfatizavam a importância de ser capaz de seguir o curso das instruções até sua origem.

Em *Ornamento para os Sutras Mahayana*, Maitreya diz que não há, em todo o universo, ninguém mais sábio do que Buda. Buda compreende, direta e simultaneamente, todos os objetos de conhecimento e realiza a verdadeira natureza de todos os fenômenos. Se temos fé em Buda, devemos praticar somente as instruções que não contradizem seus ensinamentos. Se seguirmos instruções que contradizem Buda, não faremos progresso espiritual e nossa prática causará a degeneração do Budadharma neste mundo. De modo semelhante, se alegarmos ser um professor budista, mas dermos ensinamentos que contradizem Buda, estaremos destruindo a doutrina de Buda. Por essa razão, se nos consideramos budistas, devemos ter grande cuidado em praticar somente as instruções que originalmente vêm de Buda. Devemos ser cuidadosos para não sermos simplesmente influenciados pela reputação de um professor específico ou de um livro em particular; pelo contrário, devemos verificar se eles são ou não autênticos. Mesmo que nos digam que, por ouvir um ensinamento específico ou ler um livro em particular, podemos alcançar rapidamente a iluminação, devemos, não obstante, ser cautelosos e examinar, antes de tudo, sua autenticidade.

Se, como o primeiro Panchen Lama diz, todas as instruções contidas em *Oferenda ao Guia Espiritual* já haviam sido ensinadas por Buda, por que, afinal, ele compilou a sadhana? Por que, simplesmente, ele não nos encaminha para os ensinamentos originais de Buda? Existem duas razões. A primeira é que os ensinamentos tântricos de Buda são muito difíceis de serem compreendidos, e a segunda razão é que esses ensinamentos estão espalhados por vários textos sem indicação clara sobre a sequência em que devem ser praticados. Se tentássemos praticar essas instruções confiando apenas nos Sutras e nos Tantras, logo ficaríamos desencorajados e poderíamos, até mesmo, abandonar nossa prática de Dharma por completo.

Ao compilar *Oferenda ao Guia Espiritual*, o primeiro Panchen Lama apresentou todas as instruções essenciais de um modo fácil de serem compreendidas e organizou-as na sequência que devem ser praticadas. Ele incluiu, numa única prática, não somente o grande guia preliminar do Guru-Ioga associado a todas as práticas essenciais do estágio de geração e do estágio de conclusão do Tantra Ioga Supremo, como também as práticas essenciais do Lamrim e do Lojong. Portanto, ao praticar *Oferenda ao Guia Espiritual*, estamos aptos a praticar todas as etapas do caminho do Sutra e do Tantra em uma mesma sessão.

No comentário à sadhana que escreveu, o primeiro Panchen Lama diz que as várias práticas contidas em *Oferenda ao Guia Espiritual* são como joias preciosas que foram recuperadas do fundo de um oceano. Mesmo que soubéssemos da existência de joias no fundo de um vasto oceano, nunca seríamos capazes de chegar até elas sem o auxílio de um navegador e de um mergulhador habilidosos. Se tentássemos recuperá-las por nossa própria conta, definitivamente correríamos grande perigo. Do mesmo modo, sem o auxílio do primeiro Panchen Lama em reunir e apresentar essas preciosas instruções que são semelhantes a joias, em pouco tempo iríamos nos ver em dificuldades se tentássemos encontrá-las dentre o vasto oceano de Sutras e de Tantras e colocá-las em prática por nossa própria conta.

Desde que o primeiro Panchen Lama compilou essa preciosa sadhana, ela tem sido transmitida, juntamente com o Mahamudra Vajrayana incomum da Tradição Virtuosa e todas as demais práticas essenciais da *Escritura Emanação*, por meio de uma linhagem ininterrupta até nossos professores atuais. Desde Panchen Chokyi Gyaltsen, a linhagem foi transmitida por Drubchen Gendun Gyaltsen e Drungpa Tsondru Gyaltsen a Konchog Gyaltsen, que a transmitiu ao segundo Panchen Lama, Losang Yeshe. Deste, foi transmitida por vários lamas, como Losang Namgyal e Kachen Yeshe Gyaltsen até Kyabje Trijang Rinpoche, que a transmitiu para os nossos professores atuais. Toda a linhagem próxima dessas instruções é apresentada nas *Preces de Pedidos aos Gurus da Linhagem Mahamudra*, que pode ser encontrada no Apêndice II. Se lermos essa prece, veremos que existe uma linhagem completamente pura e ininterrupta desde Conquistador Vajradhara até nosso Guru-raiz atual.

Pela contemplação das qualidades especiais de *Oferenda ao Guia Espiritual* e da pureza da linhagem dessas instruções, iremos nos sentir extremamente afortunados por ter encontrado prática tão preciosa. Devemos pensar:

> *Essa prática da* Oferenda ao Guia Espiritual *contém todas as práticas essenciais de Sutra e de Tantra, e as bênçãos dessa linhagem ainda estão completas. Se eu praticar agora esse Guru-Ioga de modo sincero, serei capaz de alcançar a iluminação nesta mesma vida e tornar-me como Gyalwa Ensapa. Quão afortunado eu sou!*

Drubchen Dharmavajra

As Práticas Preliminares

AS INSTRUÇÕES PROPRIAMENTE DITAS

As instruções propriamente ditas sobre *Oferenda ao Guia Espiritual* são apresentadas de acordo com os seguintes dois tópicos:

1. Como praticar durante a sessão de meditação;
2. Como praticar durante o intervalo entre as meditações.

Como praticar durante a sessão de meditação é apresentado em três partes:

1. As práticas preliminares;
2. A prática propriamente dita;
3. As etapas de finalização.

AS PRÁTICAS PRELIMINARES

Existem quatro práticas preliminares:

1. Buscar refúgio e gerar a bodhichitta;
2. Autogerar-se como a Deidade;
3. Purificar o ambiente e seus habitantes;
4. Abençoar as oferendas.

Buscar refúgio e gerar a bodhichitta tem duas partes:

1. Buscar refúgio;
2. Gerar a bodhichitta.

BUSCAR REFÚGIO

Antes de sentarmos para dar início à sadhana, devemos limpar o local e montar um altar composto de representações do corpo, fala e mente de Buda. Em particular, devemos colocar imagens de nosso Guia Espiritual, Conquistador Vajradhara, Buda Shakyamuni e Je Tsongkhapa. Diante delas, devemos colocar, ao menos, uma fileira de oferendas, incluindo as quatro águas. As oferendas serão explicadas abaixo. Em seguida, devemos nos sentar em postura confortável, numa almofada de meditação ou numa cadeira, e dar início à sadhana.

Logo no início, devemos nos certificar de que nossa mente esteja calma, pacífica e livre de distrações conceituais. Je Tsongkhapa escreveu, certa vez, um texto no qual formulava um certo número de questões para os meditadores tibetanos. Posteriormente, o primeiro Panchen Lama escreveu respostas a essas questões. Uma das questões de Je Tsongkhapa era: "Qual a coisa mais importante a se fazer no início da sessão de meditação?". O Panchen Lama respondeu que devemos começar examinando nossa mente. Algumas vezes, o mero ato de examinar a mente, se feito de modo consciencioso, pacifica nossas distrações. No começo, nossa mente está muito mais voltada para os fenômenos exteriores e estamos preocupados com assuntos e afazeres mundanos; mas, por trazer nossa atenção para dentro a fim de examinar a mente, é possível que essas distrações conceituais cessem.

Devemos nos sentar quietamente, por alguns instantes, observando quais tipos de mente estão surgindo. Se forem mentes virtuosas, puras, podemos imediatamente prosseguir com a sadhana. Por outro lado, se forem mentes não virtuosas ou mundanas, devemos, primeiro, praticar meditação respiratória a fim de eliminá-las. Todas as mentes dependem de ventos interiores. Mentes puras dependem de ventos puros, e mentes impuras dependem de ventos impuros. Se eliminarmos nossos ventos impuros, naturalmente pacificaremos nossas mentes conceituais impuras e, então, se gerarmos ventos interiores puros, naturalmente geraremos mentes puras. Assim, começamos imaginando que todas as nossas mentes impuras e ventos impuros assumem a forma de uma fumaça preta, escura, dentro de nós. Com um forte desejo de eliminá-la, exalamos gentilmente pelas narinas. À medida que fazemos isso, imaginamos que toda essa fumaça preta sobe a partir da base do nosso pulmão, sai por nossas narinas e desaparece no espaço. Sentimo-nos totalmente limpos por dentro. Então, à medida que inalamos lentamente, imaginamos que estamos inspirando todas as bênçãos dos Budas e Bodhisattvas na forma de uma luz branca e pura. Essa luz branca preenche nosso corpo e mente e sentimo-nos completamente puros. Repetimos esse ciclo duas, três ou mais vezes até nossa mente ficar totalmente pacificada de todas as distrações conceituais e tornar-se pura, feliz e estritamente focada.

Praticamos meditação respiratória no início de uma sadhana a fim de eliminarmos mentes impuras e trazer a mente para um estado neutro. A partir desse estado neutro, podemos, então, facilmente gerar um estado mental virtuoso. Se, primeiramente, não pacificarmos nossas mentes conceituais impuras, acharemos muito difícil gerar mentes puras. Por exemplo, se desejarmos tingir um pedaço de tecido que já está colorido, acharemos muito difícil obter a cor que queremos sem, antes, descorar o tecido. Pacificar a mente com a meditação respiratória é semelhante a descorar um tecido. Se utilizarmos a meditação respiratória desse modo – ou seja, como uma preliminar a tipos mais práticos de meditação – ela será de muita utilidade; porém, se adotarmos a meditação respiratória como nossa prática principal, não obteremos nenhum resultado duradouro. Podemos, temporariamente, pacificar nossa mente e alcançar um certo grau de paz interior; mas, a menos que nos empenhemos subsequentemente em meditações práticas sobre as etapas do caminho – como as meditações sobre renúncia, compaixão, bodhichitta ou vacuidade – nunca efetuaremos nenhuma mudança duradoura em nossa mente; ao contrário, permaneceremos seres comuns, constantemente propensos a sofrer.

Após termos trazido nossa mente para um estado calmo e neutro, precisamos, então, gerar um estado mental especialmente virtuoso. Isso é feito em associação com a primeira estrofe da sadhana:

Com uma mente perfeitamente pura e de grande virtude,
Eu e todos os seres sencientes-mães, tão extensos como o espaço,
Doravante, até que alcancemos a essência da iluminação,
Buscamos refúgio no Guru e nas Três Joias Preciosas.

Essa estrofe revela as causas de buscar refúgio, o modo de buscar refúgio e os objetos de refúgio. As causas de buscar refúgio são reveladas pelo primeiro verso. Em geral, essas causas são: renúncia, grande compaixão e fé no Guru e nas Três Joias. Porque *Oferenda ao Guia Espiritual* é uma prática de Tantra Ioga Supremo, é particularmente importante enfatizar a segunda causa – grande compaixão.

Começamos gerando, brevemente, uma mente de renúncia, recordando todas as falhas do samsara. Precisamos estar firmemente convencidos de que os assim denominados *prazeres do samsara* são completamente enganosos e que, por fim, conduzem tão somente a mais sofrimento. Se acharmos isso difícil, devemos, brevemente, contemplar a morte. Não importa quantos prazeres transitórios possamos desfrutar nesta vida, cedo ou tarde teremos de morrer. Na hora da morte, todos os prazeres desta vida irão equivaler a nada; eles serão, apenas, vagas memórias, como um sonho agradável que passou. Tudo o que permanece na hora da morte são os resultados das nossas próprias ações, e tudo o que podemos levar conosco são essas marcas cármicas. Se tivermos utilizado esta vida para criar carma virtuoso, experienciaremos felicidade na próxima vida, mas se tivermos criado carma negativo, teremos de experienciar sofrimento, renascendo em um dos reinos inferiores. Além disso, se não alcançarmos a libertação nesta vida, teremos de continuar a tomar renascimentos descontrolados no samsara, onde não existe verdadeira felicidade, mas tão somente sofrimento e insatisfação. Pensando assim, devemos tentar gerar medo dos sofrimentos do samsara, em geral, e dos reinos inferiores, em particular. Desse modo, geramos a mente de renúncia.

Geramos renúncia ao contemplar nosso próprio sofrimento. Se, sobre essa base, voltarmos nossa atenção para o sofrimento dos outros, naturalmente desenvolveremos compaixão. Devemos pensar:

> *Sou apenas um, mas os outros são incontáveis. Todos esses incontáveis seres vivos foram minhas bondosas mães nas vidas anteriores. Todos eles estão presos nesse ciclo vicioso de morte e renascimento descontrolado, experienciando sofrimento, vida após vida.*

Contemplamos desse modo até acharmos insuportável o sofrimento dos outros e, então, tomamos firmemente a resolução de fazer tudo o que for preciso para livrá-los de seus sofrimentos. Essa mente é a mente de grande compaixão.

Sem perder essa motivação, contemplamos, então, como podemos libertar os seres sencientes-mães de seus sofrimentos. Compreendemos que somente o Guru e as Três Joias têm o poder de nos proteger. Desse modo, geramos uma mente de fé, a terceira causa de buscar refúgio.

No texto raiz, está dito: "Com uma mente perfeitamente pura e de grande virtude". Aqui, "mente de grande virtude" refere-se, em primeiro lugar, à motivação de grande compaixão associada com a fé no Guru e nas Três Joias. As palavras "perfeitamente pura" indicam que essa motivação está livre do agarramento ao em-si e de autoapreço. Todas as mentes virtuosas e ações virtuosas são puras até certo ponto; elas são perfeitamente puras somente se forem completamente livres da contaminação do agarramento ao em-si e do autoapreço. Buda disse que, se nos envolvermos em virtudes com uma mente poluída pelo agarramento ao em-si ou pelo autoapreço, isso será semelhante a comer um alimento delicioso ao qual foi adicionado veneno. Se comêssemos tal alimento, nossa experiência inicial seria de prazer, mas esse prazer logo daria lugar a sofrimento assim que o veneno produzisse seu efeito. Do mesmo modo, o efeito da virtude contaminada é renascer em um dos reinos superiores do samsara como um humano ou um deus, mas, embora o efeito inicial seja boa fortuna, o efeito a longo prazo são todos os sofrimentos e tormentos de outro renascimento no samsara. Esse ponto é explicado por Chandrakirti no segundo capítulo de *Guia ao Caminho do Meio*.

Os dois versos seguintes do texto raiz revelam o modo de buscar refúgio. Buscamos refúgio não meramente buscando proteção para nós mesmos, mas para libertar todos os seres sencientes de seus sofrimentos. Imaginamo-nos rodeados por todos os seres sencientes-mães, uma vasta assembleia tão extensa como o espaço, e os conduzimos, então, à prática de buscar refúgio. Por auspiciosidade, imaginamos todos esses seres sob a forma humana, mas, com compaixão, relembramos que, na realidade, cada um deles ainda está experienciando os sofrimentos de seu reino específico. Além disso, não buscamos refúgio apenas por um breve período, mas continuamente, até que nós e todos os demais seres vivos tenhamos alcançado a essência da grande iluminação. Se pensarmos dessa maneira, fortaleceremos nossa prática de refúgio. Por outro lado, talvez nos lembremos de buscar refúgio quando estamos experienciando dificuldades manifestas, mas, em outros momentos, a complacência pode nos dominar – se agirmos desse modo, iremos permitir que nosso refúgio se degenere.

O ultimo verso dessa estrofe revela os objetos de refúgio – o Guru e as Três Joias. De acordo com *Oferenda ao Guia Espiritual*, o principal objeto de refúgio é Je Tsongkhapa, a Unificação de Três Seres Sagrados, ou Lama Losang Tubwang Dorjechang. Assim, de acordo com essa sadhana, visualizamos nosso Guia Espiritual como Je Tsongkhapa, que tem Buda Shakyamuni em seu coração e Conquistador Vajradhara no coração de Buda Shakyamuni. Por que isso? Existem duas razões principais. A primeira é que precisamos de uma visualização em comum para o nosso Guia Espiritual. É possível que um praticante possa ter mais do que um Guia Espiritual. Se não tivermos uma visualização em comum, precisaremos de um Guru-Ioga exclusivo para cada Guia Espiritual, o que demonstra uma total incompreensão da natureza do Guru. Além do mais, se tivermos uma visualização em comum, não haverá necessidade de decidirmos qual Guru devemos visualizar quando praticarmos Guru-Ioga em grupo, pois todos nós estaremos visualizando nosso Guia Espiritual como Lama Losang Tubwang Dorjechang.

A segunda razão para visualizar nosso Guia Espiritual como Lama Losang Tubwang Dorjechang é que, para obtermos realizações tântricas, é essencial considerar nosso Guru-raiz como sendo de mesma natureza que todos os Budas. Quando visualizamos Lama Losang Tubwang Dorjechang, não pensamos que existem quatro seres distintos diante de nós – nosso Guia Espiritual, Je Tsongkhapa, Buda Shakyamuni e Conquistador Vajradhara – mas somente um único ser que possui quatro aspectos diferentes. Em verdade, todos eles são de mesma natureza. Conquistador Vajradhara é o Corpo-de-Deleite sutil de Buda. Ele aparece diretamente apenas para Bodhisattvas altamente realizados, a quem dá ensinamentos tântricos. Para beneficiar aqueles com menos fortuna, Conquistador Vajradhara manifesta-se sob uma forma mais visível, isto é, como Buda Shakyamuni, que é o aspecto Corpo-Emanação. Buda Shakyamuni deu extensos ensinamentos de Sutra para incontáveis seres deste mundo. Existem dois tipos de Corpo-Emanação: o Corpo-Emanação-Supremo e o Corpo-Emanação que aparece como um ser comum. Buda Shakyamuni é o Corpo-Emanação-Supremo. Ainda que fosse possível para os seres comuns vê-lo e dele receber ensinamentos, eles teriam de possuir imensa boa fortuna. Comparados aos seres destes tempos impuros, os seres que nasceram durante a era dourada – quando Buda Shakyamuni, ele próprio, estava ensinando – tinham uma grande boa fortuna. À medida que os tempos ficaram mais e mais impuros e a fortuna dos seres sencientes vem declinando, tornou-se necessário para Buda manifestar outras formas, ou seja, como um Corpo-Emanação aparecendo como um ser comum. Ele fez isso manifestando-se na forma de Je Tsongkhapa. Assim, embora Je Tsongkhapa aparecesse sob uma forma comum – como um monge tibetano – podemos ter certeza absoluta de que, em verdade, ele é de mesma natureza que Buda Shakyamuni, que, por sua vez, é de mesma natureza que Conquistador Vajradhara. Em verdade, Je Tsongkhapa é frequentemente chamado de "o Segundo Conquistador". Posteriormente, quando os tempos se tornaram ainda mais impuros, Je Tsongkhapa manifestou-se novamente como um ser comum – dessa vez, sob o aspecto de nosso Guia Espiritual.

Se pensarmos desse modo, não teremos dificuldade em considerar Lama Losang Tubwang Dorjechang como um único ser que possui quatro aspectos diferentes. Sempre que virmos nosso Guia Espiritual, imediatamente iremos considerá-lo como Conquistador Vajradhara, Buda Shakyamuni e Je Tsongkhapa; e sempre que pensarmos em Conquistador Vajradhara, Buda Shakyamuni ou Je Tsongkhapa, imediatamente iremos nos lembrar de nosso Guia Espiritual. Essa é uma experiência muito profunda. Se realizarmos isso, compreenderemos, com facilidade, as experiências de grandes praticantes, como Naropa e Milarepa, e não teremos dificuldade de obter realizações do Tantra Ioga Supremo.

Como visualizamos os objetos de refúgio? No espaço a nossa frente, visualizamos um vasto trono adornado com joias e sustentado por oito leões-das-neves. Bem no centro desse trono, está um trono bem menor e com o mesmo aspecto. Sobre esse trono, em um assento de lótus, lua e sol, visualizamos nosso Guru-raiz no aspecto de Lama Losang Tubwang Dorjechang. Ele está no aspecto de um monge plenamente ordenado, usando um chapéu dourado de Pândita. Sua mão direita está no mudra de expor o Dharma e sua mão esquerda, no mudra do equilíbrio meditativo, segura uma vasilha adornada com joias e repleta com os três néctares. Entre o polegar e o indicador de sua mão direita, segura a haste de uma flor upala que desabrocha ao lado de sua orelha direita. Sobre a flor ergue-se, em posição vertical, uma fulgurante espada-de-sabedoria, semelhante à de Manjushri. Sua mão esquerda segura a haste de uma flor upala que desabrocha ao lado de sua orelha esquerda. Sobre a flor, repousa a *Escritura Emanação Kadam*.

Existe um grande significado nos mudras manuais de Lama Losang Tubwang Dorjechang. Sua mão esquerda simboliza que sua mente, o Corpo-Verdade, nunca se move do equilíbrio meditativo – ela permanece, sempre, misturada com a vacuidade, como água misturada com água. Sua mão direita indica que ele é capaz de executar atividades de aquisição subsequente, como dar ensinamentos de Dharma, sem sair da meditação na vacuidade. Essa é uma qualidade que só os Budas possuem. Mesmo os Bodhisattvas altamente realizados são incapazes de executar atividades de aquisição subsequente enquanto permanecem em equilíbrio meditativo. Quando esses Bodhisattvas estão em meditação e a vacuidade, ou verdade última, aparece diretamente para suas mentes, eles são incapazes de perceber as verdades convencionais e, por isso, não conseguem executar ações, como dar ensinamentos. Por outro lado, quando saem da meditação e percebem diretamente as verdades convencionais, a vacuidade não mais aparece diretamente para suas mentes. Os Budas, no entanto, são capazes de perceber simultaneamente ambas as verdades porque abandonaram por completo a concepção que sustenta as duas verdades como sendo entidades diferentes. Suas mentes realizam, direta e simultaneamente, todos os objetos de conhecimento. Assim, sem moverem suas mentes do estado de absorção estritamente focada na vacuidade, os Budas são capazes de falar e dar ensinamentos aos outros.

Os mudras de Lama Losang Tubwang Dorjechang também têm outros significados. Sua mão direita indica que devemos, primeiro, ouvir com atenção e contemplar o sentido dos ensinamentos de Dharma, e sua mão esquerda indica que, em seguida, devemos meditar nos sentidos que compreendemos. Desse modo, iremos nos libertar dos quatro maras. A realização de libertar-se do mara das delusões, do mara dos agregados contaminados e do mara da morte descontrolada é simbolizada pelos três néctares dentro da vasilha adornada com joias que Lama Losang Tubwang Dorjechang segura

Gyalwa Ensapa

em sua mão esquerda. A realização de libertar-se dos maras Devaputra é simbolizada pelo próprio mudra do equilíbrio meditativo. Assim, ambos os mudras indicam que Lama Losang Tubwang Dorjechang é livre dos quatro maras e que, confiando nele, podemos também alcançar a mesma liberdade.

Em cada uma das quatro direções cardeais ao redor de Lama Losang Tubwang Dorjechang, encontra-se um outro trono. Sobre o trono a sua direita, senta-se Maitreya rodeado por todos os Gurus da linhagem das etapas do caminho vasto, como Asanga e Vasubhandu; sobre o trono a sua esquerda, senta-se Manjushri rodeado por todos os Gurus da linhagem das etapas do caminho profundo, como Nagarjuna e Chandrakirti; sobre o trono atrás dele, senta-se Conquistador Vajradhara rodeado por todos os Gurus da linhagem do Mantra Secreto, como Tilopa e Naropa; e sobre o trono a sua frente, senta-se nosso Guru-raiz atual em seu aspecto normal, rodeado por todos os demais Guias Espirituais de quem recebemos ensinamentos nesta vida e que compartilham da mesma linhagem e visão que nosso Guru-raiz. Acima de Lama Losang Tubwang Dorjechang, estão todos os Gurus da linhagem do Mahamudra Vajrayana, sentados, cada qual, em um plano mais elevado que o outro. No ponto mais alto, está Conquistador Vajradhara e, abaixo dele, estão todos os demais Gurus-linhagem aparecendo sob o aspecto de Manjushri. Ao redor desses cinco grupos de Gurus, estão todos os demais objetos de refúgio: as Deidades das quatro classes de Tantra, Budas, Bodhisattvas, Ouvintes Emanados, Conquistadores Solitários Emanados, Heróis, Heroínas e Protetores do Dharma.

Nessa visualização, Lama Losang Tubwang Dorjechang, os cinco grupos de Gurus-linhagem, as Deidades tântricas e os Budas do Caminho do Sutra são, todos, Joias Buda; os Bodhisattvas, Ouvintes Emanados, Conquistadores Solitários Emanados, Heróis, Heroínas e Protetores do Dharma são, todos, Joias Sangha. No continuum mental de cada um desses seres, encontram-se realizações especiais, como a realização direta da vacuidade, bem como as cessações permanentes das delusões, do sofrimento, do samsara e da aparência verdadeira. Todas essas realizações e verdadeiras cessações são Joias Dharma.

No início, não devemos tentar visualizar claramente todos os objetos de refúgio, mas ficar satisfeitos com uma imagem mental aproximada. Se nos esforçarmos muito, provavelmente ficaremos, por fim, sem imagem alguma. Quando visualizamos seres sagrados, o mais importante de tudo é ter uma forte convicção de que eles estão, de fato, aparecendo sob suas formas sutis no espaço a nossa frente.

Quando tivermos gerado as causas de buscar refúgio, compreendido o modo de buscar refúgio e visualizado os objetos de refúgio, poderemos, de fato, buscar refúgio recitando três vezes ou mais a prece de refúgio, enquanto contemplamos seu significado. Na sadhana, a prece de refúgio é dada em sânscrito:

Namo Gurubhä
Namo Buddhaya
Namo Dharmaya
Namo Sanghaya

O significado é: "Busco refúgio nos Gurus, busco refúgio nos Budas, busco refúgio nos Dharmas, busco refúgio nas Sanghas". Os tibetanos recitam com frequência essa prece em sânscrito porque foram as primeiras palavras de Dharma pronunciadas no Tibete, e essas palavras os fazem recordar a bondade dos primeiros Pânditas indianos que trouxeram o Dharma para seu país. Em certa época, não havia nem mesmo o som do Dharma no Tibete. Então, o rei tibetano Trisong Detsen convidou Padmasambhava e Shantarakshita para virem da Índia ensinar o Dharma aos tibetanos. Eles começaram tentando ensinar os tibetanos a dizerem essa prece de refúgio em sânscrito. Os tibetanos nunca tinham ouvido sânscrito e, no início, tiveram grande dificuldade em pronunciá-la corretamente, do mesmo modo que os praticantes ocidentais atualmente se esforçam para pronunciar a língua tibetana. Por fim, os tibetanos dominaram a pronúncia da prece e apreciam essas preciosas palavras de Dharma até hoje.

Vale a pena mencionar neste contexto que, durante muito tempo, o sânscrito foi mais importante que o tibetano por ser a língua na qual Buda deu ensinamentos e a língua na qual as escrituras originais foram redigidas. No entanto, todas as escrituras foram, gradualmente, traduzidas do sânscrito para o tibetano. Os tibetanos tiveram grande cuidado com essas traduções, consultando, em cada etapa, eruditos indianos, e novamente traduzindo os textos do tibetano para o sânscrito a fim de verificar a autenticidade da tradução. Ao final, traduziram para o tibetano uma coleção de mais de uma centena de volumes de ensinamentos de Buda e mais que duas centenas de volumes de diversos comentários sobre esses ensinamentos. Essas duas coleções são conhecidas como *Kangyur* e *Tengyur*, respectivamente. Posteriormente, muitas das escrituras originais em sânscrito foram irremediavelmente perdidas e, assim, nos dias de hoje, a única coleção completa das escrituras está em tibetano. Se as escrituras tibetanas forem perdidas, não mais haverá neste mundo uma coleção completa dos textos de Dharma. Além disso, a língua sânscrita pura, na qual os ensinamentos foram originalmente dados, misturou-se gradativamente com elementos da linguagem coloquial e, nos dias atuais, somente formas impuras de sânscrito permaneceram. A língua tibetana escrita, no entanto, não passou pelo mesmo tipo de degeneração. Portanto, existem boas razões para afirmar que, do ponto de vista do Dharma, o tibetano é, agora, mais importante que o sânscrito.

Como foi mencionado anteriormente, *Oferenda ao Guia Espiritual* é uma prática preliminar ao Mahamudra Vajrayana e foi escrita, principalmente, como um método para praticar o quarto grande guia preliminar, o Guru-Ioga. No entanto, se desejarmos, podemos coletar todos os quatro grandes guias preliminares com essa sadhana; neste caso, devemos coletar o primeiro grande guia preliminar – buscar refúgio – nesse ponto. A maneira de fazer isso está explicada em *Caminho Alegre da Boa Fortuna* e *Novo Guia à Terra Dakini*. Ambos os livros contêm, também, explicações extensas sobre a prática de buscar refúgio.

GERAR A BODHICHITTA

Este tópico tem duas partes:

1. Gerar a bodhichitta aspirativa;
2. Gerar a bodhichitta de compromisso.

GERAR A BODHICHITTA ASPIRATIVA

Tendo buscado refúgio, geramos agora a motivação especial da bodhichitta. Isso é feito juntamente com a próxima estrofe da sadhana:

Para o bem de todos os seres sencientes-mães,
Vou me tornar o Guru-Deidade
E, então, conduzirei cada ser senciente
Ao estado supremo do Guru-Deidade.

Sobre a base do desejo compassivo, gerado quando buscamos refúgio, geramos agora o desejo de nos tornarmos um Buda para libertar todos os seres sencientes-mães dos sofrimentos do samsara e conduzi-los à felicidade suprema da Budeidade.

Porque esta é uma prática de Tantra Ioga Supremo, devemos gerar uma bodhichitta muito especial. Isso está expresso pelas palavras "Vou me tornar o Guru-Deidade". A fim de alcançarmos a iluminação para o benefício de todos os seres vivos, treinamos, primeiramente, nos caminhos comuns do Lamrim e do Lojong e, depois, ingressamos nos caminhos incomuns do Vajrayana do estágio de geração e do estágio de conclusão. O propósito de praticar os dois estágios do Vajrayana é conquistar o estado da nossa Deidade pessoal. Por exemplo, se nossa Deidade pessoal for Heruka, empenhamo-nos em nos tornar Heruka, e se nossa Deidade pessoal for Vajrayogini, empenhamo-nos em nos tornar Vajrayogini. Como isso é feito? O único modo de nos tornarmos uma Deidade é confiando em um Guia Espiritual, o qual consideramos ser da mesma natureza que a Deidade. Por exemplo, se estamos nos empenhando em nos tornar

Heruka, consideramos nosso Guru-raiz como sendo, por natureza, inseparável de Heruka. Com esse reconhecimento, fazemos tanto o Guru-Ioga extenso quanto o Guru-Ioga abreviado e dissolvemos nosso Guru em nosso coração. Sentimos como se nossa mente raiz e a mente de nosso Guru tivessem se tornado inseparáveis, a natureza de Guru Heruka. Com esse sentimento especial, geramos a nós mesmos, então, como Heruka e mantemos orgulho divino de sermos o Guru-Deidade.

No início, isso é feito por meio de imaginação correta; porém, ao fim, pelo treino nas práticas do estágio de conclusão, iremos gerar um corpo sutil denominado corpo-ilusório, que é o corpo propriamente dito da Deidade. Quando tivermos obtido o corpo-ilusório, teremos uma mente pura e um corpo puro. Aperfeiçoando continuamente nossa experiência com os iogas do estágio de conclusão, nosso corpo-ilusório puro irá se tornar o verdadeiro corpo de um Buda e nossa mente pura irá se tornar a mente verdadeira de um Buda. Então, teremos nos transformado no Guru-Deidade propriamente dito, Guru Heruka.

Sem gerar, primeiramente, um corpo sutil totalmente novo – o corpo-ilusório – não existe maneira pela qual possamos nos tornar um Buda. Não importa quanto tempo meditemos, nunca seremos capazes de transformar nosso corpo denso atual no corpo de Buda. Para gerar o corpo-ilusório, precisamos treinar o estágio de geração e o estágio de conclusão do Tantra Ioga Supremo e, para fazer isso, precisamos praticar o Guru-Ioga, reconhecendo nosso Guia Espiritual como inseparável da Deidade. Em outras palavras, a única maneira de nos tornarmos um Buda é praticando Guru-Ioga em associação com os dois estágios do Tantra Ioga Supremo. Se compreendermos isso, compreenderemos como é preciosa a prática da *Oferenda ao Guia Espiritual.* Veremos também que o modo de gerarmos a bodhichitta de acordo com o Tantra Ioga Supremo é muito mais profundo e muito mais realista que o modo de gerá-la de acordo com o Sutra.

Podemos nos perguntar por que é necessário confiar em um Guru para praticar o estágio de geração e o estágio de conclusão.

Por que não podemos, simplesmente, praticar esses iogas por nossa própria conta e nos gerarmos como a Deidade? A resposta é que, no momento, somos totalmente diferentes da Deidade e, sem o Guru, não temos como estabelecer uma conexão com a Deidade. Por exemplo, a Deidade Heruka é um ser totalmente transcendental, além do campo da experiência comum. A única maneira de podermos nos conectar com Heruka é por meio de nosso Guru. A característica extraordinária do Guru é que, embora ele seja, de fato, um ser transcendental de mesma natureza que Heruka, ele é, contudo, capaz de aparecer sob uma forma comum e comunicar-se diretamente conosco. Desse modo, ele é capaz de nos apresentar a Deidades como Heruka e nos guiar pelas etapas de nossa própria transformação na Deidade. Por essa razão, devemos considerar nosso Guru como uma emanação da Deidade. Sem o Guru, seria impossível recebermos as bênçãos de Heruka ou de qualquer outra Deidade. É por esse motivo que o Guru-Ioga é chamado de "a porta de ingresso para receber bênçãos". Todas as realizações tântricas dependem inteiramente das bênçãos do Guru. Sem as águas das bênçãos do Guru, nossa mente é como uma semente seca, incapaz de desenvolvimento espiritual.

Há um ditado tibetano tradicional que diz que o Guru possui os quatro corpos de um Buda, que são como uma grande montanha nevada; mas, se o sol da nossa fé não surgir, as águas das bênçãos do Guru não podem derreter. Considerando isso, devemos desenvolver profunda fé em nosso Guia Espiritual e gerar um forte desejo de nos tornarmos o Guru-Deidade. Desse modo, poderemos conduzir todos os demais seres sencientes a esse estado, assim como nosso Guru atualmente nos conduz.

GERAR A BODHICHITA DE COMPROMISSO

Com a prece anterior, geramos o simples desejo de nos iluminarmos para o benefício dos outros. Agora, com as duas próximas estrofes, iremos transformar esse desejo na bodhichitta de compromisso, gerando a determinação de nos empenhar no método propriamente dito para nos iluminarmos, o caminho profundo do Guru-Ioga.

Para o bem de todos os seres sencientes-mães, alcançarei o mais rapidamente possível, nesta mesma vida, o estado do Guru-Deidade, o Buda primordial.

Libertarei todos os seres sencientes-mães de seus sofrimentos e os conduzirei ao grande êxtase dos solos de Buda. Portanto, praticarei o caminho profundo do ioga do Guru-Deidade.

Quando geramos a bodhichitta de acordo com o Tantra Ioga Supremo, geramos um desejo especial de nos tornarmos iluminados o mais rapidamente possível, nesta mesma vida. O motivo não é que sejamos impacientes, mas que nossa compaixão é tão forte que não podemos suportar o sofrimento dos seres sencientes por mais um instante sequer.

Outra característica da bodhichitta tântrica está expressa pelas palavras "o Buda primordial". Elas demonstram o método tântrico incomum de se alcançar a iluminação. Todos os seres sencientes têm, desde tempos sem início, um corpo muito sutil e uma mente muito sutil. Esse corpo e essa mente estão, presentemente, obscurecidos por dois tipos de obstrução: delusões-obstruções e obstruções à onisciência. Quando, pelo treino nos dois estágios do Tantra Ioga Supremo, o corpo e a mente muito sutis forem totalmente libertados dessas duas obstruções, eles irão se tornar o corpo e a mente de um Buda. Porque as causas substanciais do corpo e da mente de Buda – nosso corpo e mente muito sutis – existem desde tempos sem início, esse Buda é denominado "o Buda primordial".

Algumas pessoas não compreendem corretamente o termo "Buda primordial" e pensam que todos os seres sencientes são Budas desde tempos sem início. Isso é, obviamente, um equívoco porque, se fosse verdade, seguir-se-ia que a ignorância e a iluminação existiriam na mesma mente ao mesmo tempo, ou que os Budas experienciam os sofrimentos do inferno! Je Tsongkhapa explicou de modo muito claro que, pelo fato de todos os seres sencientes terem um corpo e mente muito sutis, todos eles possuem a natureza búdica – o potencial para se tornar um Buda no futuro – mas, enquanto seu corpo e mente muito sutis permanecerem encobertos pelas obstruções, eles não são Budas de fato.

A segunda dessas duas estrofes também inclui a prática das quatro incomensuráveis. As palavras "todos os seres sencientes-mães" indicam a incomensurável equanimidade, totalmente livre de discriminação; as palavras "libertarei... de seus sofrimentos" indicam a incomensurável compaixão; e as palavras "e os conduzirei ao grande êxtase dos solos de Buda" indicam o incomensurável amor e a incomensurável alegria. Por fim, as palavras "portanto, praticarei o caminho profundo do ioga do Guru-Deidade" indicam a determinação especial da bodhichitta de compromisso. Devemos contemplar tudo isso enquanto recitamos essa estrofe.

Após termos buscado refúgio e gerado a bodhichitta, se tivermos tempo, podemos visualizar luzes brancas e néctares fluindo de nosso Guru e de todos os seres sagrados a nossa frente e dissolvendo-se em nosso corpo. Imaginamos que nosso corpo e mente são totalmente permeados por luzes brancas e néctares de êxtase que purificam todo o carma negativo que temos criado desde tempos sem início, todos os obstáculos a nossa prática de Dharma, todos os nossos problemas físicos e mentais e, em particular, todo o carma negativo que temos criado em relação ao nosso Guia Espiritual e demais seres sagrados. Sentimo-nos completamente limpos e purificados e permeados por êxtase. Em seguida, visualizamos luzes amarelas e néctares fluindo dos seres sagrados e dissolvendo-se em nós. Desse modo, recebemos suas bênçãos para aumentar nossas realizações de Dharma, como compaixão e a sabedoria que realiza a vacuidade, assim como nosso tempo de vida, mérito e riqueza.

Depois disso, imaginamos que luzes se irradiam de Lama Losang Tubwang Dorjechang e permeam todos os seres sagrados ao seu redor. Eles se dissolvem em luz e, gradualmente, dissolvem-se em Lama Losang Tubwang Dorjechang. Em seguida, Je Tsongkhapa dissolve-se em Buda Shakyamuni que, por sua vez, dissolve-se em Conquistador Vajradhara. Por fim, Guru Vajradhara, que é a própria natureza de nosso Guia Espiritual e de todos os objetos de refúgio, vem até a coroa de nossa cabeça e, entrando por nossa coroa, dissolve-se em nossa mente raiz, em nosso coração. Sentimos que nossa mente mistura-se com a mente de grande êxtase espontâneo de nosso Guru, como água misturando-se com água, e, como resultado, nossa mente também se transforma em grande êxtase espontâneo. Porque a mente de nosso Guru é uma mente de grande êxtase espontâneo e porque misturamos nossa mente raiz com a mente de nosso Guru, temos uma razão perfeita para pensar que nossa mente se transformou, de fato, na mente de grande êxtase espontâneo. Devemos desenvolver uma forte convicção de que essa fusão de mentes aconteceu verdadeiramente e tentar gerar um sentimento especial de êxtase. A essência do Tantra Ioga Supremo é gerar grande êxtase espontâneo e, então, meditar na vacuidade com essa mente, de modo a remover as mais sutis obstruções de nosso continuum mental e, assim, alcançar a Budeidade. Não somos capazes, agora, de gerar grande êxtase espontâneo propriamente dito, mas, ao misturarmos nossa mente com a mente de nosso Guru, alcançamos um símile dela e, assim, podemos nos empenhar nas práticas propriamente ditas do Tantra Ioga Supremo.

AUTOGERAR-SE COMO A DEIDADE

Como já foi mencionado, *Oferenda ao Guia Espiritual* é, em primeiro lugar, uma prática preliminar ao Mahamudra Vajrayana. O significado da palavra "Mahamudra" é o seguinte: "*maha*" significa "grande" e refere-se ao grande êxtase espontâneo; e, neste contexto, "*mudra*" significa "não-enganoso" e refere-se à vacuidade. Assim, o Mahamudra propriamente dito é a união de grande êxtase espontâneo e vacuidade, que é realizada na dependência das práticas do estágio de conclusão do Tantra Ioga Supremo. Em *Clara-Luz de Êxtase*, são explicados três tipos de Mahamudra, dentre os quais a união de grande êxtase espontâneo e vacuidade é o primeiro tipo. Na dependência dessa união, alcançamos a união das duas verdades, que é a união do corpo-ilusório e da clara-luz; e, na dependência dessa união, alcançamos a união de corpo e mente, que é o Mahamudra resultante – a iluminação. Mais detalhes sobre o Mahamudra podem ser encontrados no livro *Mahamudra Tantra*.

Antes de podermos nos envolver nas práticas do estágio de conclusão do Mahamudra, precisamos, primeiro, praticar o estágio de geração. Com as práticas do estágio de geração, inicialmente nos geramos, pelo poder de imaginação correta, como um Buda; depois, com as práticas do estágio de conclusão, transformamos esse corpo imaginado de um Buda no verdadeiro corpo de um Buda.

De acordo com o Mantra Secreto, a raiz do samsara não é somente o agarramento ao em-si, mas também a concepção comum e a aparência comum. O propósito do estágio de geração é superar a concepção comum e a aparência comum, gerando-nos como a Deidade. Portanto, nessa etapa da sadhana, praticamos a autogeração como a Deidade. Além disso, durante a sadhana, precisamos executar determinados rituais, como abençoar a oferenda interior e fazer a oferenda secreta, e para executar esses rituais precisamos, primeiro, gerar a nós mesmos como a Deidade.

Como já foi explicado, quando praticamos o Tantra Ioga Supremo, temos de gerar uma motivação especial de bodhichitta, desejando nos tornar o Guru-Deidade o mais rapidamente possível, nesta mesma vida. Em particular, precisamos gerar o desejo de nos tornar um Buda tântrico. Isso é algumas vezes denominado "o Mahamudra resultante, o estado que possui as sete preeminentes qualidades do abraço". Essas sete qualidades são:

(1) Um Corpo-Forma dotado com os sinais maiores e as indicações menores;
(2) Estar continuamente em abraço com uma consorte de sabedoria-conhecimento;
(3) Uma mente que permanece sempre em estado de grande êxtase;
(4) Essa mente de êxtase está sempre misturada com a vacuidade, a ausência de existência inerente;

(5) Ser dotado com grande compaixão, que abandonou o extremo do apego à paz solitária;
(6) Manifestar, ininterruptamente, Corpos-Forma que permeam o mundo inteiro;
(7) Executar feitos iluminados, incessantemente.

Qualquer ser que possua essas sete qualidades é um Buda tântrico. Quando geramos a bodhichitta tântrica, geramos o desejo de nos tornar um Buda que possui essas sete qualidades.

O Tantra é caracterizado por trazer o resultado para o caminho, isto é, identificar-se desde já com o resultado do nosso treino como um método para alcançar o resultado mais rapidamente. Quando fazemos a autogeração, geramos a bodhichitta trazendo o resultado para o caminho. Já havíamos gerado o desejo de nos tornar o Guru-Deidade o mais rapidamente possível e, agora, imaginamos que esse desejo foi verdadeiramente satisfeito, gerando-nos como um Buda tântrico, dotado com as sete preeminentes qualidades do abraço.

De acordo com alguns comentários tibetanos à sadhana *Oferenda ao Guia Espiritual*, devemos, nesse ponto, nos gerar como Yamantaka; porém, de acordo com o primeiro Panchen Lama, devemos nos gerar como nossa Deidade pessoal. Assim, se costumamos praticar o *Tantra de Yamantaka*, devemos nos gerar como Yamantaka nesse ponto; mas, se costumamos praticar o *Tantra de Heruka*, devemos nos gerar como Heruka, e assim por diante.

Como já foi explicado, quando praticamos *Oferenda ao Guia Espiritual*, é muito benéfico tentar receber as bênçãos das três Deidades principais: Yamantaka, Guhyasamaja e Heruka. Uma maneira de fazer isso é considerar Lama Losang Tubwang Dorjechang como sendo de mesma natureza que Yamantaka, visualizar as 32 Deidades de Guhyasamaja dentro de seu corpo e nos gerarmos como Heruka. Mesmo que nossa prática habitual seja Vajrayogini, assim mesmo, podemos nos gerar como Heruka para os propósitos dessa sadhana, pois Heruka e Vajrayogini são de mesma natureza e, se nos visualizarmos como Heruka, necessariamente estaremos nos visualizando como Vajrayogini.

Khedrub Sangye Yeshe

Segue-se, agora, uma breve explicação sobre como fazer a autogeração como Heruka. Se tivermos tempo, podemos praticar uma autogeração mais extensa, de acordo com as sadhanas intituladas *Essência do Vajrayana* e *O Ioga do Herói Vajra* – esta última pode ser encontrada no Apêndice II; mas, se não temos muito tempo ou se estivermos praticando *Oferenda ao Guia Espiritual* num puja em grupo, podemos praticar a autogeração instantânea como segue.

Tendo dissolvido os objetos de refúgio e misturado nossa mente com a mente de nosso Guru, imaginamos fortemente que nossa mente se transformou em grande êxtase espontâneo misturado com a vacuidade e meditamos nisso por algum tempo. Depois, imaginamos que nosso corpo por inteiro é permeado por uma luz azul de êxtase, a natureza da nossa mente. Essa luz se espalha lentamente para fora de nosso corpo, dissolvendo em luz o universo inteiro e seus habitantes. Gradualmente, a partir das bordas externas do universo, tudo se dissolve dentro de nós, deixando para trás somente vacuidade, até que tudo tenha se dissolvido em nosso corpo. Então, nosso corpo dissolve-se lentamente a partir de baixo e de cima até desaparecer por completo. Agora, tudo se tornou vacuidade. Nesse ponto, imaginamos que nossa mente de grande êxtase espontâneo, totalmente unificada com a mente de nosso Guru, mistura-se com a vacuidade, como água límpida misturando-se com água límpida. Sem perder essa experiência de êxtase e vacuidade, uma parte de nossa mente identifica essa experiência como a clara-luz do Corpo-Verdade de um Buda e desenvolvemos orgulho divino de sermos o Corpo-Verdade, pensando: "eu sou o Corpo-Verdade Heruka". Meditamos sobre isso por alguns instantes.

Durante essa meditação, uma parte de nossa mente está experienciando êxtase, outra parte está percebendo a vacuidade, outra parte está meditando na vacuidade e outra parte está gerando orgulho divino de ser o Corpo-Verdade. Essa meditação é denominada "trazer a morte para o caminho do Corpo-Verdade". Ela é uma meditação muito poderosa que cumpre muitas funções simultaneamente. Ela purifica a mente, auxilia a reduzir e, por fim, erradicar nosso agarramento ao em-si, é um método poderoso para superar a aparência comum e a concepção comum, atua para impedir a morte comum, causa o amadurecimento da realização da clara-luz do estágio de conclusão, planta a semente para alcançarmos o Corpo-Verdade propriamente dito de um Buda e é uma coleção de sabedoria. Quando treinamos nessa meditação, estamos treinando a bodhichitta última. Anteriormente, havíamos gerado a bodhichitta convencional por desenvolver o desejo de nos tornar um Buda para o benefício de todos os seres sencientes; agora, sem perder essa motivação, treinamos em misturar nossa mente com a vacuidade. Esse é o treino na bodhichitta última.

Meditamos desse modo por algum tempo e, depois, com uma parte da nossa mente, pensamos:

Embora eu tenha alcançado o Corpo-Verdade de um Buda, se eu permanecer assim, não serei capaz de beneficiar os seres sencientes, pois eles são incapazes de me ver. Portanto, a partir deste estado, preciso surgir como o Corpo-Forma de um Buda.

Com essa motivação, imaginamos que nossa mente de êxtase e vacuidade inseparáveis transforma-se em um feixe de luz azul com formato oval, medindo aproximadamente 45 centímetros de altura, em posição vertical sobre uma almofada de lótus e sol. Sem prestar muita atenção à forma propriamente dita do nosso corpo, devemos gerar o pensamento "Alcancei, agora, a forma sutil de um Buda" e, desse modo, meditar por algum tempo no orgulho divino de ser o Corpo-de-Deleite. Essa meditação é denominada "trazer o estado intermediário para o caminho do Corpo-de-Deleite".

Depois de algum tempo, uma parte de nossa mente pensa:

Esta forma é, ainda, muito sutil para ser vista pela maioria dos seres sencientes. Se desejo ajudar todos os seres sencientes, preciso surgir sob uma forma mais visível.

Com essa motivação, imaginamos que nossa mente, na forma de uma luz azul, gradualmente aumenta de tamanho e assume a forma de Heruka, com uma face e dois braços, e em abraço com

Vajravarahi. Então, desenvolvemos orgulho divino, pensando "Eu sou o Corpo-Emanação Heruka", e meditamos nisso. Essa meditação é denominada "trazer o renascimento para o caminho do Corpo-Emanação". Depois, enquanto mantemos o orgulho divino de sermos Heruka, recitamos o verso da sadhana:

Do estado de grande êxtase, eu surjo como o Guru-Deidade.

Quando praticamos a autogeração desse modo, esquecemos nosso corpo e mente densos comuns e nos identificamos totalmente com o corpo e mente puros de Heruka. Desse modo, nossa mente permanecerá calma e pacífica e nossas delusões diminuirão gradativamente. Nunca iremos gerar raiva, apego ou demais mentes impuras, mas veremos tudo de modo puro, como um Buda o faz. Se formos capazes de manter orgulho divino de sermos Heruka o tempo todo, não haverá base para que o agarramento ao em-si e o autoapreço surjam e teremos alcançado uma "mente perfeitamente pura e de grande virtude".

Essas três meditações são denominadas "trazer os três corpos para o caminho" porque são um método especial para trazer os três corpos resultantes de um Buda para o caminho presente e utilizá-los, desde agora, como um meio para alcançar a iluminação. Treinando regularmente essas meditações, nossa aparência comum e concepção comum irão diminuir e purificaremos gradativamente a morte, o estado intermediário e o renascimento comuns, transformando-os nos três corpos de um Buda. Por fim, iremos nos tornar o Guru-Deidade propriamente dito.

PURIFICAR O AMBIENTE E SEUS HABITANTES

Uma prática tântrica plenamente qualificada deve incluir as quatro completas purezas:

(1) Completa pureza de lugar;
(2) Completa pureza de corpo;

(3) Completa pureza de prazeres;
(4) Completa pureza de feitos.

A segunda dessas purezas (a completa pureza de corpo) está incluída na prática de autogeração; a primeira e a quarta purezas (completa pureza de lugar e completa pureza de feitos) estão incluídas nas práticas preliminares; e a terceira pureza (completa pureza de prazeres) está incluída na prática preliminar seguinte – abençoar as oferendas.

Como já foi explicado, do ponto de vista do Tantra Ioga Supremo, a raiz do samsara é a aparência comum e a concepção comum. A razão pela qual enxergamos falhas em nosso ambiente, nossos amigos e até mesmo em nossos professores é que temos aparências impuras, comuns. Alguém que seja livre de aparências impuras vê tudo de modo puro. Uma mente pura experiencia um mundo puro, e uma mente impura experiencia um mundo impuro. Um Buda, por exemplo, não tem aparência impura. Ele (ou ela) tem um corpo totalmente puro e uma mente totalmente pura. Ele experiencia seu ambiente como uma Terra Pura e todos os seres que habitam esse ambiente como Heróis e Heroínas; e também experiencia todos os prazeres como prazeres puros. Por exemplo, o que quer que Buda coma ou beba é experienciado como néctar; ele (ou ela) nunca experiencia nada como desagradável. Qual a razão disso? O motivo é que sua mente é completamente pura, como um sol radiante que não está obscurecido pelas nuvens.

De acordo com o método do Tantra Ioga Supremo de trazer o resultado para o caminho, temos de treinar desde já em experienciar a completa pureza de lugar, de corpo, de prazeres e de feitos. Treinando em ver o mundo de modo puro, desenvolveremos mentes puras e, à medida que desenvolvermos mentes puras, naturalmente veremos o mundo de modo puro.

Tendo nos gerado como Heruka, com um corpo e mente completamente puros, imaginamos agora que luzes de cinco cores – da natureza das cinco sabedorias – irradiam-se de nosso corpo e permeam todos os mundos nas dez direções, purificando totalmente esses mundos e os seres que neles habitam. Imaginamos que todas as impurezas e imperfeições dos ambientes samsáricos são purificadas. Todos os solos rochosos e acidentados tornam-se planos; todos os extremos de calor e de frio são removidos; os desertos são transformados em lindos parques; enchentes são abrandadas; a escuridão é dissipada – todo o ambiente é transformado na Terra Pura de Heruka. Ao mesmo tempo, todas as máculas de corpo, fala e mente dos seres sencientes são purificadas, suas obstruções à libertação e à onisciência são eliminadas e eles se tornam Heróis e Heroínas na Terra Pura de Heruka. Para onde quer que olhemos, vemos somente pureza imaculada; não restou sequer um átomo de aparência impura. Enquanto imaginamos isso, recitamos as palavras da sadhana:

Raios de luz irradiam-se de meu corpo,
Abençoando todos os mundos e seres nas dez direções.
Tudo se torna um conjunto primoroso
De boas qualidades imaculadamente puras.

Quando nos tornarmos um Buda, seremos capazes de realizar feitos completamente puros e de transformar mundos e seres pelo poder de nossas bênçãos. No momento atual, fazemos a prática de trazer o resultado para o caminho, imaginando que nos tornamos Guru Heruka e que transformamos o mundo na Terra Pura de Heruka e todos os seres sencientes em Deidades do mandala de Heruka. Essa visualização é muito poderosa. Ela torna nossa mente clara e pura e cria a causa para renascermos numa Terra Pura ou, ao menos, em um bom país, com poucos problemas. Essa prática é, também, uma coleção de mérito e faz nossa semente búdica amadurecer. Quando nos visualizamos como um Buda abençoando todos os seres sencientes e seus ambientes, estamos treinando a bodhichitta, por trazer o resultado para o caminho.

ABENÇOAR AS OFERENDAS

Em geral, são feitos quatro tipos de oferenda durante *Oferenda ao Guia Espiritual* – oferendas exteriores, interior, secreta e oferenda

Panchen Losang Chokyi Gyaltsen

da *talidade*. Dentre elas, as oferendas exteriores e interior precisam ser abençoadas antes de serem oferecidas. Se possível, devemos, de fato, dispor sobre o altar uma fileira de oferendas exteriores, pelo menos. Elas devem incluir as quatro águas – água para beber, água para lavar os pés, água para lavar a boca e água para espargir – assim como flores, incenso, luz, perfume e comida. Não é comum em nossa tradição colocar substâncias que simbolizem música, pois música é som e não uma forma visual. Se não for possível dispor oferendas de modo tradicional, qualquer substância de oferenda limpa – água pura, flores, mel, frutas ou chocolate – pode ser colocada no altar. Além disso, devemos dispor, sobre uma mesa diante de nós, uma cuia de crânio ou recipiente similar, contendo a substância da oferenda interior. Uma explicação detalhada sobre a oferenda interior é apresentada nos livros *Novo Guia à Terra Dakini* e *Essência do Vajrayana*.

Antes de oferecermos essas substâncias, precisamos abençoá-las, pois não é apropriado oferecer substâncias impuras, comuns, aos seres sagrados. Em verdade, os seres sagrados experienciam como néctar tudo o que é oferecido a eles, quer abençoemos ou não; mas, para que possamos estabelecer uma forte conexão com eles, é muito útil abençoarmos, primeiro, as substâncias de oferenda. Assim, em vez de oferecermos substâncias comuns em recipientes comuns, imaginamos que estamos oferecendo néctar incontaminado em vasilhas adornadas com joias.

Se tivermos tempo, podemos abençoar as oferendas exteriores e a oferenda interior de acordo com os rituais extensos das sadhanas de Yamantaka, Heruka ou Vajrayogini. O método para abençoar oferendas de acordo com o *Tantra de Heruka* e o *Tantra de Vajrayogini* está explicado nos livros *Novo Guia à Terra Dakini* e *Essência do Vajrayana*. Outra possibilidade é abençoar as oferendas de acordo com o breve ritual contido em *Oferenda ao Guia Espiritual*, como segue.

Imaginamos todas as oferendas no espaço a nossa frente, e acima de cada oferenda visualizamos as três letras: OM AH HUM. Imediatamente acima de cada substância, há um OM branco, da natureza de Buda Vairochana, o corpo-vajra de todos os Budas; acima desse, está um AH vermelho, da natureza de Buda Amitabha, a fala-vajra de todos os Budas; e acima desse, está um HUM azul, da natureza de Buda Akshobya, a mente-vajra de todos os Budas. Essas letras são denominadas "os três vajras" – o corpo, a fala e a mente de todos os Budas. Incontáveis raios de luz irradiam-se dessas letras e atraem as bênçãos de todos os Budas das dez direções sob o aspecto de Buda Vairochana, Buda Amitabha e Buda Akshobya. Imaginamos que milhares e milhares desses Budas aparecem e dissolvem-se nas três letras. Então, a letra HUM vira de cabeça para baixo, desce e dissolve-se na substância de oferenda, purificando-a de todas as falhas e características comuns, como odor desagradável ou cor comum, e a transforma em uma substância totalmente pura e clara. Em seguida, a letra AH vira de cabeça para baixo e dissolve-se na substância de oferenda, transformando-a em um néctar de êxtase que possui três qualidades: é um néctar-sabedoria que destrói as delusões, é um néctar medicinal que cura doenças e um néctar vital que supera a morte. Por fim, a letra OM vira de cabeça para baixo e dissolve-se na substância de oferenda, tornando-a inesgotável.

Conforme visualizamos isso, recitamos as palavras da sadhana:

OM AH HUM

Sendo, por natureza, excelsa sabedoria, possuindo o aspecto da oferenda interior e das substâncias individuais de oferenda, e servindo como objetos de prazer dos seis sentidos para gerar uma excelsa sabedoria especial de êxtase e vacuidade, inconcebíveis nuvens de oferendas exteriores, interiores e secretas, substâncias de compromisso e oferendas fascinantes cobrem o solo por inteiro e preenchem todo o espaço.

Imaginamos fortemente que: (1) todas as oferendas aparecem com seus aspectos individuais, (2) elas são da natureza da sabedoria, pois todos os seres-de-sabedoria das dez direções dissolveram-se nelas, e (3) atuam como objetos de prazer dos seis sentidos para gerar grande êxtase espontâneo e vacuidade em quem quer que as experiencie. Devemos visualizar um vasto conjunto dessas oferendas cobrindo todo o solo e preenchendo todo o espaço.

De acordo com as palavras da sadhana, visualizamos as oferendas exteriores (como as quatro águas), oferendas interiores (as dez substâncias derivadas do corpo e transformadas em néctar de êxtase), oferendas secretas (belas consortes que oferecemos a Guru Vajradhara), substâncias de compromisso (diversas substâncias especiais que oferecemos para cumprir nossos compromissos) e oferendas fascinantes (como parques com animais selvagens).

Se alguma vez, por exemplo, estivermos viajando ou com circunstâncias domésticas que não nos permitam dispor oferendas, podemos criar oferendas com a nossa mente. Primeiro, relembramos a vacuidade de todos os fenômenos e meditamos sobre isso por algum tempo. Contemplamos que todos os fenômenos são um único sabor na vacuidade, a fonte de todos os fenômenos. Então, do estado da vacuidade, geramos oferendas completamente novas. Imaginamos que todas as formas aparecem como Deusas Rupavajra, todos os sons como Deusas Shaptavajra, todos os odores como Deusas Gendhavajra, todos os sabores como Deusas Rasavajra, todos os objetos táteis como Deusas Parshavajra e todos os demais fenômenos como Deusas Dharmadhatuvajra. Todas as flores tornam-se deusas-flores, todas as águas tornam-se deusas-água e assim por diante. Imaginamos que todo o solo e todo o espaço cobrem-se com essas deusas oferecedoras e, mais tarde, quando chegar o momento de fazer as oferendas propriamente ditas, as ofertamos. Mais detalhes sobre essas deusas podem ser encontrados nos livros *Novo Guia à Terra Dakini* e *Essência do Vajrayana*.

Por abençoar as oferendas da maneira descrita aqui, criamos a causa para experienciar prosperidade e riqueza no futuro. Experienciaremos somente objetos puros de prazer e estaremos livres de problemas.

Visualizar o Campo de Mérito

A PRÁTICA PROPRIAMENTE DITA

A PRÁTICA DE *Oferenda ao Guia Espiritual* propriamente dita tem cinco partes:

1. Visualizar o Campo de Mérito e convidar e absorver os seres-de-sabedoria;
2. Oferecer a prática dos sete membros e o mandala;
3. Fazer louvores e pedidos;
4. Receber bênçãos;
5. Reunir e dissolver o Campo de Mérito.

VISUALIZAR O CAMPO DE MÉRITO E CONVIDAR E ABSORVER OS SERES-DE-SABEDORIA

Este tópico tem duas partes:

1. Visualizar o Campo de Mérito;
2. Convidar e absorver os seres-de-sabedoria.

VISUALIZAR O CAMPO DE MÉRITO

Tendo concluído as práticas preliminares, visualizamos agora Lama Losang Tubwang Dorjechang e todos os demais seres sagrados diante de nós para oferecer os sete membros, fazer louvores e pedidos e receber bênçãos. A assembleia de seres sagrados visualizados a nossa frente é conhecida como "o Campo de Mérito". Se plantarmos sementes comuns em um campo exterior, colheremos uma safra de arroz ou de cevada, por exemplo. Do mesmo modo, se plantarmos sementes de fé e do caminho espiritual no Campo de Mérito, colheremos a excelente safra interior de crescente boa fortuna, bênçãos e realizações de Dharma. Porém, se não plantarmos sementes em um campo exterior, nenhuma colheita crescerá; do mesmo modo, se não plantarmos sementes de fé e do caminho espiritual no Campo de Mérito, não receberemos bênçãos e realizações.

Plantar sementes de fé e do caminho espiritual no Campo de Mérito é a causa principal de felicidade pura. Por meio dessa prática, iremos experienciar, temporariamente, mentes pacíficas e controladas e uma redução gradual de nossos problemas diários e, por fim, obter a paz permanente da libertação ou da iluminação. Agricultores comuns conseguem, em geral, plantar sementes apenas uma ou duas vezes por ano, e os resultados que obtêm são de curta duração; nós, porém, podemos plantar sementes no Campo de Mérito com a frequência que desejarmos, e a crescente boa fortuna e realizações espirituais decorrentes disso trarão felicidade não apenas para esta vida, mas para todas as nossas vidas futuras. Certa vez, Milarepa escreveu uma canção para agricultores comuns, na qual dizia:

> Vós sois agricultores desta vida,
> Mas eu sou um agricultor das vidas futuras.
> Se examinardes cuidadosamente, vereis
> Quem recebe mais benefícios.

Agricultores comuns trabalham exaustivamente horas e horas nos campos, experienciando muitas dificuldades e problemas e, mesmo assim, os resultados do seu trabalho não são garantidos. Os poucos benefícios temporários que recebem estão misturados a muitos aborrecimentos e frustrações. Agricultores espirituais, contudo, não experienciam problemas como esses. Plantando sementes no

Campo de Mérito, com certeza absoluta colheremos safras de amor, compaixão, bodhichitta, concentração, maleabilidade física e mental, sabedoria e, por fim, a insuperável alegria da plena iluminação. Essas experiências irão trazer grande paz e felicidade para nós e para todos os demais seres vivos. Portanto, devemos nos considerar muito afortunados por sermos capazes de visualizar o Campo de Mérito e fazer oferendas a ele. Práticas como essa são a verdadeira essência de uma vida humana significativa.

De acordo com as palavras da sadhana, visualizamos o Campo de Mérito como segue:

> **No vasto espaço de êxtase e vacuidade indivisíveis, entre ondulantes nuvens de oferendas de Samantabhadra, plenamente adornada com folhas, flores e frutos, há uma árvore-que-satisfaz-os-desejos, que concede tudo o que é desejado. No seu topo, num flamejante trono de leões adornado com joias, sobre um assento de lótus, lua e sol, senta-se meu Guru-raiz, que é bondoso de três maneiras, a verdadeira essência de todos os Budas.**

No espaço a nossa frente, visualizamos uma vasta planície de lápis-lazúli, coberta com ouro em pó. Em seu centro, há um oceano de néctar de aspecto semelhante a leite, que tem o fundo coberto com pedras preciosas. Elevando-se do centro do oceano está uma imensa árvore-que-satisfaz-os-desejos. As raízes e o tronco dessa árvore são feitos de ouro puro, seus galhos são de prata e seus ramos e folhas são de cristal branco, puro e refinado. A árvore está adornada com flores de delicadas pérolas vermelhas e frutos de deslumbrantes rubis, esmeraldas e demais pedras preciosas. A árvore inteira é de uma beleza celestial e sublime, e suas folhas e ramos sussurram o som do sagrado Dharma. Se desejarmos riquezas, ela concederá riquezas; se desejarmos frescor, ela irá nos refrescar; se desejarmos calidez, ela irá nos aquecer.

A árvore é sustentada por dois reis nagas, cujos corpos estão imersos pela metade no oceano. O tronco da árvore divide-se em sete grandes galhos – três à esquerda, três à direita e um no centro. No topo do galho central, encontra-se uma vasta flor de lótus de mil pétalas, de cor branca com um matiz avermelhado. Sobre a flor está um imenso trono feito de lápis-lazúli, sustentado por oito leões-das-neves, dois em cada canto. Cada leão-das-neves sustenta o trono com uma de suas patas dianteiras e, com a outra, segura uma joia.

Leões-das-neves não são animais comuns, mas criaturas muito raras encontradas no alto de montanhas nevadas. Algumas pessoas dizem que essas criaturas não existem e que são totalmente imaginárias, mas isso não é verdade. Os leões-das-neves existem, mas somente podem ser vistos por aqueles que possuem grande boa fortuna. Muitas pinturas retratam os grandes Mahasiddhas indianos montados em leões-das-neves. Devemos visualizar os leões-das-neves que sustentam o trono dessa maneira; não devemos visualizá-los como leões comuns. Uma das características dos leões-das-neves é que, se o leite da fêmea cair no solo ou for guardado em uma vasilha comum, ele imediatamente azeda. Essa característica é utilizada por Conquistador Vajradhara como uma analogia para ilustrar os perigos de se transmitir ensinamentos tântricos para aqueles que não foram abençoados com uma iniciação.

O leão é normalmente reconhecido como o rei dos animais por ser o mais poderoso dentre todos os animais. Do mesmo modo, esses leões-das-neves simbolizam que Lama Losang Tubwang Dorjechang, o principal ser do Campo de Mérito, tem o poder de subjugar todas as influências prejudiciais. Especificamente, Lama Losang Tubwang Dorjechang tem oito poderes especiais: o poder de corpo, o poder de fala, o poder de mente, poderes miraculosos, o poder de ser qualquer coisa desejada, o poder de sua Terra Pura, o poder de satisfazer desejos e o poder de ações iluminadas.

Cobrindo toda a superfície do trono está uma flor de lótus com onze camadas, cada uma ligeiramente menor, em diâmetro, que a camada debaixo. A camada do topo possui quatro pétalas, uma em cada direção cardeal.

A planície, o oceano, a árvore e as demais características são todas, por natureza, êxtase e vacuidade inseparáveis. Como foi mencionado anteriormente, visão pura é uma característica essencial do Tantra Ioga Supremo. Do ponto de vista do estágio de geração, visão pura requer que percebamos a nós mesmos como a Deidade, o ambiente como a Terra Pura da Deidade e todos os habitantes como Heróis e Heroínas. Do ponto de vista do estágio de conclusão, visão pura requer considerar tudo como manifestação de êxtase e vacuidade. A visão pura do estágio de conclusão é mais difícil de ser compreendida que a visão pura do estágio de geração, e compreenderemos isso de modo pleno somente quando tivermos verdadeiras realizações do estágio de conclusão.

Na prática do estágio de conclusão, trazemos nossos ventos interiores para o canal central por força de meditação. Assim que os ventos entram, permanecem e se dissolvem no canal central, todas as mentes conceituais impuras, que dependem dos ventos impuros que fluem pelos canais esquerdo e direito, cessam. Obtemos uma mente de êxtase de clara-luz, muito sutil, conhecida como "grande êxtase espontâneo". Quando essa mente sutil medita sobre a vacuidade, ela rapidamente se mistura com a vacuidade, como água límpida misturando-se com água límpida, e alcançamos a realização de êxtase e vacuidade inseparáveis. Aqui, "êxtase" refere-se à mente subjetiva de clara-luz, "vacuidade" refere-se ao objeto – a vacuidade – e "inseparável" refere-se à completa fusão desses dois – êxtase e vacuidade – em um estado de indivisibilidade. Subsequentemente, quando saímos da meditação, experienciamos tudo como manifestação da nossa mente, que é a união de êxtase e vacuidade. Por essa razão, tudo é visto como possuindo a natureza de êxtase e vacuidade indivisíveis.

As palavras da sadhana dizem que visualizamos o Campo de Mérito "entre ondulantes nuvens de oferendas de Samantabhadra". Existem duas maneiras de compreendermos isso. De acordo com o Sutra, "Samantabhadra" refere-se a um dos discípulos bodhisattva de Buda Shakyamuni, que era renomado por sua habilidade de criar mentalmente vastas nuvens de oferendas que preenchiam o espaço por inteiro. De acordo com o Tantra, "Samantabhadra" significa "completamente bom" e refere-se ao êxtase e vacuidade indivisíveis. Assim, visualizamos o Campo de Mérito manifestando-se do vasto espaço de êxtase e vacuidade indivisíveis, entre vastas quantidades de lindas oferendas que são, elas próprias, manifestações do êxtase e vacuidade indivisíveis.

Exatamente no topo da flor de lótus, no centro das quatro pétalas, visualizamos nosso Guru-raiz no aspecto de Lama Losang Tubwang Dorjechang, sentado sobre uma almofada de sol e de lua cheia. O lótus simboliza renúncia; a almofada de lua, a bodhichitta convencional; e a almofada de sol, a bodhichitta última. Juntos, esses três assentos simbolizam que nosso Guru-raiz conquistou essas três realizações.

Talvez nos perguntemos "Quem é meu Guru-raiz?". De acordo com as palavras da sadhana, devemos reconhecer como nosso Guru-raiz o Guia Espiritual de quem recebemos as três bondades. De acordo com o Sutra, as três bondades são: dar votos, dar transmissões fundamentadas em textos e dar comentários explicativos. De acordo com o Tantra, as três bondades são: dar iniciações, dar transmissões e dar conselhos especiais fundamentados na experiência pessoal. Em ambos os casos, consideramos um Guia Espiritual como nosso Guru-raiz se ele (ou ela) detém uma linhagem pura, nos conduz a caminhos espirituais corretos e nos mostra um dos dois tipos de três bondades em relação a nossa prática principal diária.

Quando visualizamos esse Campo de Mérito, visualizamos nosso Guru-raiz no aspecto de Lama Losang Tubwang Dorjechang e o consideramos como a essência de todos os nossos Guias Espirituais. Não devemos pensar que um Guia Espiritual não possa ser nosso Guru-raiz apenas porque ele não é ordenado ou porque ele não é famoso. O que importa é que ele (ou ela) nos ajude a domar nossa mente. Algumas vezes, nosso Guia Espiritual colocará dificuldades em nosso caminho, como Marpa fazia com Milarepa, ou até mesmo irá nos repreender, como Tilopa fazia com Naropa; porém, devemos considerar tudo isso como bênçãos especiais que nos ajudam a purificar nossa mente e a eliminar obstruções.

Visualizamos nosso Guia Espiritual como Lama Losang Tubwang Dorjechang seguindo as palavras da sadhana:

Ele está sob o aspecto de um monge plenamente ordenado, com uma face, duas mãos e um sorriso radiante. Sua mão direita está no mudra de expor o Dharma, e sua mão esquerda, no mudra do equilíbrio meditativo, segura uma vasilha repleta de néctar. Ele usa três vestes da cor resplandecente do açafrão e sua cabeça está adornada com um chapéu dourado de Pândita. Em seu coração, estão Buda Shakyamuni e Vajradhara, que tem um corpo azul, uma face e duas mãos. Segurando vajra e sino, ele abraça Yingchugma e se deleita no jogo de êxtase espontâneo e vacuidade. Ele está adornado com muitos diferentes tipos de ornamentos de joias e usa vestimentas de seda celestial. Dotado com os sinais maiores e as indicações menores e brilhando com mil raios de luz, meu Guru senta-se no centro de uma aura de vários arco-íris de cinco cores. Sentado em postura vajra, (...)

Visualizamos o aspecto exterior de nosso Guia Espiritual como Je Tsongkhapa. Ao todo, existem 80 diferentes aspectos de Je Tsongkhapa. Neste aspecto aqui descrito, que é um dos que Je Tsongkhapa revelou a Mahasiddha Dharmavajra, ele aparece como um monge plenamente ordenado, usando um chapéu amarelo de Pândita. Sua mão direita está no mudra de expor o Dharma e sua mão esquerda, no mudra do equilíbrio meditativo, segura uma vasilha adornada com joias e repleta com os três néctares. Entre o polegar e o indicador de sua mão direita, ele segura a haste de uma flor upala, que desabrocha ao lado de sua orelha direita. Sobre essa flor ergue-se, em posição vertical, uma fulgurante espada-de-sabedoria, semelhante à que Manjushri segura em sua mão. Essa espada tem o poder de afastar a ignorância da mente de todos os que a contemplam. Entre o polegar e o dedo indicador de sua mão esquerda, ele segura a haste de outra flor upala, que desabrocha ao lado de sua orelha esquerda. Sobre essa flor, repousa a *Escritura Emanação Kadam.*

Podemos nos perguntar por que a sadhana menciona, especificamente, o fato de que nosso Guia Espiritual tem uma face e duas mãos, já que isso é perfeitamente normal! A razão é que estamos visualizando nosso Guia Espiritual de acordo com o Tantra, e muitas Deidades tântricas possuem mais que uma face e mais que duas mãos. Heruka, por exemplo, tem quatro faces e doze mãos.

O corpo de nosso Guia Espiritual é branco com um matiz avermelhado, e sua pele é macia como uma pétala de lótus. Ele tem um rosto serenamente pacífico, com olhos alongados e um nariz longo e aquilino. Ele fita seus discípulos com um sorriso de deleite, como uma mãe olhando seu mais querido filho.

No coração de Je Tsongkhapa, sobre um assento de lótus e lua, está sentado Buda Shakyamuni, que tem um corpo dourado. Sua mão esquerda, no mudra do equilíbrio meditativo, segura uma vasilha preciosa repleta de néctar, e sua mão direita repousa sobre o joelho direito, com as pontas dos dedos tocando o assento. No coração de Buda Shakyamuni está Conquistador Vajradhara, que tem um corpo azul, uma face e duas mãos. Ele segura um vajra dourado com sua mão direita e um sino prateado com a esquerda. Suas mãos estão cruzadas na altura do coração, abraçando sua consorte, Yingchugma, com quem se senta em sublime união, deleitando-se no grande jogo de êxtase espontâneo e vacuidade. Conquistador Vajradhara e Yingchugma estão, ambos, adornados com vários ornamentos de joias e usam vestimentas de seda celestial.

Como foi mencionado anteriormente, de acordo com o Tantra Ioga Supremo, empenhamo-nos em alcançar o estado da Budeidade que possui as sete preeminentes qualidades do abraço. Essas sete qualidades são corporificadas por Conquistador Vajradhara. Todos os Tantras incluem métodos para transformar o apego em caminho espiritual por meio da geração de êxtase puro e incontaminado e, depois, utilizando essa mente de êxtase para meditar sobre a vacuidade. As quatro classes de Tantra se distinguem pelo modo como o êxtase é gerado em associação com uma consorte. No Tantra Ação, o êxtase é gerado olhando para uma consorte; no Tantra Performance, trocando sorrisos com ela; no Tantra Ioga, tocando-a; e no Tantra Ioga Supremo, entrando em união com ela.

Lama Losang Tubwang Dorjechang está dotado com os 32 sinais maiores e as oitenta indicações menores de um Buda. Todo o seu corpo é feito de luz e ele está sentado com as pernas cruzadas em postura vajra, em meio a uma aura de arco-íris com luzes de cinco cores, que são da natureza de suas cinco excelsas sabedorias.

No começo, é difícil visualizar tudo isso em detalhes e devemos ficar satisfeitos com uma imagem provisória, aproximada, de Lama Losang Tubwang Dorjechang. O que mais importa, acima de tudo, é compreender o significado dessa visualização, para que possamos desenvolver fé. Como está dito na sadhana, devemos considerar nosso Guia Espiritual como "a verdadeira essência de todos os Budas". Para fazer isso, precisamos recordar as instruções das etapas do caminho sobre confiar no Guia Espiritual, nas quais há muitas citações das escrituras, analogias e razões lógicas que demonstram que nosso Guia Espiritual é um Buda.

De acordo com *Oferenda ao Guia Espiritual*, consideramos nosso Guia Espiritual como uma emanação de Je Tsongkhapa, que, por sua vez, é uma emanação de Buda Shakyamuni, que, por sua vez, é uma emanação de Conquistador Vajradhara. Podemos estar certos de que nosso Guia Espiritual é uma emanação de Conquistador Vajradhara porque Conquistador Vajradhara, ele próprio, disse que em tempos degenerados apareceria sob uma forma comum – sob a forma de um Guia Espiritual. Porque os Budas abandonaram por completo o autoapreço, eles são, necessariamente, não enganosos; portanto, precisamos acreditar no que Conquistador Vajradhara diz.

Na era dourada, quando Buda Shakyamuni estava ensinando, havia seres sencientes que tinham uma grande quantidade de mérito e, por isso, eram capazes de ver Buda Shakyamuni diretamente. Alguns eram até mesmo capazes de vê-lo como o Corpo-Emanação-Supremo, dotado com os sinais maiores e as indicações menores. Entretanto, nos dias atuais, quando os tempos são degenerados e os seres sencientes têm pouco mérito, somos incapazes de ver a forma de Buda diretamente. Mesmo se um Buda dotado com os 112 sinais e indicações estivesse presente diante de nós, seríamos incapazes de vê-lo. Mentes impuras somente conseguem ver formas impuras. Por essa razão, para se fazerem acessíveis aos seres sencientes destes tempos impuros, os Budas precisam aparecer sob formas comuns como Corpos-Emanação, que aparecem tendo um renascimento de pais comuns e que, aparentemente, estão sujeitos ao envelhecimento, à doença e à morte. No entanto, ainda assim, eles executam as atividades, ou funções, de um Buda.

Se viéssemos a nos encontrar diretamente com Buda Shakyamuni, como ele nos ajudaria? Ele nos guiaria dando um exemplo imaculado, ensinando caminhos espirituais e encorajando-nos em nossa prática. Se examinarmos as ações de nosso Guia Espiritual atual, veremos que ele (ou ela) está fazendo exatamente isso. Qualquer um que execute as ações de um Buda é, necessariamente, um Buda. Assim, embora nosso Guia Espiritual apareça sob uma forma comum, podemos ter certeza absoluta de que ele (ou ela) é um Buda.

Todos os que alcançaram a iluminação no passado fizeram-no com a intenção de ajudar os seres sencientes, e cada um dos Budas prometeu continuar trabalhando para o benefício dos seres sencientes até que todos os seres tenham alcançado a iluminação. Já que é inconcebível que os Budas quebrem sua promessa, podemos ter certeza absoluta de que todos os Budas continuam a trabalhar para nos ajudar. Se perguntarmos quem está nos ajudando neste exato momento, a resposta é: nosso Guia Espiritual. Portanto, segue-se que nosso Guia Espiritual é uma emanação dos Budas.

Temos a tendência de nos focarmos na aparência exterior de nosso Guia Espiritual, desconsiderando sua verdadeira natureza. Porque nosso Guia Espiritual aparece para nós sob uma forma comum, é fácil aceitar essa aparência e nos relacionar com ele (ou ela) como se fosse um ser comum. Para impedir essa visão comum de nosso Guia Espiritual, precisamos contemplar, muitas e muitas vezes, os raciocínios dados anteriormente. Como já foi explicado, visão pura é uma parte essencial de qualquer prática tântrica. Se é necessário mantermos visão pura de nós mesmos, de nosso ambiente e de nossos prazeres, quão mais importante é manter visão pura de nosso Guia Espiritual? Nunca iremos alcançar realizações tântricas até que possamos ver nosso Guia Espiritual e Conquistador Vajradhara como inseparáveis.

Se virmos falhas ou imperfeições em nosso Guia Espiritual, devemos considerá-las como projeções de nossa mente impura e ignorá-las. As experiências de iogues do passado mostram quão enganosas as aparências podem ser. Asanga, por exemplo, viu Maitreya como um cachorro, e Naropa viu Tilopa como um velho que pescava peixes e os fritava vivos. Posteriormente, quando suas mentes foram purificadas, esses grandes iogues viram a verdadeira natureza de seus Gurus. Se mantivermos uma visão pura de nosso Guia Espiritual, quando alcançarmos a realização da concentração do continuum do Dharma do Caminho Mahayana da Acumulação veremos nosso Guia Espiritual como o Corpo-Emanação-Supremo; depois, quando alcançarmos o Caminho Mahayana da Visão, iremos vê-lo como o Corpo-de-Deleite; e por fim, quando alcançarmos a Budeidade, veremos nosso Guia Espiritual como o Corpo-Verdade.

Mesmo que nosso Guia Espiritual seja irado conosco, ainda assim devemos manter visão pura a seu respeito. Os geshes kadampas costumavam aconselhar: "O Guru que te repreende está recitando mantras irados que pacificam teus obstáculos, e o Guru que bate em ti está dando iniciações que concedem bênçãos". Se não conseguirmos colocar esse conselho em prática imediatamente, devemos tentar, pelo menos, compreendê-lo e gerar a intenção de praticá-lo no futuro.

Uma razão para visualizar nosso Guia Espiritual como Lama Losang Tubwang Dorjechang é nos lembrarmos de que, assim como o próprio Buda, nosso Guia Espiritual tem um aspecto exterior, interior e secreto. Seu aspecto exterior – Je Tsongkhapa – é o de um monge hinayana; seu aspecto interior – Buda Shakyamuni – é o de um Corpo-Emanação-Supremo, dotado com os sinais e indicações; e seu aspecto secreto é o de Conquistador Vajradhara. Seu propósito de mostrar esses três aspectos é demonstrar a seus discípulos como eles devem se comportar em público, como devem estar motivados interiormente e o que devem praticar em segredo.

Drubchen Gendun Gyaltsen

Nosso aspecto exterior é importante porque as pessoas comuns, que não podem ver estados interiores da mente, nos julgam por nossa aparência e comportamento exteriores. Aqui, visualizamos nosso Guia Espiritual como um monge plenamente ordenado usando as três vestes de ordenação. A aparência de um monge hinayana usando as vestes açafrão agrada à mente de qualquer pessoa, pois as vestes simbolizam a beleza interior de uma mente pacífica e controlada. No *Namasanghita*, Buda louva as vestes usadas por monges e monjas como sendo as melhores roupas, pois elas criam uma impressão virtuosa em qualquer um. Naturalmente apreciamos e respeitamos alguém que use as vestes de ordenação, que mantenha disciplina moral pura por observar os votos de ordenação, que possua poucas posses e poucos desejos e que permaneça sempre com uma mente pacífica e controlada.

A aparência exterior de um monge com vestes de cor açafrão é o melhor aspecto exterior, pois induz respeito nos outros naturalmente e, desse modo, torna mais fácil, para nós, ajudá-los. No entanto, isso não significa que devamos manter, interiormente, uma atitude hinayana. Ao mostrar seu aspecto interior como o Corpo-Emanação-Supremo, possuindo os 32 sinais maiores e as oitenta indicações menores, nosso Guia Espiritual demonstra que nossa motivação interior deve ser a bodhichitta. O Corpo-Emanação-Supremo pode ser alcançado somente pelo treino nos caminhos mahayana.

No Mahayana, existem ambos os caminhos – o caminho do Sutra e o caminho do Tantra. Ao mostrar o aspecto secreto como Vajradhara, o principal Buda tântrico, nosso Guia Espiritual demonstra que não devemos ficar satisfeitos somente com os caminhos mahayana de Sutra, mas que devemos adotar, como nossa prática-coração, as etapas do caminho do Mantra Secreto. Assim, nosso Guia Espiritual demonstra que, exteriormente, devemos mostrar o aspecto de quem mantém disciplina moral pura por observar puramente os votos Pratimoksha; interiormente, devemos estar motivados por bodhichitta e seguir o estilo de vida do Bodhisattva; e, secretamente, devemos nos empenhar em alcançar a iluminação como um Buda tântrico, por meio de praticar os dois estágios do Tantra Ioga Supremo.

Esse modo de praticar o Dharma – com um aspecto exterior, interior e secreto – é muito bonito porque é não apenas a melhor maneira de ajudar os outros, mas também o método supremo para concluir nosso próprio desenvolvimento espiritual. Je Tsongkhapa praticou desse modo. Gungtang Rinpoche escreveu, certa vez, um louvor a Je Tsongkhapa, no qual se regozijava com seus aspectos exterior, interior e secreto:

> Exteriormente, tu apareces como um disciplinado monge em vestes de cor açafrão, mantendo puramente todos os teus votos Pratimoksha,
> Interiormente, és motivado pela preciosa mente de bodhichitta
> E, secretamente, és um iogue tântrico, praticando os dois estágios;
> Somente tu possuis essas boas qualidades.

Existe um significado ainda mais profundo para visualizarmos nosso Guia Espiritual como Lama Losang Tubwang Dorjechang, que foi revelado a Mahasiddha Dharmavajra por Je Tsongkhapa quando apareceu a ele sob essa forma. Para compreender isso, precisamos, primeiro, compreender que todos nós possuímos um corpo e mente densos e um corpo e mente sutis.

Normalmente, quando pensamos a respeito de nosso corpo e mente, estamos considerando nosso corpo e mente densos, e o *self* que apreendemos na dependência deles é o nosso self denso. Nosso corpo denso foi formado a partir do esperma do nosso pai e do sangue da nossa mãe. No momento da concepção, nossa mente ingressou no óvulo fertilizado no útero da nossa mãe e, depois, começou a identificar, gradualmente, essas novas substâncias como sendo nosso corpo. Entretanto, elas não são, na verdade, nosso corpo, pois se originaram dos corpos de outros. Além disso, essa nova forma é, somente, uma morada temporária para a nossa mente porque, cedo ou tarde, teremos de morrer e, nessa hora, teremos de abandonar este corpo como um pássaro que deixa um ninho e voa para outro. Porque nosso corpo denso é um corpo temporário, não faz sentido aferrar-se a ele como sendo nosso corpo verdadeiro.

Assim como nosso corpo denso é temporário, nossas mentes densas também o são. No momento da morte, nossas mentes densas se recolhem e se dissolvem em nossa mente muito sutil, a clara-luz da morte. É apenas essa mente sutil que passa de uma vida para a próxima. Na próxima vida, novas mentes densas surgem da mente de clara-luz; não trazemos conosco nenhuma mente densa da nossa vida anterior.

Já que o corpo denso e as mentes densas desta vida são temporários, segue-se que o self denso que é imputado sobre eles é, também, temporário. O self desta vida não existia antes da concepção e irá cessar de existir no momento da morte porque, quando o corpo e a mente desta vida se separarem irreversivelmente, não mais haverá qualquer base para imputar o self desta vida.

Após a morte, é a nossa mente sutil que passa para a próxima vida; assim, embora nossas mentes densas sejam temporárias, nossa mente sutil não o é. Nossa mente sutil existe desde tempos sem início e permanecerá pela eternidade. Por essa razão, ela é denominada "a mente residente-contínua". Algumas vezes, como na hora da morte ou durante o sono, ela se manifesta naturalmente, mas, em outros momentos, a menos que seja manifestada intencionalmente em meditação por meio das práticas do estágio de conclusão, ela permanece em uma forma latente.

A mente sutil está montada sobre um vento interior sutil, do qual nunca está separada. Esse vento sutil é o nosso corpo sutil. Assim como a mente sutil é sem início e sem-fim, o corpo sutil também o é; por isso, o corpo sutil é denominado "o corpo residente-contínuo". O self imputado à mente sutil e ao corpo sutil é o self sutil. Esse self sutil nunca morre. A morte ocorre quando corpo e mente se separam irreversivelmente. Assim, quando o corpo e a mente densos se separam, o self denso morre e a pessoa desta vida cessa de existir. O corpo e mente sutis, no entanto, nunca se separam; por essa razão, o self sutil nunca morre.

O corpo sutil é o vento interior sutil localizado dentro do canal central, na altura do coração. Para os seres comuns, o formato desse corpo não é fixo. Após a clara-luz do sono ter cessado, surgimos com um corpo sutil denominado "corpo-sonho" e, após a clara-luz da morte ter cessado, surgimos com um corpo sutil denominado "o corpo do estado intermediário", ou "corpo-bardo". Toda vez que sonhamos, assumimos um corpo-sonho diferente, e toda vez que morremos, assumimos um corpo-bardo diferente.

Treinando o estágio de conclusão do Tantra Ioga Supremo, aprendemos a manifestar nossa mente sutil e nosso corpo sutil durante a meditação. Por fim, por força da meditação no estágio de conclusão, nossa mente sutil transforma-se na mente de clara-luz-significativa e nosso corpo sutil transforma-se no corpo-ilusório puro, que é o corpo da Deidade propriamente dito. Existem dois tipos de corpo-ilusório: o corpo-ilusório impuro e o corpo-ilusório puro. Quando alcançarmos o corpo-ilusório puro, alcançaremos o corpo-vajra propriamente dito e, nessa hora, passaremos completamente para além da doença e completamente para além da morte. Continuando a treinar as práticas do estágio de conclusão, nossa mente de clara-luz-significativa transforma-se no Corpo-Verdade, que é a mente verdadeira de um Buda, e o nosso corpo-ilusório transforma-se no Corpo-de-Deleite, que é o verdadeiro corpo de um Buda. Assim, a causa substancial da mente de um Buda é a mente de clara-luz-significativa, e a causa substancial dessa mente é a mente sutil residente-contínua. De modo semelhante, a causa substancial do corpo de um Buda é o corpo-ilusório e a causa substancial desse corpo é o corpo sutil residente-contínuo. Do ponto de vista tântrico, portanto, nosso corpo e mente sutis são denominados nossa "semente búdica" ou "linhagem búdica" porque são as causas originárias a partir das quais o corpo e a mente de um Buda irão, por fim, desenvolver-se. Nosso corpo e mente densos, no entanto, nunca poderão se transformar no corpo e mente de um Buda porque são temporários e, por fim, terão de ser abandonados.

Já que nosso Guia Espiritual é um Buda, sua mente verdadeira é a mente sutil do Corpo-Verdade, e seu corpo verdadeiro é a forma sutil do Corpo-de-Deleite. Seres comuns, no entanto, são incapazes de ver, até mesmo, corpos sutis como o corpo-sonho ou o corpo-bardo, de maneira que não é preciso dizer que os seres comuns não conseguem ver o corpo totalmente puro do Guia Espiritual, o Corpo-de-Deleite. Somente podemos ver as formas de outros seres cujo carma é semelhante ao nosso. Assim, podemos ver outros seres humanos e alguns animais, mas não conseguimos ver nagas, deuses ou espíritos. Se um naga viesse a entrar em nosso quarto, não o veríamos. Mesmo deuses mundanos, como Indra, precisam manifestar formas densas para se fazerem visíveis aos seres humanos. Portanto, para fazer-se visível e acessível aos seres sencientes comuns, nosso Guia Espiritual assume uma forma exterior densa. Já que essa forma densa foi tomada a partir de pais comuns, ela aparece estar sujeita ao envelhecimento, adoecimento e morte como qualquer outra forma densa. No entanto, o corpo verdadeiro de nosso Guia Espiritual é o seu corpo-vajra, ou Corpo-de-Deleite, e esse corpo nunca morre. A forma densa do Guia Espiritual é como um porta-joias e seu corpo-vajra é como uma preciosa joia dentro desse porta-joias. Quando fazemos preces de longa vida para nosso Guia Espiritual, estamos rezando para que sua forma exterior densa permaneça e, assim, continue a nos beneficiar diretamente. Não há necessidade de rezar para a longa vida do seu corpo-vajra pois esse corpo é imortal.

Quando visualizamos nosso Guia Espiritual como Lama Losang Tubwang Dorjechang, seu aspecto exterior (Je Tsongkhapa) simboliza a forma exterior densa de nosso Guia Espiritual; seu aspecto interior (Buda Shakyamuni) simboliza seu corpo sutil, o corpo-vajra; e seu aspecto secreto (Conquistador Vajradhara) simboliza sua mente sutil, o Corpo-Verdade. Neste contexto, Je Tsongkhapa é denominado "o ser-de-compromisso", pois é um compromisso de Buda emanar formas densas para o benefício dos seres sencientes; Buda Shakyamuni é denominado "o ser-de-sabedoria", pois o corpo-vajra de um Buda é da natureza da sabedoria; e Conquistador Vajradhara é denominado "o ser-de-concentração", pois o Corpo-

-Verdade de um Buda nunca se move do estado de concentração estritamente focada na verdade última, a vacuidade. Essa explicação está fundamentada no comentário de Ngulchu Dharmabhadra. De acordo com outros comentários, Je Tsongkhapa e Buda Shakyamuni são, ambos, considerados como seres-de-compromisso, Vajradhara como o ser-de-sabedoria e a letra HUM, como o ser-de-concentração.

Quando visualizamos nosso Guia Espiritual como Lama Losang Tubwang Dorjechang, visualizamos também, dentro de seu corpo, as 32 Deidades de Guhyasamaja. Isso está indicado pelas seguintes palavras na sadhana:

> **(...) seus agregados completamente puros são os cinco Sugatas, seus quatro elementos são as quatro Mães, e suas fontes, veias e juntas são, na realidade, Bodhisattvas. Seus poros são os 21 mil Destruidores de Inimigos; e seus membros, as Deidades iradas. Seus raios de luz são guardiões direcionais, como causadores-de-mal e comedores-de-cheiro, e sob seu trono estão os seres mundanos.**

Essa visualização é, algumas vezes, denominada "o mandala de corpo de Lama Losang Tubwang Dorjechang". Neste contexto, "corpo" refere-se às várias partes do corpo de Lama Losang Tubwang Dorjechang, e "mandala" refere-se às Deidades que aparecem sob o aspecto dessas várias partes.

Os cinco agregados de nosso Guia Espiritual são as Cinco Famílias Búdicas. Seu agregado forma é Buda Vairochana, seu agregado sensação é Buda Ratnasambhava, seu agregado discriminação é Buda Amitabha, seu agregado fatores de composição é Buda Amoghasiddhi e seu agregado consciência é Buda Akshobya.

Dentro do corpo de nosso Guia Espiritual existem quatro elementos: o elemento terra, o elemento água, o elemento fogo e o elemento vento. Eles são a natureza das quatro Mães. Seu elemento terra é Lochana, seu elemento água é Mamaki, seu elemento fogo é Benzarahi e seu elemento vento é Tara.

Dentro do corpo de nosso Guia Espiritual também existem doze fontes: seis fontes-faculdade e seis fontes-objeto. Suas seis fontes-faculdade são: faculdade sensorial da visão, faculdade sensorial da audição, faculdade sensorial do olfato, faculdade sensorial do paladar, faculdade sensorial do tato e faculdade mental. Elas são da natureza de seis dos Oito Grandes Bodhisattvas. Sua faculdade sensorial da visão é Ksitigarbha, sua faculdade sensorial da audição é Vajrapani, sua faculdade sensorial do olfato é Akashagarbha, sua faculdade sensorial do paladar é Avalokiteshvara, sua faculdade sensorial do tato é Sarvanivaranaviskambini e sua faculdade mental é Manjushri.

As seis fontes-objeto de nosso Guia Espiritual são as formas, sons, odores, sabores, objetos táteis e demais fenômenos dentro de seu continuum. Como veremos adiante, por razões auspiciosas, é costume desconsiderar a última dessas fontes-objeto e considerar as cinco primeiras como sendo a natureza das cinco Deusas Bodhisattvas: Rupavajra, Shaptavajra, Gendhavajra, Rasavajra e Parshavajra, respectivamente.

As veias e juntas de nosso Guia Espiritual são os outros dois Bodhisattvas. A totalidade de suas veias é Maitreya, e a totalidade de suas juntas é Samantabhadra. Esses dois Bodhisattvas, juntamente com os seis Bodhisattvas que são a natureza das faculdades sensoriais e mental de nosso Guia Espiritual, são os Oito Grandes Bodhisattvas.

Os membros de nosso Guia Espiritual e as demais partes de seu corpo são as Dez Deidades Iradas de Guhyasamaja, cada uma delas possuindo três faces e seis braços. A mão direita de nosso Guia Espiritual é Yamantaka, sua mão esquerda é Aparajita, sua boca é Hayagriva, seu ombro direito é Achala, seu ombro esquerdo é Takkiraja, seu joelho direito é Niladanda, seu joelho esquerdo é Mahabala, sua coroa é Ushnishachakravarti, a sola de seus pés é Sumbharaja e seu lugar secreto é Amritakundalini.

Todas essas Deidades são visualizadas no corpo de nosso Guia Espiritual, como segue. Para começar, visualizamos, no coração de nosso Guia Espiritual, uma letra HUM azul, que se transforma em Buda Akshobya, a principal Deidade do mandala de Guhyasamaja.

Ele é de mesma natureza que Conquistador Vajradhara, o ser-de-concentração, e senta-se em união com Yingchugma. Esse Buda Akshobya não pode ser confundido com Buda Akshobya que é o agregado consciência de nosso Guia Espiritual e que, como veremos, também aparece no corpo de nosso Guia Espiritual, entre os chakras do coração e do umbigo.

Buda Vairochana senta-se sobre a cabeça de nosso Guia Espiritual, com sua ushnisha logo abaixo da ushnisha de nosso Guia Espiritual e com suas pernas cruzadas logo acima do seu chakra da garganta. Buda Amitabha senta-se com sua ushnisha logo abaixo do chakra da garganta de nosso Guia Espiritual e suas pernas cruzadas estão logo acima do seu chakra do coração. Buda Akshobya senta-se entre o chakra do coração e o chakra do umbigo, Buda Ratnasambhava senta-se entre o chakra do umbigo e a raiz do órgão sexual e Buda Amoghasiddhi senta-se entre a raiz do órgão sexual e sua ponta.

Lochana senta-se em abraço com Buda Ratnasambhava; Mamaki, com Buda Akshobya; Benzarahi, com Buda Amitabha; e Tara, com Buda Vairochana. Normalmente, Tara é a consorte de Buda Amoghasiddhi, mas, porque Tara é a natureza do elemento vento de nosso Guia Espiritual, nesse caso, ela se senta em abraço com Buda Vairochana sobre a cabeça de nosso Guia Espiritual, onde, de acordo com este sistema, o mandala de vento está situado.

Em ambos os olhos de nosso Guia Espiritual, senta-se Ksitigarbha em abraço com Rupavajra; em ambas as suas orelhas, senta-se Vajrapani amarelo em abraço com Shaptavajra; em cada narina, senta-se Akashagarbha em abraço com Gendhavajra; na raiz de sua língua, senta-se Avalokiteshvara em abraço com Rasavajra; próximo à ponta de seu órgão sexual, senta-se Sarvanivaranaviskambini em abraço com Parshavajra; e em seu coração, senta-se Manjushri vermelho. Como foi mencionado anteriormente, não visualizamos a Deusa fonte fenômenos, Dharmadhatuvajra, dentro do corpo de nosso Guru. A razão para isso é que ela simboliza a dissolução na vacuidade, e não incluí-la é auspicioso para que o Guia Espiritual não dissolva sua forma atual na vacuidade do Corpo-Verdade. Se desejarmos visualizar

Manjushri em abraço com uma consorte, podemos visualizá-lo em abraço com Yingchugma; porém, não precisamos considerá-la como uma das 32 Deidades.

Na coroa de nosso Guia Espiritual, senta-se Maitreya branco; e em cada uma de suas juntas, senta-se Samantabhadra. Sobre seu pulso direito, senta-se Yamantaka; sobre seu pulso esquerdo, senta-se Aparajita; na frente de sua boca, senta-se Hayagriva; em seu ombro direito, senta-se Achala; em seu ombro esquerdo, senta-se Takkiraja; em seu joelho direito, senta-se Niladanda; em seu joelho esquerdo, senta-se Mahabala; em sua coroa, senta-se Ushnishachakravarti; na sola de cada um dos pés, senta-se Sumbharaja; e na ponta de seu órgão sexual, senta-se Amritakundalini.

Originalmente, a explicação desse mandala de corpo foi dada por Conquistador Vajradhara no *Tantra Rosário de Vajra*. Posteriormente, uma explicação detalhada foi dada por Khedrubje em *Oceano de Aquisições do Estágio de Geração*, que é um comentário ao estágio de geração de Guhyasamaja. Se não conseguirmos visualizar todas essas Deidades, é simplesmente suficiente considerar as várias partes do corpo de Lama Losang Tubwang Dorjechang como sendo da natureza dessas deidades.

Quando tivermos nos habituado a visualizar esse mandala de corpo, é muito útil colocá-lo em prática, pois ele é um poderoso método para superar a aparência comum e gerar forte fé. Como já foi explicado anteriormente, a essência da prática tântrica é manter visão pura o tempo todo e, por isso, é especialmente importante ter visão pura de nosso Guia Espiritual. Precisamos abandonar a aparência comum de nosso Guia Espiritual e considerar cada uma das partes de seu corpo como uma Deidade. Por exemplo, devemos considerar sua mão direita como sendo, na realidade, Yamantaka, sua boca como Hayagriva e assim por diante. Assim, se nosso Guia Espiritual nos tocar com sua mão direita, devemos pensar que recebemos as bênçãos de Yamantaka, e se ele falar conosco devemos pensar que recebemos as bênçãos de Hayagriva. De modo semelhante, se nosso Guia Espiritual utilizar-se de ações iradas – como nos bater com sua mão direita ou nos repreender verbalmente – devemos também considerar que estamos recebendo as bênçãos dessas Deidades. Se formos capazes de superar completamente a aparência comum e ver cada uma das partes do corpo de nosso Guia Espiritual como um Buda, isso é um sinal de que alcançamos realizações muito elevadas.

Embora Lama Losang Tubwang Dorjechang não tenha, de fato, poros, imaginamos que em seu corpo existem 21 mil poros principais. Dentro de cada um desses poros há uma Terra Búdica completa, com seu Buda principal e todo o seu séquito. As palavras da sadhana dizem "Destruidores de Inimigos", mas o significado é Mahayanas Destruidores de Inimigos, ou Budas. Nosso Guia Espiritual é capaz de manifestar essas Terras Búdicas em seus poros sem que seus poros tornem-se maiores ou que as Terras Búdicas tornem-se menores. Os poderes extraordinários de um Buda, como esse que estamos mencionando, são difíceis de serem aceitos no princípio, mas, depois, seremos capazes de apreciá-los. É muito útil, nesse contexto, estudar as explicações dadas por Chandrakirti em *Guia ao Caminho do Meio*. Mais detalhes podem ser encontrados no comentário a essa obra, *Oceano de Néctar*.

Existem muitas histórias de grandes iogues que podiam manifestar poderes como esses. Por exemplo: certa vez, Naropa mostrou para Marpa todo o mandala de Hevajra em sua mão, mas sua mão não se tornou maior nem o mandala ficou menor. Em outra ocasião, Milarepa escondeu-se de Rechungpa dentro do chifre de um iaque morto, sem que, também, o chifre tivesse se tornado maior ou ele próprio tivesse se tornado menor. Milarepa, então, manifestou uma chuva de granizo e convidou Rechungpa para juntar-se a ele no abrigo. Quando Rechungpa se viu incapaz de fazê-lo, seu orgulho de sentir-se superior a seu Guia Espiritual foi subjugado.

Lama Losang Tubwang Dorjechang irradia incontáveis raios de luz que se manifestam como as onze classes de guardiões direcionais – como os causadores-de-mal e os comedores-de-cheiro. Em geral, existem dois tipos de guardião direcional: mundano e supramundano. Quando, por exemplo, praticamos o *Tantra de Heruka* ou o *Tantra de Vajrayogini*, convidamos onze tipos de guardiões para virem dos oito grandes solos sepulcrais a compartilhar da torma de oferenda. Normalmente, eles assumem o aspecto de guardiões mundanos, mas, quando fazemos oferendas de torma a eles, associadas com a prática de Heruka e de Vajrayogini, visualizamos cada um desses guardiões no aspecto de Heruka ou de Vajrayogini. O motivo é que, nessas práticas, os guardiões nos solos sepulcrais são emanações de Heruka e de Vajrayogini.

Na prática da *Oferenda ao Guia Espiritual*, imaginamos que todos os guardiões direcionais mundanos estão abaixo do trono de Lama Losang Tubwang Dorjechang, indicando que nosso Guia Espiritual subjugou-os completamente, de modo que não podem nos prejudicar. Os guardiões direcionais supramundanos, que são, todos, manifestações de Lama Losang Tubwang Dorjechang, permanecem nas dez direções, fora do Campo de Mérito, para pacificar obstáculos exteriores.

A razão pela qual todos os Budas ingressam no corpo de nosso Guia Espiritual é explicada por Conquistador Vajradhara no *Tantra Rosário de Vajra*. Não podemos, por exemplo, fazer oferendas diretamente aos Budas porque os seres comuns não conseguem vê-los diretamente. Quando fazemos oferendas diante de uma estátua ou da figura de um Buda, recebemos o mérito de fazer oferendas a Buda, mas não recebemos o mérito dessas oferendas terem sido diretamente aceitas. Entretanto, quando fazemos oferendas ao Guia Espiritual, todos os Budas ingressam em seu corpo, de modo que, quando o Guia Espiritual aceita nossa oferenda, recebemos o mérito de nossa oferenda ter sido aceita diretamente por todos os Budas. Justamente por essa razão, quando fazemos prostrações a nosso Guia Espiritual, fazemos prostrações a todos os Budas; quando recebemos as bênçãos de nosso Guia Espiritual, recebemos as bênçãos de todos os Budas; e quando ouvimos ensinamentos de nosso Guia Espiritual, estamos ouvindo ensinamentos de todos os Budas. Portanto, é essencial que desconsideremos a aparência exterior de nosso Guia Espiritual e consideremos seu corpo como um templo no qual todos os Budas residem.

Mesmo que o comportamento exterior de nosso Guia Espiritual não esteja em conformidade com nossas expectativas, ainda assim, devemos considerar seu corpo como um templo e desenvolver fé. Se o fizermos, isso irá beneficiar a nós – não irá beneficiar nosso Guia Espiritual. Fé é naturalmente virtuosa porque nunca está misturada com interesses mundanos. Com fé, não precisamos de uma motivação virtuosa para que nossas ações se tornem virtuosas; tudo o que fazemos motivados por fé é, necessariamente, virtuoso. Se tivermos fé, nossa mente ficará calma e pacífica e mentes não virtuosas – como raiva, apego e inveja – serão aplacadas naturalmente. Se carecermos de fé, nossa prática de Dharma tenderá a ficar misturada com motivações impuras, mas, se tivermos fé, nossa prática sempre será pura. Portanto, devemos considerar o desenvolvimento de fé como sendo de suprema importância. Considerar o corpo de nosso Guia Espiritual como um templo sagrado para todos os Budas é o meio supremo para desenvolver fé.

De acordo com o Tantra Ioga Supremo, o estado da Budeidade é o Mahamudra resultante, que é a união de corpo e mente. Isso significa que, quando nos tornarmos um Buda, nosso corpo e mente irão se tornar a mesma entidade. Portanto, diferentemente dos seres comuns, cujos corpo e mente são entidades separadas, distintas, os corpos dos Budas podem ir para onde quer que suas mentes vão. Nas escrituras tântricas é explicado que a mente onisciente de um Buda permea todos os objetos de conhecimento e, consequentemente, o corpo de um Buda também permea todos os fenômenos. Por essa razão, o corpo de nosso Guia Espiritual não é somente um templo para todos os demais Budas – ele também está presente em todos os fenômenos. Desse modo, estamos sempre na presença de nosso Guia Espiritual. Isso não é fácil de compreender no início, mas, à medida que ganharmos experiência do Tantra, veremos o quanto isso é verdadeiro.

Embora todos os Budas estejam presentes diante de nós, estamos incapacitados de vê-los devido aos nossos obscurecimentos cármicos. No entanto, não devemos ficar com uma impressão errada, pensando que os Budas não estão presentes apenas porque não podemos vê-los. Asanga empenhou-se em um retiro intensivo durante doze anos antes que fosse capaz de ver Buda Maitreya diretamente. Quando, finalmente, Maitreya apareceu a Asanga, Asanga lhe perguntou onde havia estado até então. Maitreya respondeu que estava com Asanga desde o primeiro instante de seu retiro, pois tinha conduzido Asanga todo esse tempo a purificar sua mente de modo que fosse capaz de vê-lo. A partir disso, podemos compreender que não precisamos viajar longas distâncias ou empreender longas peregrinações para nos encontrarmos com os Budas; temos, apenas, que purificar nossas mentes.

Após Milarepa ter alcançado a iluminação, seus discípulos pediram que lhes mostrasse a Terra Pura onde havia obtido a iluminação. Então, Milarepa levou-os até sua caverna e mostrou-a. Porque eles ainda tinham obscurecimentos cármicos, todos viram uma caverna vazia e fria, mas, para Milarepa, era uma Terra Pura. De modo semelhante, existem 24 lugares sagrados de Heruka e Vajrayogini neste mundo, onde o mandala de Heruka completo – com as 62 Deidades – permanece. Um desses lugares é o Monte Kailash, no Tibete. Quando turistas vão até lá, veem uma montanha comum, e quando praticantes do hinduísmo dirigem-se até ela, veem o palácio de Indra; mas, para praticantes puros de Heruka e de Vajrayogini, a montanha é o mandala de Heruka. Isso demonstra que o que vemos depende da nossa mente. Mentes comuns veem mundos comuns, e mentes puras veem mundos puros. Enquanto tivermos mentes comuns, não veremos todos os Budas ao nosso redor, mas, se tivermos fé em sua presença, purificaremos finalmente nossa mente e, então, poderemos vê-los diretamente.

Descrevemos, até agora, o principal ser do Campo de Mérito. Agora, visualizamos todos os demais seres sagrados ao seu redor, de acordo com as palavras da sadhana:

Rodeando-o em sequência, está uma vasta assembleia de Gurus-linhagem, Yidams, hostes de Deidades do mandala, Budas, Bodhisattvas, Heróis, Dakinis e Protetores do Dharma.

Uma vez que nosso Guia Espiritual é a essência de todos os objetos de refúgio, visualizamos todos esses seres sagrados como emanações de Lama Losang Tubwang Dorjechang. Assim, do coração de Lama Losang Tubwang Dorjechang, raios de luz se irradiam para sua direita e se transformam em Maitreya, rodeado por todos os Gurus da linhagem das etapas do caminho vasto. Maitreya está sentado ao centro, sobre um assento de lótus e lua. Ele é alaranjado e tem uma face e duas mãos, que mantém à altura do coração no mudra de expor o Dharma. Cada mão segura a haste de uma flor de árvore naga. Sobre a flor que desabrocha ao lado de sua orelha direita, está uma roda, e sobre a flor que desabrocha ao lado de sua orelha esquerda, está um vaso de gargalo longo. Maitreya está sentado em meia-postura vajra, com uma perna ligeiramente estendida, como Tara. Sentados ao seu redor estão os 51 Gurus da linhagem das etapas do caminho vasto. São eles: Guru Buda Shakyamuni; Maitreya; Asanga; Vasubandhu; Arya Vimuktasena; Venerável Vimuktasena; Arya Gola; Vinaya Gola; Shantarakshita; Haribhadra; Vidyakokila, o Ancião; Vidyakokila (Avadhutipa), o Jovem; Lama Serlingpa; Atisha; Dromtonpa; Geshe Gonbawa; Geshe Neusurpa; Geshe Tagmapa; Geshe Lodrag Namseng; Geshe Namkha Gyalpo; Geshe Senge Zangpo; Geshe Gyaltsen Zangpo; Lodrag Drubchen; Je Tsongkhapa; Gyaltsab Dharmarinchen; Togden Jampel Gyatso; Khedrubje Tamchekhyenpa; Baso Chokyi Gyaltsen; Drubchen Dharmavajra; Gyalwa Ensapa; Khedrub Sangye Yeshe; Panchen Losang Chokyi Gyaltsen (o primeiro Panchen Lama); Gendun Gyaltsen; Drungpa Tsondru Gyaltsen; Drungpa Taphupa; Konchog Gyaltsen; Narga Gyaltsen; Lama Rinchen Dondrub; Panchen Losang Yeshe (o segundo Panchen Lama); Zhadrung Lhakpa; Geleg Gyatso; Losang Namgyal; Kachen Yeshe Gyaltsen; Phurchog Ngawang Jampa; Panchen Palden Yeshe (o terceiro Panchen Lama); Khedrub Ngawang Dorje; Ngulchu Dharmabhadra; Yangchen Drubpay Dorje; Khedrub Tendzin Tsondru; Kyabje Phabhongkha Rinpoche e Kyabje Trijang Rinpoche. Cada Guru-linhagem está com seu próprio aspecto e todos estão sentados de frente para nós. Descrições detalhadas desses Gurus são encontradas nas obras, em tibetano, de Kachen Yeshe Gyaltsen.

Do coração de Lama Losang Tubwang Dorjechang, raios de luz se irradiam para a sua esquerda e se transformam em Manjushri, rodeado por todos os Gurus da linhagem das etapas do caminho profundo. Manjushri está sentado ao centro, sobre um assento de lótus e lua. Ele é alaranjado e tem uma face e duas mãos, que mantém à altura do coração no mudra de expor o Dharma. Cada mão segura a haste de uma flor upala. Sobre a flor que desabrocha ao lado de sua orelha direita, está uma espada flamejante, da natureza da sabedoria onisciente de todos os Budas; e sobre a flor que desabrocha ao lado de sua orelha esquerda, está o *Sutra Perfeição de Sabedoria em Oito Mil Versos*. Assim como Maitreya, Manjushri está sentado em meia-postura vajra. Sentados ao seu redor estão os 46 Gurus da linhagem das etapas do caminho profundo. São eles: Guru Buda Shakyamuni; Manjushri; Nagarjuna; Chandrakirti; Vidyakokila, o Ancião; Vidyakokila, o Jovem; Lama Serlingpa; Atisha; Dromtonpa; Geshe Potowa; Geshe Sharawa; Geshe Chekhawa; Geshe Chilbuwa; Lungyi Wangchuk; Geshe Drowai Gonpo; Zungchenpa; Tsonawa; Mondrawa; Chokyab Zangpo; Je Tsongkhapa e Togden Jampel Gyatso. De Togden Jampel Gyatso até Kyabje Trijang Rinpoche, a linhagem é a mesma que a linhagem das etapas do caminho vasto.

Podemos nos perguntar por que é necessário listar a linhagem por inteiro. Uma linhagem é uma linha de instruções que têm sido transmitidas de professor para discípulo, em que cada Guru obteve experiência pessoal das instruções antes de transmiti-las aos outros. Para uma linhagem, é essencial que esteja intacta para recebermos as bênçãos plenas de uma instrução. Não é suficiente que as instruções permaneçam escritas. Se não houver restado alguém que tenha experiência pessoal de uma instrução, a linhagem dessa instrução será interrompida e as bênçãos serão perdidas. Por exemplo, suponhamos que, no futuro, não haja ninguém que saiba como fazer aviões. Mesmo se os manuais e diagramas permanecerem intactos, será, na verdade, impossível construir um avião sem o conhecimento e a experiência de alguém que já

Drungpa Tsondru Gyaltsen

tenha construído um anteriormente. Se uma "linhagem" de experiência é necessária para preservar um conhecimento mundano como esse, quão mais importante é uma linhagem que preserve realizações espirituais?

Se descobríssemos uma escritura antiga enterrada e, ao abri-la, constatássemos que ela contém instruções sobre como se tornar iluminado, nunca seríamos capazes de obter a iluminação simplesmente lendo o livro, sem receber ensinamentos sobre o assunto. Não teríamos nenhum meio de clarificar dúvidas ou esclarecer compreensões equivocadas e, sem as bênçãos de uma linhagem, acharíamos impossível adotar sinceramente as instruções. Para nós, essas instruções seriam como a arca de um tesouro que está lacrada. Porém, se encontrarmos um professor que detenha a linhagem dessas instruções, isso será como encontrar uma chave que abre a arca e nos conduz à realização de seu verdadeiro significado. Portanto, quando vemos todos os nomes dos Gurus-linhagem, devemos considerar quão afortunados somos por sermos capazes de receber instruções que têm sido preservadas puramente por tantos seres sagrados desde a época do próprio Buda.

Do coração de Lama Losang Tubwang Dorjechang, raios de luz se irradiam à frente dele e se transformam em nosso Guru-raiz atual, rodeado por todos os demais professores espirituais que compartilham da mesma linhagem e visão que nosso Guru-raiz. Alguns lamas kadampas deram conselhos práticos muito úteis relacionados a confiar em mais de um professor. Eles diziam que, se desejamos confiar em mais do que um Guia Espiritual, devemos nos assegurar de que eles compartilhem da mesma linhagem e visão que nosso Guia Espiritual principal; caso contrário, as bênçãos de nosso Guia Espiritual principal irão rapidamente se dissipar.

Visualizamos nosso Guru-raiz em sua forma normal, exceto que não prestamos atenção em nenhuma imperfeição aparente, mas o imaginamos com uma forma perfeita e juvenil. Se ele ainda estiver vivo, devemos visualizá-lo sentado em um assento de meditação, e não sobre um assento de lótus e lua. Sua mão direita está no mudra de expor o Dharma e sua mão esquerda, no mudra do equilíbrio meditativo, segura um vaso repleto de néctar de longa vida. Sua mão direita simboliza que ele destrói nossa ignorância, dando-nos ensinamentos, e sua mão esquerda simboliza que ele nos protege da morte descontrolada. Je Tsongkhapa disse que a ignorância e a morte descontrolada são os dois maiores obstáculos à conquista da iluminação. A ignorância impede realizações espirituais e gera confusão sobre as instruções espirituais. A morte descontrolada rouba nossa preciosa vida e priva-nos da oportunidade de alcançar a iluminação. Se perdermos nosso dinheiro, poderemos sempre ganhá-lo novamente ou, ao menos, tomar alguma quantia emprestada; mas, se perdermos nossa preciosa vida, nunca poderemos repô-la. Portanto, devemos pedir constantemente a nosso Guia Espiritual que nos proteja da ignorância e da morte descontrolada.

Do coração de Lama Losang Tubwang Dorjechang, raios de luz se irradiam para detrás dele e se transformam nos Gurus da linhagem do Mantra Secreto. Eles aparecem em cinco colunas, com a base de cada coluna ligeiramente atrás de Lama Losang Tubwang Dorjechang. No topo da coluna central, está Conquistador Vajradhara. Abaixo dele, está Manjushri e, abaixo dele, estão todos os Gurus da Linhagem Sussurrada Ensa, desde Je Tsongkhapa até Kyabje Trijang Rinpoche – todos aparecendo na forma de Manjushri. À direita dessa coluna, há duas outras colunas. Na coluna mais à direita, estão os Gurus-linhagem da prática de Guhyasamaja, e na coluna da direita, próxima à coluna central, estão os Gurus-linhagem da prática de Yamantaka. Na coluna mais à esquerda, estão os Gurus-linhagem da prática de Heruka e, entre essa coluna e a coluna central, estão os Gurus-linhagem das dezesseis Deidades da Tradição Kadampa. Essas Deidades são as Deidades mais importantes dos professores kadampa. A Deidade principal é Avalokiteshvara de Mil Braços (Chenrezig Gyalwa Gyatso). Em seu coração, está Avalokiteshvara de quatro braços; no coração dele, está Avalokiteshvara de dois braços; no coração dele, está Tara; no coração dela, está Buda Shakyamuni; no coração dele, está Maitreya; no coração dele, está Achala; no coração dele, está Atisha, e assim por diante. Para receber instruções detalhadas sobre essas Deidades, é necessário receber a iniciação das dezesseis Deidades. Não visualizamos as Deidades elas mesmas, mas apenas os Gurus-linhagem desta tradição.

Os quatro principais grupos de Gurus aparecem no espaço como emanações provenientes do coração de Lama Losang Tubwang Dorjechang. Ao redor dele, sobre as quatro pétalas da camada mais alta do lótus, estão as principais Deidades do Tantra Ioga Supremo. Sobre a pétala à direita de Lama Losang Tubwang Dorjechang, está Guhyasamaja rodeado pelas 32 Deidades de Guhyasamaja. Guhyasamaja é azul, possui três faces e seis braços e está em abraço com sua consorte, Parshavajra, que também é azul e possui três faces e seis braços. Todos os de seu séquito têm três faces e seis braços e seguram diversos implementos.

Na pétala à frente de Lama Losang Tubwang Dorjechang, está Yamantaka rodeado pelas treze Deidades de Yamantaka. Yamantaka é azul escuro, possui nove faces e 34 braços e está em abraço com Vajra Bendali. Sobre a pétala à esquerda de Lama Losang Tubwang Dorjechang, está Heruka rodeado pelas 62 Deidades de Heruka. Ele é azul escuro, possui quatro faces e doze braços e está em abraço com Vajravarahi. Sobre a pétala detrás, está Hevajra rodeado pelas nove Deidades de Hevajra. Ele é azul celeste, possui oito faces e dezesseis braços e está em abraço com Nairatma.

Abaixo dessa camada de pétalas de lótus, há uma outra ligeiramente maior em diâmetro e com mais pétalas, onde estão todas as demais Deidades do Tantra Ioga Supremo – como Guhyatara, Hayagriva, Vajrayogini e Kalachakra – juntamente com seus séquitos. Na terceira camada, que é ainda maior, estão todas as Deidades do Tantra Ioga, como Kunrig Sarvavirti, que é branco e possui quatro faces e dois braços. Na quarta camada, estão todas as Deidades do Tantra Performance, como Bhagawan Vairochana Abhisambodhi, que possui uma face e dois braços. Ele é amarelo e tem um vasto séquito de 117 Deidades. Na quinta pétala, estão todas as Deidades do Tantra Ação, como Amitayus, Tara Branca,

Tara Verde, Ushnishavijaya, Mahakaruna de Onze Faces, Bhagawan Vajra Akshobya, Sitapatri e Achala.

Na sexta camada, estão todos os Budas do Caminho do Sutra, como os Mil Budas deste Éon Afortunado, os Sete Budas da Medicina e os Trinta e Cinco Budas Confessionais. Na sétima camada, estão todos os Bodhisattvas, como os oito grandes discípulos de Buda Shakyamuni: Manjushri, Avalokiteshvara, Vajrapani e assim por diante. Na oitava camada, estão todos os Conquistadores Solitários Emanados e, na nona camada, todos os Ouvintes Emanados, incluindo os dezesseis Arhats: Mahapantaka (ou Lam Chen), Chudapantaka (ou Lam Chung) e assim por diante. Em geral, Conquistadores Solitários e Ouvintes são hinayanistas – os Conquistadores Solitários são superiores aos Ouvintes tanto em termos de mérito quanto de sabedoria. Neste caso, contudo, consideramos todos eles como emanações de Lama Losang Tubwang Dorjechang aparecendo sob o aspecto de praticantes hinayana. Na décima camada, estão todos os Heróis e Heroínas, como os Heróis e Heroínas dos 24 lugares sagrados de Heruka. Eles são a Sangha tântrica, que auxiliam os praticantes tântricos. Em particular, eles ajudam a aumentar o êxtase, satisfazer desejos e concedem aquisições. Sempre que fazemos uma oferenda tsog, consideramos todas as pessoas presentes como sendo uma assembleia de Heróis e Heroínas. Por fim, na décima primeira camada – a camada de pétalas que cobre a superfície do trono maior – estão todos os Protetores do Dharma, como Mahakala, Kalindewi e Kalarupa. Eles são seres supramundanos que manifestam um aspecto irado, mas que, em realidade, são manifestações da sabedoria de nosso Guru. Sua função principal é proteger os praticantes de Dharma contra condições adversas e criar condições favoráveis a sua prática.

As realizações interiores de todos esses seres sagrados aparecem na forma de escrituras que repousam sobre pequenas mesas ao lado deles. Assim, todas as Três Joias estão incluídas nessa visualização. As primeiras seis camadas (os Gurus, Deidades e os Budas do Caminho do Sutra) são, todas, Joias Buda; as cinco camadas restantes (os Bodhisattvas, Conquistadores Solitários, Ouvintes, Heróis e Heroínas e Protetores do Dharma) são, todas, Joias Sangha; e as escrituras emanadas ao lado de cada ser sagrado simbolizam as Joias Dharma.

Não há problemas em não conseguirmos visualizar toda a assembleia em detalhes. Devemos ficar satisfeitos com uma imagem provisória, aproximada, como se visualizássemos uma grande multidão, e tentar nos focar na imagem principal, Lama Losang Tubwang Dorjechang. O essencial é ter a convicção de que todos esses seres sagrados estão presentes e que eles são, todos, emanações de nosso Guia Espiritual. Esse último ponto é muito importante, pois nunca obteremos realizações tântricas se considerarmos nosso Guia Espiritual como sendo diferente das Três Joias. Em particular, precisamos estar firmemente convencidos de que nosso Guia Espiritual e nossa Deidade são de mesma natureza.

Certa vez, Marpa foi acordado de seu sono por seu Guia Espiritual, Naropa, dizendo que sua Deidade, Hevajra, havia se manifestado em seu quarto. Marpa imediatamente levantou-se da cama e prostrou-se a Hevajra. Naropa repreendeu-o, dizendo que não era auspicioso prostrar-se à Deidade antes de prostrar-se ao Guia Espiritual, já que a Deidade era manifestada pelo Guia Espiritual. Então, para demonstrar esse ponto, Naropa absorveu Hevajra em seu corpo!

A principal razão pela qual achamos difícil acreditar que nossa Deidade é manifestada por nosso Guia Espiritual é que vemos nosso Guia Espiritual como um ser comum e prontamente concordamos com essa aparência. Isso é um grande obstáculo a nossa prática tântrica. Se considerarmos nosso Guru e a Deidade como sendo um só, seremos capazes de praticar a essência do ioga da Deidade e fazer uso de muitos métodos poderosos para acumular mérito e sabedoria. Por exemplo, se virmos nosso Guru e a Deidade como um só, toda vez que praticarmos autogeração estaremos praticando Guru-Ioga. Por exemplo, toda vez que comermos, estaremos fazendo oferendas a nosso Guia Espiritual. Com práticas profundas como essas, podemos alcançar a iluminação muito rapidamente.

Precisamos tirar o máximo proveito da preciosa oportunidade que se apresenta agora para nós. Embora estejamos vivendo numa época em que os ensinamentos de Buda estão rapidamente se degenerando neste mundo, há uma profecia de que, numa época como esta, a prática do Tantra irá florescer brevemente, como a chama de uma vela que tremula com muita luminosidade por alguns segundos antes de, finalmente, se extinguir. Não há certeza sobre quanto tempo essa fase irá durar, mas, enquanto ela permanecer, temos uma oportunidade muito rara de receber ensinamentos tântricos e de nos empenhar nas práticas tântricas com relativa facilidade. Já que as realizações tântricas dependem principalmente de fé, é essencial que desenvolvamos e aumentemos nossa fé se quisermos tirar o máximo proveito desta preciosa oportunidade.

Nos dias de hoje, os seres sencientes têm fortíssimo apego, o que, normalmente, seria um imenso obstáculo para obter realizações de Dharma; mas, pela bondade dos ensinamentos tântricos de Buda, somos capazes de transformar esse apego em caminho espiritual e aproveitar toda essa energia – que, de outra maneira, seria negativa – como uma poderosa força em nosso desenvolvimento espiritual. Portanto, não devemos ficar desencorajados, mas nos empenharmos, com pureza e sinceridade, na prática do Tantra.

Até mesmo pessoas que foram muito más podem alcançar a iluminação rapidamente por meio da prática do Tantra, pois o Tantra inclui métodos extremamente poderosos de purificação. Por exemplo, de acordo com os Sutras hinayana, é impossível para qualquer pessoa que tenha cometido qualquer uma das cinco ações hediondas – como matar seu próprio pai ou mãe – alcançar o Caminho da Visão por muitas vidas; mas, de acordo com o Tantra, pessoas como essas podem se tornar Budas na mesma vida em que cometeram essas ações. Se encontrarmos um mestre tântrico plenamente qualificado e confiarmos nele de maneira pura e com grande devoção, poderemos purificar até mesmo o mais pesado carma negativo muito rapidamente.

Portanto, devemos nos empenhar constantemente para impedir a aparência comum de nosso Guia Espiritual e vê-lo como sendo um só com a Deidade.

CONVIDAR E ABSORVER OS SERES-DE-SABEDORIA

Os seres sagrados que visualizamos inicialmente são denominados "seres-de-compromisso" porque é nosso compromisso visualizar os Budas todos os dias, fazer oferendas e executar outros atos de devoção a eles. No entanto, se não formos muito habilidosos, poderemos pensar que esses seres existem apenas em nossa imaginação e que não há, de fato, Budas diante de nós. Para superar essas dúvidas convidamos, agora, os próprios Budas e demais seres sagrados, que são conhecidos como "os seres-de-sabedoria", para virem de suas moradas, ingressarem em nossa visualização e permanecerem unificados com ela enquanto fazemos oferendas e assim por diante. A sadhana diz:

> **Suas três portas estão marcadas pelos três vajras. Raios de luz fisgadores irradiam-se da letra HUM e convidam os seres-de-sabedoria a virem de suas moradas naturais e permanecerem inseparáveis.**

Começamos visualizando as três letras, OM AH HUM, nas três rodas-canal (ou chakras) de cada ser sagrado. Em geral, a frase "três portas" refere-se ao nosso corpo, fala e mente, que são as portas através das quais executamos todas as nossas ações; aqui, porém, quando a sadhana diz "suas três portas", ela está se referindo aos três principais lugares do corpo, fala e mente dos seres sagrados. O principal lugar do corpo é o chakra da coroa; o principal lugar da fala é o chakra da garganta; e o principal lugar da mente é o chakra do coração. É fácil perceber porque o chakra da garganta é o principal lugar da fala, mas não é tão fácil compreender os outros dois. Com relação ao chakra do coração, esse é o lugar onde a mente sutil está localizada. Na hora da morte, todas as nossas mentes densas recolhem-se dentro da mente sutil em nosso coração e, na vida seguinte, novas mentes densas desenvolvem-se a partir dessa mente sutil. Portanto, nossa mente raiz é a mente sutil em nosso coração. Essa é a razão pela qual o chakra do coração é considerado como o principal lugar da mente.

É um pouco mais difícil compreender porque o chakra da coroa é considerado como o principal lugar do corpo; afinal, em sua obra *Quatrocentos*, Aryadeva diz que a faculdade sensorial do tato permea o corpo inteiro. A razão pela qual o chakra da coroa é considerado como o principal lugar é que ele é a principal fonte de gotas brancas. Todos os elementos do corpo originam-se de gotas brancas e vermelhas, que vieram dos corpos de nossos pais. Nossas gotas são a fonte de todo crescimento e vitalidade que existem em nosso corpo. Se nossas gotas aumentam, tornamo-nos fortes e saudáveis, mas, se nossas gotas diminuem, nosso corpo enfraquece. Geralmente, as gotas vermelhas e brancas fluem pelos canais do nosso corpo, mas a principal concentração de gotas vermelhas está no umbigo e a principal concentração de gotas brancas está na coroa.

A principal razão pela qual nosso chakra da coroa é o principal lugar do nosso corpo, nosso chakra da garganta é o principal lugar da nossa fala e nosso chakra do coração é o principal lugar da nossa mente é que esses três lugares são as três portas através das quais nosso corpo, fala e mente recebem as bênçãos do corpo, da fala e da mente dos Budas.

Na coroa de Lama Losang Tubwang Dorjechang, visualizamos uma letra OM branca; em sua garganta, uma letra AH vermelha; e em seu coração, uma letra HUM azul. Essas três letras são conhecidas como "os três vajras" porque são da natureza do corpo-vajra, da fala-vajra e da mente-vajra de todos os Budas. O corpo, a fala e a mente de um Buda são denominados "vajra" porque são imortais e indestrutíveis, completamente além do nascimento, envelhecimento e morte. A síntese do corpo-vajra de todos os Budas é Buda Vairochana, a síntese da fala-vajra de todos os Budas é Buda Amitabha e a síntese da mente-vajra de todos os Budas é

Buda Akshobya. OM é a letra-semente de Buda Vairochana, AH é a letra-semente de Buda Amitabha e HUM é a letra-semente de Buda Akshobya.

Da letra HUM no coração de cada ser sagrado, raios de luz se irradiam e convidam os seres-de-sabedoria para surgirem da vacuidade do Corpo-Verdade, aqui referida como "suas moradas naturais", e aparecerem com a mesma forma da visualização que está diante de nós. Já que o Corpo-Verdade permea todos os fenômenos, ele está presente onde quer que estejamos e, por essa razão, não precisamos convidar os seres-de-sabedoria para virem de um lugar muito distante; no entanto, se isso servir para fortalecer nossa convicção de que cada Buda que existe no universo foi convidado, podemos imaginar que raios de luz com a forma de ganchos permeam as dez direções e atraem os seres-de-sabedoria. Imaginamos que todos os Budas aparecem instantaneamente no espaço acima da nossa visualização e que cada Buda assume a forma de todo o Campo de Mérito.

A sadhana continua com duas estrofes de invocação:

Vós que sois a fonte de toda felicidade e bondade –
Guru-raiz e Gurus-linhagem dos três tempos, Yidams e Três Joias Preciosas,
Juntamente com a assembleia de Heróis, Dakinis, Dharmapalas e Protetores –
Por vossa grande compaixão, por favor, vinde a este lugar e permanecei firmes.

Embora os fenômenos sejam, por natureza, totalmente livres de ir e de vir,
Apareceis de acordo com as inclinações de cada discípulo
E realizais feitos iluminados motivados por sabedoria e compaixão;
Ó Sagrados Refúgios e Protetores, por favor, vinde a este lugar juntamente com vosso séquito.

A primeira estrofe é bastante direta: ela está, simplesmente, convidando todos os seres sagrados para que, motivados por sua grande compaixão, venham diante de nós e permaneçam firmemente unificados com os seres-de-compromisso que visualizamos. A segunda estrofe, no entanto, requer um pouco mais de explicação. Todos os fenômenos possuem duas naturezas: uma natureza convencional e uma natureza última. Contanto que estejamos satisfeitos com a mera aparência de um fenômeno à mente, ele existe e funciona para nós. Essa mera aparência é sua natureza convencional. Se, insatisfeitos com essa mera aparência à mente, investigarmos mais profundamente, na esperança de descobrir um fenômeno que exista do seu próprio lado, não encontraremos nada. A natureza última de todos os fenômenos é vacuidade. Assim, embora do ponto de vista de suas naturezas convencionais, as coisas vêm e vão, do ponto de vista de sua natureza última não existe nada que esteja vindo ou indo. De acordo com a filosofia Madhyamika, todos os fenômenos são, basicamente, livres dos oito extremos: vir, ir, produção, cessação, existência, não-existência, singularidade e pluralidade.

Uma posição semelhante é compartilhada pelo Venerável Milarepa em uma de suas canções, na qual diz que, do ponto de vista da verdade última, não existe samsara nem nirvana, não existem caminhos espirituais nem resultados desses caminhos, não existem meditadores nem objetos de meditação, não existe iluminação nem Budas. Todos esses fenômenos, diz ele, são meramente imputados por concepção. Assim, embora basicamente não existam Budas, convencionalmente, do ponto de vista da mera aparência à mente, Budas existem.

Na segunda estrofe de invocação, relembramos que, basicamente, todos os fenômenos são livres de vir e de ir e pedimos aos Budas que surjam como meras aparências à mente, sob quaisquer formas que sejam benéficas para os diversos tipos de discípulos e executem feitos iluminados para o benefício deles. Desse modo, quando convidamos os seres-de-sabedoria, não pensamos que existam do seu próprio lado; ao contrário, os convidamos meramente como aparências à mente, como meras imputações. Na verdade, é somente porque os Budas não existem do seu próprio lado – ou seja, porque são meras imputações – que eles podem surgir em uma variedade de formas de acordo com as necessidades dos discípulos. Se convidarmos os seres-de-sabedoria com esse reconhecimento, nossa ação será uma ação incontaminada, pois estará livre de agarramento à existência inerente.

Tendo convidado todos os seres-de-sabedoria, imaginamos que eles se reúnem no espaço acima dos seres-de-compromisso, cada um com a forma do Campo de Mérito inteiro. Então, recitamos:

OM GURU BUDDHA BODHISATTÖ DHARMAPALA SAPARIWARA EH HAYE HI: DZA HUM BAM HO
Os seres-de-sabedoria tornam-se inseparáveis dos seres-de-compromisso.

As palavras "OM GURU" referem-se a Lama Losang Tubwang Dorjechang, "BUDDHA BODHISATTÖ DHARMAPALA" referem-se a todos os demais seres sagrados, "SAPARIWARA" refere-se a seus séquitos, e "EH HAYE HI" é um mantra de invocação. Quando recitamos "DZA", imaginamos que os seres-de-sabedoria vêm até as coroas dos seus seres-de-compromisso; quando recitamos "HUM", imaginamos que os seres-de-sabedoria se dissolvem nos seres-de-compromisso; quando recitamos "BAM", imaginamos que os seres-de-sabedoria e os seres-de-compromisso se fundem completamente, tornando-se um só; e quando recitamos "HO", imaginamos que sua união torna-se totalmente imutável, estável.

Como foi mencionado anteriormente, o propósito de convidar e absorver os seres-de-sabedoria é fortalecer nossa convicção de que todos os Budas existem dentro do corpo de nosso Guia Espiritual. Buda disse que apareceria sempre que discípulos fervorosos o convidassem. Os Budas possuem clarividência e, por isso, ouvem nossos pedidos sempre que rezamos a eles. Eles vêm imediatamente, pois possuem grande amor por nós, do mesmo modo que uma mãe vem imediatamente quando escuta o chamado de seu filho. Porque os corpos dos Budas são de mesma natureza que suas mentes, eles não são obstruídos por objetos físicos ou pela distância. Por convidar os seres-de-sabedoria e imaginar que eles ingressam no corpo de nosso Guia Espiritual, ficamos com um sentimento especial de que nosso Guia Espiritual é como um templo para todos os Budas. Isso é muito útil para impedir a aparência comum e para aumentar nossa fé.

Toda vez que convidamos os seres-de-sabedoria do Campo de Mérito em *Oferenda ao Guia Espiritual*, milhares e milhares de Budas vêm. Portanto, qualquer lugar em que essa sadhana é recitada torna-se, naturalmente, abençoado.

Se não estivermos seguros sobre a habilidade dos Budas de ingressarem no corpo de nosso Guia Espiritual, temos apenas que pensar acerca dos oráculos. No Tibete, existiam muitos oráculos que convidavam espíritos a entrarem em seus corpos e fazerem predições. Essas invocações eram testemunhadas por muitas pessoas e havia sinais muito claros de que o espírito tinha, de fato, entrado no corpo do oráculo e assumido o controle. Se seres mundanos como esses espíritos podem entrar no corpo de um oráculo, não pode haver dúvida de que os Budas podem ingressar no corpo de nosso Guia Espiritual.

Em seu comentário ao *Tantra Guhyasamaja*, Nagarjuna diz que devemos sempre considerar o corpo de nosso Guia Espiritual como superior até mesmo ao corpo de Conquistador Vajradhara. Qual a razão disso? Embora Conquistador Vajradhara seja muito precioso, pois ele é a corporificação de todas as Cinco Famílias Búdicas, não seremos capazes de ver seu corpo ou de receber ensinamentos diretamente dele até que alcancemos o primeiro solo do Bodhisattva e, a partir desse momento, sejamos meditadores altamente realizados. Quem nos ajudará nesse ínterim, enquanto não temos realizações e possuímos pouquíssimo mérito? É o nosso Guia Espiritual, que aparece para nós agora e nos guia pelo caminho espiritual dando-nos instruções diretamente. Por essa razão, para nós, ele é até mais precioso que Conquistador Vajradhara.

Imagine que há um mendigo completamente depauperado. Em tal estado de miséria, ele não tem oportunidade de se encontrar com reis e rainhas ou com qualquer outra pessoa importante da sociedade. Suponha que um bondoso benfeitor tome o mendigo sob seu cuidado, alimente-o e lhe dê emprego, de maneira que, mais tarde, como resultado do melhoramento gradual de sua condição, ele então tenha a oportunidade de se encontrar com pessoas importantes. Embora seja grato a elas por tê-lo recebido em sua companhia, ele será ainda mais grato ao seu primeiro benfeitor, que o ajudou em seu momento de maior necessidade. Do mesmo modo, será maravilhoso quando, finalmente, nos encontrarmos com Conquistador Vajradhara face a face; porém, é ainda mais maravilhoso ter conhecido, no momento atual, nosso bondoso Guia Espiritual.

Konchog Gyaltsen

Oferecer a Prática dos Sete Membros

Após termos convidado o Campo de Mérito e absorvido os seres-de-sabedoria, oferecemos, agora, a prática dos sete membros juntamente com o mandala. Os sete membros são:

1. Prostração;
2. Oferenda;
3. Confissão;
4. Regozijo;
5. Pedir que a Roda do Dharma seja girada;
6. Rogar ao Guia Espiritual que não morra;
7. Dedicatória.

Essas práticas são denominadas "membros" porque sustentam o corpo principal de nossa prática – as meditações nas etapas do caminho do Sutra e do Tantra propriamente ditas. A prática dos sete membros cumpre duas funções principais: acumular mérito e purificar a mente. Mais especificamente, as práticas de prostrar-se, oferecer, pedir e rogar acumulam mérito; as práticas de regozijar-se e dedicar aumentam o mérito; e a prática de confessar purifica carma negativo.

Mérito, ou boa fortuna, é a energia positiva que resulta de ações virtuosas. Em geral, todos nós precisamos de mérito porque, sem ele, não conseguimos satisfazer nossos desejos. Se precisamos de mérito para satisfazer até mesmo metas mundanas, precisamos de muito mais mérito para satisfazer nossas esperanças espirituais! Nos Sutras, Buda diz que aqueles que têm mérito podem satisfazer todos os seus desejos e superar todos os obstáculos e, desse modo, conseguem alcançar a iluminação facilmente. Os Budas têm dois corpos principais: o Corpo-Forma e o Corpo-Verdade. Diferentemente dos corpos contaminados dos seres samsáricos, que são produzidos a partir dos venenos das delusões (ou aflições mentais), os corpos dos Budas são produzidos a partir de causas puras. A principal causa do Corpo-Forma é a coleção de mérito, e a principal causa do Corpo-Verdade é a coleção de sabedoria. Portanto, se quisermos ter êxito em nossas práticas espirituais e, por fim, alcançar a iluminação, precisamos acumular uma grande quantidade de mérito. Como já foi explicado, Lama Losang Tubwang Dorjechang e todos os demais seres sagrados são o Campo de Mérito supremo. Por oferecer a prática dos sete membros a eles, acumularemos rapidamente uma vasta coleção de mérito e iremos satisfazer todos os nossos desejos.

PROSTRAÇÃO

Prostrar-se é demonstrar respeito. Existem três tipos de prostração: física, verbal e mental. Fazemos prostrações físicas quando usamos nosso corpo para demonstrar respeito pelos seres sagrados. Podemos fazer prostrações de corpo inteiro, meia prostração ou, simplesmente, juntar as palmas das mãos na altura do coração. Fazemos prostrações verbais quando recitamos louvores aos seres sagrados, e fazemos prostrações mentais quando desenvolvemos uma mente de fé e respeito dirigida a eles. Devemos tentar fazer os três tipos de prostração simultaneamente. Desses três, o mais importante é a prostração mental, pois a fé é a raiz de todas as boas qualidades e de todas as aquisições espirituais. Gerar fé e respeito por contemplar as boas qualidades de nosso Guia Espiritual e por relembrar sua bondade não é somente uma prostração mental – é, também, uma oferenda sublime, pois não está maculada, ou corrompida, pelos interesses mundanos. O grande mestre budista indiano Padampa Sangye disse:

> Ó povo de Tingri, o Guia Espiritual irá vos conduzir para onde quer que desejeis ir. Para retribuir sua bondade, oferecei vossa fé. Fé é a oferenda suprema.

Se desejarmos um renascimento humano, nosso Guia Espiritual irá nos conduzir a um renascimento humano; se desejarmos a libertação, ele irá nos conduzir à libertação; se desejarmos renascer em uma Terra Pura, ele irá nos conduzir a uma Terra Pura; e, se desejarmos alcançar a iluminação, nosso Guia Espiritual nos conduzirá à iluminação. Ninguém é mais bondoso que nosso Guia Espiritual. Para retribuir sua bondade, temos somente que desenvolver e aumentar nossa fé nele. Essa é a oferenda que mais irá agradá-lo.

A prática de prostração em *Oferenda ao Guia Espiritual* tem cinco partes:

1. Prostrar-se ao Guia Espiritual como o Corpo-de-Deleite;
2. Prostrar-se ao Guia Espiritual como o Corpo-Emanação;
3. Prostrar-se ao Guia Espiritual como o Corpo-Verdade;
4. Prostrar-se aos Guias Espirituais como a síntese das Três Joias;
5. Prostrar-se aos Gurus-linhagem e às Três Joias.

PROSTRAR-SE AO GUIA ESPIRITUAL COMO O CORPO-DE-DELEITE

Guia Espiritual, com uma forma semelhante à de uma joia,
Que, por compaixão, concedes num instante,
Até mesmo o supremo estado dos três corpos, a esfera de grande êxtase,
Ó Detentor do Vajra, a teus pés de lótus eu me prostro.

O supremo e verdadeiro corpo de um Buda é o Corpo-Verdade. Do Corpo-Verdade surge o Corpo-de-Deleite sutil, que é o Corpo-Forma propriamente dito de um Buda. No entanto, esse corpo é sutil demais para que a maioria dos seres vivos possam vê-lo e, por essa razão, o Corpo-de-Deleite manifesta o Corpo-Emanação. O Corpo-Emanação principal é o Corpo-Emanação-Supremo, dotado com os sinais e indicações de um ser plenamente iluminado. Esse corpo manifesta outros incontáveis Corpos-Emanação, que aparecem sob formas comuns para o benefício dos migrantes.

Nessa estrofe, focamos o Corpo-de-Deleite de nosso Guia Espiritual, aqui representado por Conquistador Vajradhara – que está no coração de Lama Losang Tubwang Dorjechang – e fazemos prostrações. Embora normalmente vejamos nosso Guia Espiritual sob um aspecto comum, precisamos relembrar que, na verdade, ele é Conquistador Vajradhara, o "Detentor do Vajra", e desenvolver fé segundo esse reconhecimento. Nosso Guia Espiritual é semelhante a uma joia, pois ele é muito precioso. Dentre todas as joias, a mais preciosa é a legendária joia-que-satisfaz-os-desejos, mas mesmo essa joia pode conceder, somente, desejos mundanos. Por outro lado, nosso Guia Espiritual pode satisfazer todos os nossos desejos. Ele pode nos conceder não apenas felicidade mundana, mas também a aquisição supramundana da plena iluminação.

Os três corpos de um Buda – o Corpo-Verdade, o Corpo-de-Deleite e o Corpo-Emanação – são completamente puros porque surgem da união inseparável de êxtase e vacuidade. Isso está indicado pelas palavras "esfera de grande êxtase". Neste contexto, "esfera" refere-se à vacuidade. Embora possamos alcançar a união de êxtase e vacuidade antes de ter obtido a iluminação, a união à qual nos referimos aqui é a União inseparável do Mahamudra resultante, ou Budeidade. Por confiar em nosso Guia Espiritual, podemos obter essa união em uma breve vida humana. Por exemplo, devido a sua grande compaixão, Dharmavajra concedeu a grande iluminação a seu discípulo Losang Dondrub em três breves anos. Comparado à vida de um ser-do-inferno, isso é como um instante. Por essa razão, a sadhana diz: "Que, por compaixão, concedes num instante".

Essa extraordinária qualidade de nosso Guia Espiritual de satisfazer desejos é louvada em muitas escrituras. Por exemplo, no

Tantra de Heruka está dito que, em vez de fazer oferendas a todos os Budas e Bodhisattvas, é melhor fazer oferendas a nosso Guia Espiritual, uma vez que ele, sozinho, pode conceder grande êxtase espontâneo, que é o meio pelo qual se alcança a iluminação em uma breve vida humana. De modo semelhante, em *Cinco Etapas do Estágio de Conclusão*, Nagarjuna diz que, se cairmos de um penhasco, chegaremos ao chão, querendo ou não; do mesmo modo, se confiarmos sinceramente em nosso Guia Espiritual, seremos libertados do samsara mesmo sem desejar. Isso pode ser ilustrado pelas vidas de muitos grandes Bodhisattvas. Devido a sua grande compaixão, os corajosos Bodhisattvas geram, com frequência, o desejo de permanecer no samsara para ajudar os seres sencientes, ainda que isso signifique passar éons nos reinos-do-inferno, mas, por confiarem sinceramente em seus Guias Espirituais, eles não podem evitar alcançar a libertação. O Guia Espiritual de Nagarjuna, o grande iogue Saraha, disse que, se confiarmos sinceramente em nosso Guia Espiritual, com toda a certeza obteremos grande êxtase espontâneo; mas, se abandonarmos nosso Guia Espiritual, não importa quão intensamente tentemos ou por quanto tempo pratiquemos, essa aquisição será impossível.

Contemplando as extraordinárias qualidades de nosso Guia Espiritual, devemos desenvolver profunda fé e respeito e nos prostrar a ele com corpo, fala e mente. A palavra tibetana para prostração é "*chag tsel*", na qual "*chag*" significa varrer impurezas e imperfeições e "*tsel*" significa pedir todas as boas qualidades. Portanto, quando recitamos "Eu me prostro" estamos a dizer que queremos nos limpar de todas as falhas e imperfeições e desejamos alcançar todas as boas qualidades de nosso Guia Espiritual.

PROSTRAR-SE AO GUIA ESPIRITUAL COMO O CORPO-EMANAÇÃO

Excelsa sabedoria de todos os infinitos Conquistadores,
Que, por meios supremamente habilidosos, apareces para servir aos discípulos,
Assumindo, agora, a forma de um monge em vestes de cor açafrão;
Ó Sagrado Refúgio e Protetor, a teus pés de lótus eu me prostro.

Como já foi mencionado, porque os seres sencientes comuns não podem ver o Corpo-de-Deleite, o Corpo-de-Deleite manifesta o Corpo-Emanação, que é uma forma densa visível para os seres comuns. Mesmo assim, o Corpo-Emanação-Supremo não é visível para aqueles que não alcançaram o Caminho Mahayana da Acumulação, a menos que tenham um carma muito puro. Quando alcançarmos a terceira etapa do Caminho Mahayana da Acumulação, conhecida como "a grande etapa", obteremos a realização conhecida como "a concentração do continuum do Dharma". Nesse ponto, seremos capazes de recordar todos os ensinamentos de Dharma que ouvimos ao longo de todas as nossas vidas anteriores e de nunca mais nos esquecermos de quaisquer novos ensinamentos que venhamos a receber. Com essa realização, seremos também capazes de ver e de receber ensinamentos diretamente do Corpo-Emanação-Supremo. No entanto, para aqueles que ainda não alcançaram esse estado, o Corpo-Emanação-Supremo manifesta outros Corpos-Emanação. Assim, para que seja visível aos seres comuns, essas emanações aparecem com formas comuns, aparentando renascerem de pais comuns e sujeitas ao envelhecimento, à doença e à morte. Não devemos nos deixar iludir por essa aparência comum nem pensar que essas emanações são seres comuns. Devemos relembrar que as características aparentemente comuns de nosso Guia Espiritual são manifestadas para nosso benefício e que, sem esse aspecto comum, nunca seríamos capazes de vê-lo. Portanto, devemos pensar que nosso Guia Espiritual é, por natureza, a excelsa sabedoria de todos os Budas, que, por meios supremamente habilidosos, manifesta-se sob a forma mais adequada a seus discípulos – por exemplo, como um monge em vestes de cor açafrão – e, então, nos prostrarmos a ele com grande fé.

O Corpo-Emanação-Supremo manifesta incontáveis outros corpos para o benefício dos seres sencientes. Assim, Buda Shakyamuni, por exemplo, manifestou milhões de formas simultaneamente em incontáveis diferentes mundos. Em alguns mundos, manifestou-se nascendo, enquanto em outros mundos ele manifestava sua morte. Em outros, demonstrava o girar da Roda do Dharma, enquanto em outros aparecia como um monge comum, um rei ou uma rainha. Algumas vezes, Buda Shakyamuni apareceu como um não-budista (por exemplo, aparecendo como Indra) e outras como um homem ou mulher comuns; algumas vezes, apareceu como um espírito e outras vezes, como um animal; algumas vezes, apareceu como uma pessoa deficiente e outras vezes, como um louco e, até mesmo, como uma pessoa profundamente deludida. As manifestações de um Buda são totalmente além do limite da imaginação comum. No *Guia do Estilo de Vida do Bodhisattva*, Shantideva diz que, se for benéfico para os seres sencientes, Buda pode se manifestar como objetos inanimados – como pontes, barcos, árvores e, até mesmo, como países inteiros. Devido aos nossos obscurecimentos cármicos, não temos meios para dizer se algo é ou não uma emanação de Buda. Algo ou alguém pode parecer perfeitamente comum para nós, mas poderia, facilmente, ser uma emanação. Na verdade, quanto mais pensarmos sobre isso, mais nos parecerá que tudo ao nosso redor pode ser uma emanação.

Os Budas passaram muitos éons investigando qual a melhor maneira de ajudar os seres sencientes, e concluíram que é manifestando-se sob a forma comum de um Guia Espiritual, demonstrando um exemplo perfeito e guiando os seres sencientes ao dar ensinamentos de Dharma. Se nosso Guia Espiritual demonstrasse clarividência e poderes miraculosos, isso não nos beneficiaria. Os Budas não podem remover nossas delusões, ou aflições mentais, com suas mãos, nem podem nos conceder realizações como se nos dessem um presente; tudo o que podem fazer é nos mostrar o caminho e nos encorajar a segui-lo. Contemplando isso, compreenderemos que não há ninguém mais bondoso que nosso Guia Espiritual, que aparece com uma forma comum, oferece-nos um exemplo imaculado a seguir e nos conduz pelo caminho à libertação e à iluminação dando ensinamentos perfeitos e impecáveis.

PROSTRAR-SE AO GUIA ESPIRITUAL COMO O CORPO-VERDADE

Abandono de todas as falhas juntamente com suas marcas,
Precioso tesouro de incontáveis boas qualidades,
E única passagem a todo benefício e felicidade,
Ó Venerável Guia Espiritual, a teus pés de lótus eu me prostro.

Como foi mencionado anteriormente, o verdadeiro e supremo corpo de um Buda é o Corpo-Verdade. Existem dois tipos de Corpo-Verdade: o Corpo-Verdade-Sabedoria e o Corpo-Verdade-Natureza. O Corpo-Verdade-Sabedoria é a mente onisciente de um Buda, e o Corpo-Verdade-Natureza é a vacuidade, ou natureza última, dessa mente. Esses dois corpos não são entidades separadas, mas são de mesma natureza. Para alcançar a iluminação, é necessário remover da mente dois tipos de obstrução: as delusões-obstruções e as obstruções à onisciência. Qualquer mente que seja livre dessas duas obstruções é um Corpo-Verdade-Sabedoria, e a vacuidade dessa mente é o Corpo-Verdade-Natureza. O Corpo-Verdade-Natureza é a verdadeira cessação última. O primeiro verso dessa estrofe refere-se a ele como o "abandono de todas as falhas juntamente com suas marcas". O segundo e terceiro versos referem-se ao Corpo-Verdade-Sabedoria.

No *Sutra Cortador de Diamante*, Buda diz que aqueles que pensam que seu corpo é um objeto físico e que sua fala é som estão equivocados, pois seu corpo verdadeiro é o Corpo-Verdade. O mesmo se aplica a nosso Guia Espiritual. Sem alguma experiência do Mantra Secreto, é difícil compreender isso. Quando alcançarmos a iluminação, não será este corpo atual feito de carne e ossos que irá se tornar o corpo de um Buda; ao contrário, desenvolveremos um corpo completamente novo, um corpo-ilusório supremo que é de mesma natureza que a clara-luz-última do Corpo-Verdade.

É difícil, para nós, compreender como o Corpo-Verdade-Sabedoria é a fonte de todas as boas qualidades e a única passagem a todo benefício e felicidade. Para compreender esse ponto, precisamos aperfeiçoar nossa experiência do Mantra Secreto. De acordo com o Mantra Secreto, o Guru definitivo é o êxtase e a vacuidade indivisíveis do Corpo-Verdade, e o Guru que aparece para nós sob diversas formas é o Guru interpretativo. O Guru definitivo é, em realidade, a síntese de todos os fenômenos, pois todos os fenômenos são manifestações de êxtase e vacuidade. Nos *Tantras de Heruka* e *de Vajrayogini*, isso está descrito no ioga da completa pureza de todos os fenômenos, que é explicado nos livros *Essência do Vajrayana* e *Novo Guia à Terra Dakini*.

PROSTRAR-SE AOS GUIAS ESPIRITUAIS COMO A SÍNTESE DAS TRÊS JOIAS

Essência de todos os Gurus-Budas e Deidades,
Fontes de todas as 84 mil classes de sagrado Dharma,
Principais dentre toda a Assembleia Superior,
Ó Bondosos Guias Espirituais, a vossos pés de lótus eu me prostro.

Com essa estrofe, prostramo-nos aos cinco grupos de Guias Espirituais no Campo de Mérito, incluindo os Gurus da linhagem Mahamudra; porém, prestamos particular atenção em Lama Losang Tubwang Dorjechang como a síntese de todos os seres sagrados. No *Tantra de Heruka*, está dito:

O Guru é Buda, o Guru é Dharma,
O Guru também é Sangha.
O Guru é a fonte de todas as alegrias;
A todos os Gurus, eu me prostro.

Isso significa que devemos considerar nosso Guia Espiritual como a síntese de todas as Três Joias: Buda, Dharma e Sangha. De acordo com o *Tantra Rosário de Vajra*, devemos considerar a mente de nosso Guia Espiritual como Buda; sua fala como Dharma; e seu corpo como Sangha; e fazer oferendas e prostrações a ele segundo esse reconhecimento. O terceiro verso da estrofe acima significa literalmente, no texto original, que o Guru é "o criador de tudo", mas isso não significa que ele tenha criado o universo inteiro; mais propriamente, significa que toda felicidade pura é criada pelos Guias Espirituais. No samsara, não existe felicidade incontaminada; ela somente pode ser encontrada por confiarmos em nosso Guia Espiritual. Relembrando isso, devemos fazer prostrações a todos os Guias Espirituais no Campo de Mérito.

PROSTRAR-SE AOS GURUS-LINHAGEM E ÀS TRÊS JOIAS

Aos Gurus que residem nos três tempos e nas dez direções,
Às Três Joias Supremas e a todos os demais objetos de prostração,
Eu me prostro com fé e respeito, um coro melodioso de louvor
E corpos emanados, tão numerosos quanto os átomos do mundo.

Essa estrofe é particularmente importante para nossa prática e, se possível, devemos memorizá-la e recitá-la sempre que fizermos prostrações. Ela explica a quem devemos nos prostrar, com que motivação devemos nos prostrar e como devemos nos prostrar. Em primeiro lugar, ela diz que devemos fazer prostrações a todos os

Gurus nos três tempos e nas dez direções. Existem incontáveis Gurus por todo o universo, existiram incontáveis Gurus no passado e existirão incontáveis Gurus no futuro. Por exemplo, se considerarmos a linhagem das etapas do caminho profundo, existem somente 46 Gurus listados, começando por Guru Buda Shakyamuni, mas Buda Shakyamuni teve um Guru, que, por sua vez, teve um Guru e assim por diante, sem início.

Além dos Gurus e das Três Joias, existem incontáveis outros objetos de prostração, como todos aqueles que ainda não são Budas, mas que guiam os outros pelo caminho espiritual dando votos, ensinamentos e assim por diante; aqueles que observam puramente qualquer dos três tipos de disciplina moral; livros de Dharma e demais representações das Três Joias; e amigos espirituais que demonstram um bom exemplo ou que oferecem conselhos úteis. Devemos desenvolver uma motivação de fé e respeito por todos esses incontáveis objetos de prostração e nos prostrarmos a todos eles com corpo, fala e mente.

Com relação a como devemos nos prostrar, fazemos prostrações mentais desenvolvendo uma mente de fé e respeito, e fazemos prostrações verbais imaginando coros melodiosos de louvor ressoando por todo o universo. Para fazer prostrações físicas, imaginamos que de cada poro de nosso corpo manifestamos outro corpo, e que cada um desses corpos manifesta, por sua vez, outros incontáveis corpos e assim por diante, até que o universo inteiro esteja preenchido com nossos corpos; então, imaginamos que todos esses corpos fazem prostrações. Receberemos incalculáveis benefícios por nos prostrarmos desse modo.

Tivemos incontáveis corpos no passado, mas desperdiçamos todos eles. Agora, devemos tentar obter algum sentido deste corpo atual, utilizando-o para fazer prostrações aos seres sagrados. Prostrações são muito preciosas. Se fizermos prostrações regularmente, elas irão melhorar nossa saúde, nossa mente irá se tornar feliz e clara, acumularemos vastas quantidades de mérito e purificaremos nosso carma negativo. As escrituras tântricas dizem que devemos continuar a fazer oferendas e prostrações a nosso

Guia Espiritual inclusive após termos alcançado a iluminação. Je Tsongkhapa, por exemplo, já era iluminado, mas, para mostrar um bom exemplo aos demais, executou três milhões e meio de prostrações aos Trinta e Cinco Budas Confessionais – cem mil prostrações para cada Buda – enquanto estava em retiro em Olga Cholung. Como resultado, ele obteve uma visão especial dos Trinta e Cinco Budas. Se seres sagrados como Je Tsongkhapa fazem prostrações, quão mais importante é, para nós, fazer essa prática? Mais detalhes sobre prostrações podem ser encontrados nos livros *Caminho Alegre da Boa Fortuna* e *O Voto Bodhisattva*.

OFERENDA

A prática da oferenda tem sete partes:

1. Oferecer as oferendas exteriores e os cinco objetos de desejo;
2. Oferecer o mandala;
3. Oferecer nossa prática espiritual;
4. Oferenda interior;
5. Oferenda secreta;
6. Oferenda da talidade;
7. Oferecer remédios e a nós mesmos como um servidor.

OFERECER AS OFERENDAS EXTERIORES E OS CINCO OBJETOS DE DESEJO

Esse tópico tem duas partes:

1. Oferecer as oferendas exteriores;
2. Oferecer os cinco objetos de desejo.

OFERECER AS OFERENDAS EXTERIORES

Ó Guru, Refúgio e Protetor, juntamente com teu séquito,
Ofereço a ti estas vastas nuvens de diversas oferendas:

De acordo com *Oferenda ao Guia Espiritual*, existem dez oferendas exteriores:

(1) Água para beber;
(2) Água para banhar;
(3) Água para a boca;
(4) Água para espargir;
(5) Flores;
(6) Incenso;
(7) Luz;
(8) Perfume;
(9) Alimento;
(10) Música.

Essas substâncias já foram dispostas no altar e abençoadas como parte das práticas preliminares. Após terem sido abençoadas, desenvolvemos três reconhecimentos: (1) a natureza dessas substâncias é a excelsa sabedoria de êxtase e vacuidade, (2) elas aparecem sob o aspecto das substâncias individuais de oferenda, e (3) elas atuam como objetos de prazer dos seis sentidos para gerar uma sabedoria especial de êxtase e vacuidade em quem quer que as experiencie.

Embora visualizemos essas oferendas em seu aspecto usual, não devemos considerá-las como substâncias comuns, mas como possuindo a natureza de êxtase e vacuidade. Nos Sutras, Buda ensinou como considerar todos os fenômenos como manifestações da vacuidade. Assim, no *Sutra Coração*, ele diz:

> Forma é vazia; vacuidade é forma. Vacuidade não é algo além de forma; forma também não é algo que não vacuidade.

Isso significa que formas – como água, flores e incenso – são vazias de existência inerente e não existem do seu próprio lado. Flores, por exemplo, são meramente uma manifestação da vacuidade das flores. Assim, quando oferecemos substâncias (flores, por exemplo) devemos fazê-lo reconhecendo que as três esferas da oferenda – a pessoa que faz a oferenda, a oferenda propriamente dita e quem recebe a oferenda – são, todas, vazias de existência inerente.

Quando fazemos oferendas nas práticas do Tantra Ioga Supremo, avançamos uma etapa além e consideramos as oferendas como manifestações de êxtase e vacuidade. A essência do Mantra Secreto é a aquisição da união de êxtase e vacuidade. Para realizar isso geramos, primeiro, a mente de grande êxtase espontâneo e, em seguida, misturamos essa mente com a vacuidade, como água misturando-se com água. Do ponto de vista da experiência de praticantes tântricos, portanto, não há diferença de entidade entre a mente subjetiva – grande êxtase espontâneo – e o objeto vacuidade, sobre o qual ela está focada. Como consequência disso, esses praticantes veem todos os fenômenos não apenas como manifestações da vacuidade, mas como manifestações de êxtase e vacuidade porque, para eles, ambos são indivisíveis. Embora ainda não tenhamos alcançado a realização da união de êxtase e vacuidade, é muito benéfico tentar compreendê-la intelectualmente e, então, considerar todos os fenômenos como manifestações de êxtase e vacuidade.

De acordo com a sadhana, devemos oferecer "vastas nuvens" de oferendas ao Campo de Mérito, o que significa que devemos imaginar todas as nossas oferendas como vastas e extensas. As primeiras quatro oferendas exteriores são conhecidas como "as quatro águas". Elas são oferecidas com as palavras:

Os néctares purificadores das quatro águas a fluir suavemente
De amplos e radiantes vasos adornados com joias, perfeitamente dispostos;

À medida que recitamos essas palavras, fazemos os gestos manuais apropriados e visualizamos, emanando de nosso coração, incontáveis deusas oferecedoras carregando vasos adornados com joias e repletos de delicioso néctar para beber. Elas oferecem esse néctar ao Campo de Mérito, que o compartilha e experiencia êxtase incontaminado. Em seguida, as deusas são absorvidas em nosso coração e manifestamos novas deusas carregando vasos com água, com a qual elas banham os pés dos seres sagrados. Após serem absorvidas, manifestamos mais deusas que oferecem água para refrescar a boca e, em seguida, manifestamos deusas que oferecem água de espargir, para refrescar o corpo. Em cada caso, devemos imaginar que a água é da natureza de néctar de excelsa sabedoria e que atua para induzir êxtase incontaminado nos seres sagrados.

Quando dispomos as quatro águas no altar, procuramos oferecer água que seja fresca, saborosa, leve, suave, clara, de doce aroma, digestiva e que acalma a garganta. Oferecer água fresca nos faz desenvolver disciplina moral pura; oferecer água saborosa garante que sempre encontraremos, em vidas futuras, alimentos e bebidas saborosos; oferecer água leve faz com que experienciemos o êxtase da maleabilidade física; oferecer água suave torna a nossa mente calma e gentil; oferecer água clara torna nossa mente clara e alerta; oferecer água de doce aroma conduz a uma purificação fácil e poderosa de carma negativo; oferecer água digestiva reduz nossas doenças; e oferecer água que acalma a garganta torna nossa fala bela e poderosa. Se não conseguirmos encontrar água que possua essas oito qualidades, devemos imaginar que estamos oferecendo uma água que as possui e, então, receberemos os mesmos benefícios.

Lindas flores, pétalas e grinaldas delicadamente arrumadas,
Que cobrem o solo e preenchem o céu;

Panchen Losang Yeshe

Após oferecer as quatro águas, manifestamos incontáveis deuses e deusas oferecedoras, alguns carregando uma única flor, outros carregando grinaldas de flores e outros carregando pétalas de flores para serem espalhadas. Visualizamos essas flores como surpreendentemente belas, com aromas celestiais, e imaginamos que cobrem o solo e preenchem o céu. As deusas oferecem essas flores aos seres sagrados, fazendo com que experienciem êxtase incontaminado. Em seguida, absorvemos as deusas em nosso coração.

Por oferecer flores desse modo, criamos a causa para obtermos os atributos especiais de um Buda. Temporariamente, criamos a causa para ter uma aparência agradável em vidas futuras, livres de doença, envelhecimento e demais indisposições e problemas físicos, e criamos a causa para ver tudo ao nosso redor sob um aspecto agradável. Se pudéssemos ver tudo e todos como belos, não desenvolveríamos raiva ou inveja; ao contrário, sentiríamos amor afetuoso por todos os seres vivos. Sobre essa base, consideraríamos muito fácil gerar compaixão e bodhichitta. Além disso, se pudéssemos experienciar tudo como agradável, não iríamos gerar apego, pois nossa mente estaria sempre equilibrada. Podemos ver, a partir disso, os imensos benefícios que surgem por fazer oferendas qualificadas.

A fumaça azulada de fragrante incenso
Ondulando nos céus como nuvens azuis de verão;

Quando oferecemos incenso, manifestamos incontáveis deusas oferecedoras segurando preciosas vasilhas de ouro, prata e lápis-lazúli, repletas de muitos diferentes tipos de incenso. A fumaça de incenso eleva-se ao céu girando lentamente, como nuvens azuis de verão, e quando os seres sagrados experienciam seu aroma, geram êxtase incontaminado. Por oferecer incenso, criamos a causa para experienciar sempre odores agradáveis e nunca renascer em ambientes desagradáveis. Criamos, também, a causa para manter disciplina moral pura e alcançar concentração pura.

As luzes brincalhonas do sol e da lua, joias resplandecentes e um vasto conjunto de lamparinas,
Que dissipam a escuridão dos três mil mundos;

Em seguida, oferecemos luz, manifestando deusas que seguram lamparinas de manteiga, joias resplandecentes e muitas outras fontes de luz, incluindo o sol e a lua. Cada lamparina irradia luz a partir da qual outras lamparinas se manifestam e assim por diante, até que todos os três mil mundos estejam iluminados por essa oferenda. Temporariamente, oferecer luz torna a nossa mente clara e aguçada durante a meditação e cria a causa para termos visão clara. Além disso, oferecer velas com chamas firmes e duradouras cria a causa para termos vida longa. Oferecer luz é, principalmente, um método poderoso para destruir a escuridão da ignorância e aumentar nossa sabedoria. Praticantes de Tantras-Mãe, como o *Tantra de Heruka* ou o *Tantra de Vajrayogini*, enfatizam a aquisição da sabedoria da clara-luz e, por essa razão, devem fazer muitas oferendas de luz.

Tradicionalmente, luz é oferecida na forma de lamparinas de manteiga ou lamparinas de óleo. O significado dessa oferenda é o seguinte. O pavio simboliza o agarramento ao em-si, a manteiga ou o óleo simbolizam o oceano de sofrimento samsárico, e a chama simboliza a sabedoria que realiza a vacuidade. À medida que a chama queima o pavio e consome a manteiga ou o óleo, imaginamos que a sabedoria que realiza a vacuidade está destruindo nosso agarramento ao em-si e, por consequência, consumindo o oceano do samsara. Alternativamente, podemos pensar que a manteiga ou o óleo representam os reinos inferiores e que o pavio representa todos os diferentes tipos de renascimento nesses reinos; à medida que a chama queima, imaginamos que os três reinos inferiores estão sendo completamente purificados.

Requintados perfumes aromatizados com cânfora, sândalo e açafrão,
Num vasto oceano rodopiante que se estende tão longe quanto os olhos podem ver;

Em seguida, oferecemos perfume, manifestando incontáveis deusas segurando preciosos vasos repletos com cânfora, sândalo, açafrão e outras substâncias de doce aroma. Imaginamos que os seres sagrados experienciam esses perfumes e geram êxtase incontaminado. Assim como todas as outras oferendas, os seres sagrados não necessitam de tais substâncias, mas as aceitam para o nosso benefício. Quando oferecemos perfume, criamos a causa para alcançar disciplina moral pura, para nos tornar livres dos renascimentos samsáricos e para alcançar o Corpo-Forma de um Buda.

Alimentos e bebidas nutritivos, dotados com uma centena de sabores
E iguarias, de deuses e homens, sobrepostas tão alto quanto uma montanha;

O texto diz que oferecemos alimentos "com uma centena de sabores" que, literalmente, significa 108 sabores. Existem seis sabores principais: doce, azedo, amargo, adstringente, picante e salgado; cada um deles pode ser produzido em combinações como doce-doce e doce-azedo (agridoce), perfazendo um total de 36 sabores. Cada um desses sabores pode ser forte, mediano ou fraco – perfazendo um total de 108 sabores diferentes. Emanamos deusas portando alimentos dotados com todos esses sabores e os oferecemos aos seres sagrados. Os benefícios de oferecer alimentos são que, no futuro, sempre encontraremos alimentos e bebidas nutritivos, obteremos liberdade do sofrimento da pobreza, seremos sustentados pelo alimento da concentração e obteremos os prazeres de um Buda.

De uma infinita variedade de instrumentos musicais,
Sons melodiosos preenchem a totalidade dos três mundos;

Quando oferecemos música, emanamos incontáveis deusas tocando instrumentos musicais – como flautas, tambores e alaúdes – e cantando melodiosas canções. O som dessa música preenche todos os três reinos – o reino humano, o reino dos deuses (acima) e o reino naga (abaixo) – e induz êxtase incontaminado em todos os seres sagrados. Por oferecer música, criamos a causa para ouvir somente sons agradáveis no futuro (em especial, o som do Dharma) e para nunca ouvir sons desagradáveis, como más notícias. Essa oferenda é, também, causa para obter a fala de um Buda.

OFERECER OS CINCO OBJETOS DE DESEJO

Adoráveis portadoras de formas, sons, odores, sabores e objetos de toque –
Deusas de prazeres externos e internos, que ocupam todas as direções.

O Mantra Secreto é, algumas vezes, denominado *caminho do apego* porque ele é o método para transformar apego em caminho espiritual. Como já foi mencionado, a essência do Mantra Secreto é a geração de grande êxtase espontâneo. Inicialmente, o grande êxtase é gerado por força do apego, mas, uma vez gerado, ele destrói o apego que o fez surgir, assim como o fogo provocado pelo atrito entre dois pedaços de madeira consome, por fim, a madeira. Para os seres comuns, os objetos de apego mais poderosos são os cinco objetos de desejo – formas, sons, odores, sabores e objetos táteis atraentes. No Mantra Secreto, esses objetos são visualizados em uma forma pura e, então, desfrutados, de modo a gerar êxtase.

Nessa etapa da sadhana, oferecemos os cinco objetos de desejo ao Campo de Mérito. Porque todos os seres no Campo de Mérito são emanações de Lama Losang Tubwang Dorjechang, eles são, todos, seres iluminados; portanto, eles não têm necessidade de objetos de desejo, pois permanecem eternamente em um estado de grande êxtase espontâneo. No entanto, ao oferecer esses objetos a eles, criamos a causa para gerarmos grande êxtase espontâneo.

Existem dois tipos de objetos dos sentidos: interiores e exteriores. Objetos interiores dos sentidos são aqueles que estão associados à consciência – por exemplo, as formas, sons, odores, sabores e objetos táteis dentro do continuum de uma pessoa. Os objetos exteriores dos sentidos são aqueles que não estão associados à consciência – por exemplo, o sabor ou o aroma de uma maçã. Começamos oferecendo os objetos exteriores dos sentidos.

De nosso coração, manifestamos incontáveis Deusas Rupavajra, que são brancas e extremamente atraentes. Cada uma segura espelhos preciosos, nos quais estão refletidas todas as belas formas que existem em todos os três mil mundos. Imaginamos que, quando os seres sagrados contemplam essas formas, eles geram grande êxtase espontâneo. Em seguida, absorvemos as Deusas Rupavajra em nosso coração e manifestamos incontáveis Deusas Shaptavajra. Elas são azuis e tocam diversos instrumentos musicais que deleitam os seres sagrados. Depois, absorvemos as Deusas Shaptavajra e manifestamos Deusas Gendhavajra, que são amarelas e seguram conchas brancas repletas de raros perfumes, cuja fragrância deleita os seres sagrados. Em seguida, manifestamos incontáveis Deusas Rasavajra, que são vermelhas e seguram vasilhas repletas de muitas espécies de deliciosos alimentos, que elas oferecem aos seres sagrados. Finalmente, manifestamos incontáveis Deusas Parshavajra, que são verdes e seguram sedas celestiais que induzem grande êxtase quando tocadas. Imaginamos que os seres sagrados desfrutam de todos esses objetos e geram grande êxtase espontâneo. Oferecer os cinco objetos de desejo dessa maneira cria a causa para sermos capazes de, no futuro, transformá-los em caminho.

Oferecer os cinco objetos interiores dos sentidos é especialmente importante para os praticantes do estágio de conclusão porque é um método especial para gerar grande êxtase espontâneo. É importante saber o que vem a ser o grande êxtase espontâneo. Não devemos pensar que, por ser uma realização tão avançada, não temos necessidade de saber mais sobre ele. Ao desenvolvermos agora uma compreensão intelectual do grande êxtase espontâneo, criamos a causa para, de fato, gerarmos essa mente no futuro. O grande êxtase espontâneo não é, simplesmente, uma sensação agradável, nem o êxtase da maleabilidade induzido pelo tranquilo-permanecer e tampouco o êxtase da tranquilidade experienciado pelos Destruidores de Inimigos. O grande êxtase espontâneo é um êxtase especial que surge quando, por força da meditação no estágio de conclusão, os ventos entram, permanecem e se dissolvem no canal central, fazendo com que as gotas que ali estão derretam e fluam. Existem diferentes métodos para fazer com que os ventos entrem, permaneçam e se dissolvam no canal central, como a meditação *tummo* (ou fogo interior) e a recitação vajra. Isso será explicado abaixo. Quando os ventos se dissolvem no canal central, os diversos nós que normalmente comprimem o canal são afrouxados. Então, pela intensidade do arder do fogo interior, as gotas derretem e fluem, induzindo, por meio disso, grande êxtase.

Existem quatro etapas para o desenvolvimento desse êxtase. À medida que a gota branca na roda-canal da coroa derrete e desce até a roda-canal da garganta, é gerado o primeiro nível de êxtase, conhecido simplesmente como "alegria". Quando ela desce à roda--canal do coração, é gerado o segundo nível de êxtase, conhecido como "suprema alegria"; quando ela desce à roda-canal do umbigo, é gerado o terceiro nível, "extraordinária alegria"; e, por fim, quando ela desce até a ponta do órgão sexual, é gerado o quarto nível, "grande alegria espontânea". Cada nível de êxtase é mais poderoso que o anterior, e a grande alegria espontânea é o mais poderoso. Para praticantes experientes do estágio de conclusão, as gotas nunca deixam o canal central. Elas permanecem na ponta do órgão sexual por um momento e, depois, sobem novamente pelo canal central, fazendo surgir outros quatro níveis de grande êxtase espontâneo, que são ainda mais poderosos. Desse modo, um praticante realizado é capaz de manter as gotas fluindo para cima e para baixo no canal central durante o dia inteiro e, por meio disso, experienciar grande êxtase espontâneo por longos períodos.

É importante fazer a distinção entre grande êxtase espontâneo e a sensação de êxtase que é induzida pela relação sexual comum. Durante a relação sexual comum, o calor tummo é aumentado, fazendo com que as gotas fluam pelos canais e induzindo uma sensação de êxtase; nesse caso, as gotas fluem pelos canais exteriores e não pelo canal central, sendo, por fim, ejaculadas ou coletadas no útero. Assim, o êxtase da relação sexual comum é uma mente contaminada densa de curta duração. No entanto, nas práticas do estágio de conclusão, os ventos são reunidos e dissolvidos na roda--canal do coração, dentro do canal central, e isso faz surgir um êxtase muito especial que é puro e incontaminado. Esse êxtase é não conceitual e livre de distrações, e quando ele está focado na vacuidade, rapidamente mistura-se com ela, como água misturando-se com água. Nessa etapa, devido ao fato de que as gotas do praticante nunca deixam o canal central, o grande êxtase espontâneo pode permanecer totalmente absorto na vacuidade por longos períodos, sem distrações. Desse modo, ele é capaz de eliminar, muito rapidamente, o agarramento ao em-si e suas marcas. Esse é o motivo pelo qual o Mantra Secreto é o caminho rápido à iluminação.

Quando formos capazes de meditar sobre a vacuidade com o grande êxtase espontâneo, seremos capazes de alcançar a iluminação utilizando apenas essa prática. Não teremos de executar ações exteriores, como prostrações e oferendas, nem teremos de fazer outros tipos de meditação. Meditar na clara-luz de êxtase é, simultaneamente, uma coleção de mérito e uma coleção de sabedoria, e, portanto, a causa tanto do Corpo-Forma quanto do Corpo-Verdade de um Buda. De acordo com o Sutra, um Bodhisattva não pode acumular simultaneamente, em uma mesma meditação, ambas as coleções – de mérito e de sabedoria; ele precisa acumular sabedoria, principalmente, durante a sessão de meditação e, depois, sair da meditação para acumular mérito durante o intervalo entre as meditações. No Mantra Secreto, contudo, ambas as coleções podem ser acumuladas em uma mesma meditação – meditando no grande êxtase espontâneo. Assim, é dito que um Bodhisattva do Caminho do Sutra leva três incontáveis grandes éons para alcançar a iluminação, ao passo que praticantes tântricos podem concluir o caminho em poucos anos.

Contemplando esses pontos, aumentaremos nossa fé no Mantra Secreto e desenvolveremos um forte desejo de gerar grande êxtase espontâneo. Em alguns Sutras está dito que, além do quarto Buda – Buda Shakyamuni –, somente o décimo primeiro e o último dos mil Budas deste Éon Afortunado irão ensinar o Mantra Secreto. A razão pela qual esses ensinamentos são tão raros é que eles, facilmente, são mal compreendidos ou mal utilizados e, por essa razão, existem pouquíssimos discípulos preparados e aptos a praticá-los puramente. Portanto, devemos nos considerar extremamente afortunados até mesmo por sermos capazes de ler essas instruções, e devemos gerar uma forte determinação de praticá-las puramente, enquanto temos a oportunidade.

Com uma compreensão da natureza e função do grande êxtase espontâneo, podemos apreciar a importância de oferecer os cinco objetos interiores dos sentidos. Essa prática foi explicada por Je Tsongkhapa em suas sadhanas de Guhyasamaja e de Heruka, e a explicação a seguir está fundamentada nesses textos.

Começamos oferecendo formas interiores. Do HUM em nosso coração, manifestamos incontáveis mulheres-conhecimento, que são surpreendentemente belas e habilidosas nas 64 artes do amor. Imaginamos que os seres sagrados geram grande êxtase espontâneo por, simplesmente, contemplarem suas belas formas e poses sensuais. Em seguida, essas deusas são absorvidas e manifestamos outras incontáveis mulheres-conhecimento, que induzem êxtase com o som de suas vozes. Depois, manifestamos incontáveis mulheres-conhecimento cujos corpos têm uma fragrância celestial que induz grande êxtase a qualquer um que experiencie esse aroma. Elas são sucedidas por mulheres-conhecimento que induzem êxtase com o sabor de seus beijos e, por fim, por mulheres-conhecimento cujas vaginas induzem êxtase em qualquer um que as toque. As sadhanas de Heruka incluem outro método para oferecer os cinco objetos de desejo. De acordo com esse método, começamos imaginando que todos os incontáveis mundos reúnem-se em um só. Então, imaginamos que todas as formas nesse mundo transformam-se em atraentes Deusas Rupavajra, todos os sons em Deusas Shaptavajra, todos os odores em Deusas Gendhavajra, todos os sabores em Deusas Rasavajra e todos os objetos táteis em Deusas Parshavajra. Essas deusas são, então, oferecidas aos seres sagrados, que geram grande êxtase espontâneo. Se fizermos essa prática com regularidade, viremos gradualmente a perceber todos os objetos dos sentidos como Deusas Rupavajra e assim por diante e, desse modo, iremos superar as aparências comuns. Se desfrutarmos dos objetos de desejo com essa aparência pura, não haverá perigo de cometermos não-virtude ou de quebrar nossos votos. Aparência pura é a essência da prática do Mantra Secreto e o fundamento da disciplina moral tântrica.

OFERECER O MANDALA

Ó Tesouro de Compaixão, meu Refúgio e Protetor, Campo de Mérito supremamente perfeito,
Com uma mente de devoção, a ti eu ofereço
Um bilhão de Grandes Montanhas, de quatro continentes,
De sete maiores e menores posses reais e assim por diante,
Uma coleção de mundos e de seres perfeitos, que fazem surgir todas as alegrias,
Um grande tesouro de prazeres almejados por deuses e homens.

Neste contexto, o mandala representa o universo inteiro visualizado como completamente puro e oferecido ao Campo de Mérito. Quando oferecemos o mandala, imaginamos que estamos segurando o universo inteiro em nossas mãos, mas nossas mãos não se tornam maiores e o universo não se torna menor. Se acharmos difícil compreender isso, podemos pensar sobre como grandes imagens podem ser refletidas em um pequeno espelho ou cidades inteiras mostradas em uma tela de televisão.

Não oferecemos apenas o mundo no qual vivemos, mas todos os mundos. De acordo com a cosmologia budista, nosso mundo é plano, com uma grande montanha em seu centro – o Monte Meru. Ela é rodeada por quatro continentes, cada um dos quais possuindo dois subcontinentes principais e muitos subcontinentes menores. Mil desses mundos, juntos, são denominados "os mil mundos"; mil desses *mil mundos* são denominados "os dois mil mundos"; e mil desses *dois mil mundos* são denominados "os três mil mundos". Quando oferecemos o mandala, imaginamos os três mil mundos em nossas mãos, considerando-os como Terras Puras, e os oferecemos aos seres sagrados.

Não precisamos duvidar da existência de tais mundos. Os Budas e outros seres que alcançaram clarividência confirmam a existência de incontáveis mundos além do nosso próprio, todos esses habitados por uma grande variedade de seres vivos. Além disso, devemos ser cuidadosos para não rejeitar a visão de que o mundo é plano, com uma grande montanha e quatro continentes, simplesmente porque ele não aparece desse modo para nós. A maneira como o mundo aparece depende da mente que o percebe, e Buda descreveu o mundo de muitos modos diferentes, na dependência do carma dos discípulos aos quais se dirigia. O ponto essencial sobre a oferenda de mandala é visualizar o mundo como uma Terra Pura e, para esse propósito, é mais proveitoso seguir a descrição dada por Buda. Quando oferecemos o mandala, não importa se não conseguimos visualizar, ou imaginar, em detalhes todos os diferentes mundos. Devemos ser como um cego que vive em uma linda casa. Embora não possa ver a casa, ele sabe que é linda e fica satisfeito com isso.

Porque estamos oferecendo o universo inteiro sob uma forma pura, é fácil fazer essa oferenda sem avareza e sem as máculas das oito preocupações, ou interesses, mundanos. Por essa razão, oferendas de mandala são muito poderosas e produzem grandes resultados. Podemos acumular, com cada oferenda, uma vasta quantidade de mérito e criar a causa para renascer em uma Terra Pura. Mesmo que não renasçamos em uma Terra Pura, renasceremos em um ambiente pacífico e belo.

No espaço acima dos quatro continentes, visualizamos as sete posses maiores e menores de um rei *chakravatin*. Um rei chakravatin é um ser extremamente afortunado que acumulou uma vasta quantidade de mérito e, como resultado, renasceu como um rei com domínio sobre todos os quatro continentes ou, no mínimo, sobre um dos quatro continentes. No momento atual, não existem reis chakravatin em nosso mundo e não há ninguém que tenha domínio completo sobre nosso continente, Jambudipa.

Devido a seu mérito extraordinário, os reis chakravatin têm 112 características físicas que são muito semelhantes aos 32 sinais maiores e às 80 indicações menores de um Buda, e seus séquitos têm, também, características especiais. Os reis chakravatin também possuem sete posses especiais: uma preciosa roda, uma preciosa joia, uma preciosa rainha, um precioso ministro, um precioso elefante, um precioso cavalo e um precioso administrador ou um precioso general. Os últimos dois não são o mesmo, mas ambos podem atuar como seus servidores.

A preciosa roda é feita de ouro e tem mil aros. Seu diâmetro é de 500 milhas [800 quilômetros, aproximadamente] e é utilizada pelo rei como um carro de guerra. Ela é como um imenso sol no alto do céu e pode transportar o rei e toda a sua comitiva três vezes ao redor dos três mil mundos em um único dia. A roda simboliza a soberania do rei, pois ele reina aonde quer que ela vá. Nas escrituras, a preciosa roda é utilizada como uma analogia para o Dharma. Quando Buda revelou o caminho completo à iluminação, ele disse ter "girado a Roda do Dharma" pois, onde quer que a Roda do Dharma esteja presente, as mentes deludidas ficam sob controle.

A preciosa joia é feita de lápis-lazúli, é octogonal e irradia luzes de cinco cores que iluminam os três mil mundos. Sua luz transforma a noite em dia, emite calor para as regiões frias e frescor para as regiões quentes. Ela tem o poder de impedir doenças e morte prematura onde quer que o rei governe.

A preciosa rainha é muito bela e totalmente livre de imperfeições. Seu corpo tem um fragância naturalmente agradável e ela induz êxtase em qualquer um que a toque. A preciosa rainha tem grande amor por todos os seus súditos, cuidando deles como uma mãe e eliminando sofrimento e pesar onde quer que reine.

Diferente dos ministros comuns, que são parciais e preconceituosos, o precioso ministro possui total equanimidade e não causa mal a ninguém. Todas as suas ações estão em conformidade com o Dharma. Ele é muito habilidoso em administrar os assuntos do rei e conhece, intuitivamente, seus desejos, realizando-os sem que lhe sejam solicitados.

O precioso elefante se assemelha a um elefante comum, mas é tão grande que se parece com uma montanha nevada! Ele possui sete membros: quatro pernas, uma tromba, um rabo e um pênis ereto. O precioso elefante é tão forte quanto mil elefantes comuns, mas é tão dócil que pode ser conduzido por um fino fio de linha. Ele pode transportar o rei três vezes ao redor dos três mil mundos em um único dia, sempre mantendo um passo muito suave e agradável, que induz êxtase em quem o monta. Ele reconhece, instintivamente, os inimigos do rei e os domina sem esforço.

O precioso cavalo é branco e adornado com joias celestiais. Ele não necessita de rédeas, pois conhece os pensamentos de seu cavaleiro. Embora seja tão veloz quanto o vento, seu passo é sempre extremamente suave. Ele também protege, instintivamente, seu cavaleiro de ser prejudicado.

O precioso administrador é o guardião do tesouro do rei. Ele assegura que o tesouro esteja sempre repleto de ouro, prata e de muitas joias raras; mas, em todas as suas negociações, ele nunca engana ninguém. Ele traz riqueza a todos os súditos do rei e, devido a seu amor, compaixão e uma mente muito estável, é respeitado por todos e considerado como um pai.

A oferenda de mandala e de seu conteúdo não são uma invenção tibetana. Tudo isso foi descrito por Conquistador Vajradhara no *Tantra de Guhyasamaja*, onde ele diz:

> Aqueles que almejam aquisições
> Devem preencher, mentalmente e com habilidade, este universo
> Com os sete objetos preciosos.
> Por oferecê-los todos os dias,
> Seus desejos serão satisfeitos.

Aqueles que receberam iniciações do Tantra Ioga Supremo têm o compromisso de oferecer o mandala a seu Guia Espiritual seis vezes por dia. O motivo pelo qual nos é dado esse compromisso é que precisamos acumular uma vasta quantidade de mérito para receber realizações do Mantra Secreto.

Além das sete posses reais maiores listadas acima, os reis chakravatin também têm sete posses menores: a preciosa espada, a preciosa pele, o precioso lençol, o precioso jardim, a preciosa casa, o precioso manto e as preciosas botas.

Se um rei chakravatin é atacado por um inimigo, ele apenas necessita segurar a preciosa espada para o alto e seu inimigo é imediatamente subjugado, sem nenhum derramamento de sangue ou qualquer dano ter sido infligido.

A preciosa pele é uma pele naga com cinco milhas de comprimento [oito quilômetros, aproximadamente] e brilha como o sol e a lua. Ela é à prova de fogo e de água e mantém quem a utiliza refrescado no verão e aquecido no inverno. Quem quer que utilize essa pele experiencia grande êxtase.

O precioso lençol é macio e confortável, e qualquer pessoa que adormeça nele desenvolve concentração naturalmente. Mesmo se uma pessoa de mente obtusa usá-lo para dormir, ela irá acordar com uma mente clara e revigorada. O precioso lençol também tem o poder de superar a raiva e o apego.

O precioso jardim é extremamente belo e tranquilo, e é habitado por deuses e deusas que tocam diversos instrumentos musicais. Quem quer que entre nesse jardim desenvolve, naturalmente, uma mente virtuosa. Se uma pessoa má, profundamente deludida, entrar nesse jardim, sua mente irá se tornar pacífica imediatamente. Todos que entram nesse jardim têm seus desejos satisfeitos; por exemplo, se alguém desejar um filho, um filho lhe será concedido; se alguém desejar uma filha, uma filha lhe será concedida, e assim por diante.

A preciosa casa é feita de joias. Ela tem paredes transparentes que brilham, dia e noite, com luz. É frequentada por deuses e deusas e sempre tem uma atmosfera feliz e tranquila. Ansiedade e descontentamento são acalmados apenas por se entrar nessa casa, e aqueles que estão sofrendo, pesarosos ou deprimidos, são elevados espiritualmente por sua atmosfera.

O precioso manto é leve e macio, e vesti-lo induz grande êxtase. Assim como as vestes de um deus, quando o manto está desdobrado ele cobre todo o solo, mas quando enrolado, ajusta-se debaixo de uma unha.

Quem quer que use as preciosas botas pode andar sobre a água tão facilmente quanto em terra seca e pode viajar grandes distâncias sem dificuldade. Usá-las induz grande êxtase e cura todas as doenças associadas aos pés e às pernas.

Visualizamos todos esses objetos precisos no espaço acima dos quatro continentes, juntamente com as diversas deusas oferecedoras, o sol e a lua, o precioso guarda-sol, o estandarte da vitória e todos os tesouros de deuses e de homens. Em resumo, reunimos tudo o que há de precioso em todos os três mil mundos e oferecemos a nosso Guia Espiritual.

Se tivermos tempo, podemos oferecer, neste ponto, um mandala longo juntamente com outras estofres breves. Há duas estrofes breves que são especialmente poderosas:

O chão espargido com perfume e salpicado de flores,
A Grande Montanha, quatro continentes, sol e lua,
Percebidos como Terra de Buda e assim oferecidos,
Que todos os seres desfrutem dessas Terras Puras.

Ofereço, sem nenhum sentimento de perda,
Os objetos que fazem surgir meu apego, ódio e confusão,
Meus amigos, inimigos e estranhos, nossos corpos e prazeres;
Peço, aceita-os e abençoa-me, livrando-me diretamente
dos três venenos.

IDAM GURU RATNA MANDALAKAM NIRYATAYAMI

Essas duas estrofes são muito abençoadas. A primeira foi composta por Dharmodgata, em resposta aos pedidos de Sadaprarudita. Essa estrofe descreve o mandala de sete pontos e mostra que devemos fazer oferendas de mandala juntamente com a prece para que todos os seres vivos nasçam em Terras Puras e experienciem, constantemente, prazeres puros.

Oferecer o mandala com a segunda estrofe é um método poderoso para superar os três venenos: apego, ódio e confusão. Como qualquer mente, essas delusões (ou aflições mentais) somente podem surgir na dependência de seus objetos. O apego surge na dependência de objetos de apego; o ódio, ou raiva, surge na dependência de objetos de raiva; e confusão surge na dependência de objetos de confusão. Sem esses objetos, as delusões não podem surgir, assim como um pássaro não pode pousar se não houver um lugar para fazê-lo. Portanto, para impedir o surgimento de nossas delusões, imaginamos que todos os objetos que fazem surgir nosso apego, ódio e confusão são transformados em objetos puros e oferecidos a nosso Guia Espiritual. Por terem sido oferecidos, não podemos mais nos aferrar a eles ou permitir que a mente seja condescendente com eles e, por meio disso, ficamos protegidos contra as delusões.

Existem quatro tipos de oferenda de mandala: exterior, interior, secreto e da talidade. Oferecemos o mandala exterior visualizando o universo transformado em uma Terra Pura, como já foi descrito. Para oferecer o mandala interior, imaginamos que nosso corpo se transforma em uma Terra Pura e, então, a oferecemos a nosso Guia Espiritual. Para fazer isso, imaginamos que nossa pele se rompe e espalha-se, tornando-se um extenso solo vajra, e nosso sangue e demais fluidos corporais transformam-se em perfume que unge esse solo. Nosso tronco transforma-se no Monte Meru; nossos quatro membros transformam-se nos quatro continentes e nossos dedos, nos subcontinentes; nossa cabeça transforma-se no palácio de Indra, no topo do Monte Meru; nossos dois olhos transformam-se no sol e na lua e nossos órgãos internos, nos objetos preciosos. Oferecer o mandala desse modo é um método poderoso para superar o apreço que temos por nosso corpo.

Os mandalas exterior e interior são explicados tanto nos Sutras quanto nos Tantras, mas os mandalas secreto e da talidade são explicados somente nos Tantras. Para oferecê-los precisamos, primeiramente, com uma mente de grande êxtase misturada com a vacuidade, nos gerar como a Deidade. Em seguida, imaginamos que essa união inseparável de êxtase e vacuidade transforma-se em

Losang Trinlay

um mandala com seu aspecto habitual e o oferecemos a nosso Guia Espiritual. Porque o mandala é da natureza de êxtase, ele é uma oferenda secreta; e porque o mandala é da natureza da vacuidade, ele é uma oferenda da talidade. Oferecer o mandala desse modo é muito profundo e produz grandes resultados no futuro.

Se não tivermos muito tempo, não há necessidade de recitar, nesse ponto da sadhana, o mandala longo ou as duas estrofes mencionadas acima; em vez disso, é suficiente apenas recitar a estrofe que está na sadhana. Se desejarmos coletar oferendas de mandala como um dos quatro grandes guias preliminares, podemos fazê-lo aqui ou ao final da prática dos sete membros.

OFERECER NOSSA PRÁTICA ESPIRITUAL

Ó Venerável Guru, ofereço a ti estes jardins de prazeres,
Tanto os efetivamente dispostos quanto os emanados pela mente, nas praias de um mar-que-concede-desejos,
Nos quais, das puras virtudes brancas do samsara e do nirvana,
Surgem substâncias de oferendas de amplos lótus de mil pétalas, que deliciam as mentes de todos;
Onde as virtudes mundanas e supramundanas das três portas, as minhas e as dos outros,
São flores que trazem cor a todos os lugares
E exalam uma profusão de aromas semelhante às oferendas de Samantabhadra;
E onde os três treinos, os cinco caminhos e os dois estágios são os frutos.

Em geral, uma oferenda é qualquer coisa que agrade o Guia Espiritual e demais seres sagrados. De acordo com os geshes kadampas, um verdadeiro Guia Espiritual fica mais satisfeito com o fato de seus discípulos estarem praticando puramente suas instruções do que receber oferendas de presentes materiais ou dinheiro. Por essa razão, é dito que oferecer nossa prática espiritual é a oferenda suprema.

Oferecemos nossas práticas virtuosas e as dos outros – tanto as virtudes mundanas dos seres comuns quanto as virtudes supramundanas dos seres superiores – assim como os resultados de todas essas práticas. Tudo isso é oferecido sob belas formas, como flores, árvores e lagos. Assim, ao passo que a verdadeira oferenda é a oferenda de nossas práticas virtuosas e de seus resultados, a base de oferenda são formas exteriores. A base de oferenda pode ser tanto objetos exteriores – como flores que dispomos sobre o altar – quanto, apenas, formas mentalmente imaginadas.

De acordo com a sadhana, nossas raízes de virtude por mantermos disciplina moral pura transformam-se em um vasto mar-que-concede-desejos, adornado com lindos lótus. Nesse mar, existem ilhas lindas e fascinantes, nas quais crescem árvores extremamente belas. As raízes dessas árvores vêm de nossas virtudes de ouvir com atenção o Dharma; os galhos vêm de nossas virtudes de contemplar o Dharma; e as flores vêm de nossas virtudes de meditar sobre o Dharma. Nossas realizações dos três treinos superiores, dos Cinco Caminhos Mahayana e dos dois estágios tântricos aparecem como deliciosos frutos que adornam as árvores. Visualizamos incontáveis ilhas adornadas com essas árvores e as oferecemos a nosso Guia Espiritual.

Outra maneira de oferecer nossa prática é visualizar nossas virtudes de manter disciplina moral pura como água, nossa fé como flores, nossas virtudes de manter os três votos como incenso, nossas virtudes de ouvir com atenção o Dharma como luz, nossas virtudes de treinar concentração como alimento, nossa sabedoria de compreender e de realizar a vacuidade como música e nossas virtudes de manter fatores mentais virtuosos – como senso de vergonha e senso de consideração – como os cinco objetos de desejo.

Se, por exemplo, simplesmente oferecermos nossa fé, isso não será uma oferenda exterior, pois estaremos oferecendo uma virtude interior; mas se, mentalmente, transformarmos nossa fé no aspecto de flores e as oferecermos, isso irá se tornar uma oferenda exterior.

De acordo com *Oferenda ao Guia Espiritual*, as oferendas exteriores são feitas em associação com a iniciação-vaso. Quando recebemos uma iniciação do Tantra Ioga Supremo, o Mestre-Vajra nos concede quatro iniciações separadamente: a iniciação-vaso, a iniciação secreta, a iniciação mudra-sabedoria e a iniciação da palavra. A iniciação-vaso é assim denominada porque é concedida por meio de rituais específicos associados a um vaso. Durante essa iniciação, o Mestre-Vajra emana de seu coração deusas que concedem a iniciação e, como consequência, auxiliam o discípulo a superar aparências comuns. Quando fazemos as oferendas exteriores, também emanamos deusas ofertecedoras de nosso coração, e essa prática também nos auxilia a superar aparências comuns. Por essa razão, é dito que as oferendas exteriores e a iniciação-vaso são semelhantes tanto em método quanto em resultado.

OFERENDA INTERIOR

Ofereço este oceano de néctar com os cinco anzóis, as cinco lamparinas e assim por diante,
Purificado, transformado e aumentado,
Juntamente com uma bebida de excelente chá,
Dotada com uma centena de sabores, a radiância do açafrão e um delicado aroma.

A oferenda interior é exclusiva do Tantra Ioga Supremo e é feita em associação com a iniciação secreta. Durante a iniciação secreta, o Mestre-Vajra confere néctar aos discípulos, originado das gotas interiores das Deidades masculinas e femininas. Devido ao fato de ser muito fácil ter uma má compreensão sobre a natureza e a função desse néctar – por parte daqueles que não receberam iniciações e daqueles com inclinações hinayana – ele é denominado "substância secreta", e os discípulos são aconselhados a não o revelarem às outras pessoas. De modo semelhante, a oferenda interior envolve a transformação de dez substâncias – as cinco carnes e os cinco néctares – em néctar que, então, é oferecido aos seres sagrados. Uma vez mais, a natureza e função dessas substâncias podem, facilmente, ser mal compreendidas e, por essa razão, os praticantes são aconselhados a também utilizar essas substâncias em segredo.

A oferenda interior é assim denominada porque a base de oferenda – as cinco carnes e os cinco néctares – são substâncias interiores; ou seja, são substâncias originadas a partir do continuum dos seres vivos. Uma descrição detalhada dessas substâncias e o método para transformá-las em oferenda interior são apresentados nos livros *Novo Guia à Terra Dakini* e *Essência do Vajrayana*. Em *Oferenda ao Guia Espiritual*, as cinco carnes são denominadas "os cinco anzóis" e os cinco néctares são denominados "as cinco lamparinas" porque são os meios para reunir, esclarecer e iluminar, rapidamente, todas as aquisições do Tantra Ioga Supremo.

Para fazer a oferenda interior nesse ponto da sadhana, seguramos, com nossa mão direita, o vajra e a cuia de crânio contendo o néctar e, com a mão esquerda segurando o sino, mergulhamos a ponta do dedo anular no néctar e salpicamos um pouco no espaço a nossa frente. Ao mesmo tempo, imaginamos incontáveis Deusas Rasavajra emanando de nosso coração. Essas deusas seguram cuias de crânio, com as quais retiram néctar de nossa cuia de crânio e o oferecem ao Campo de Mérito. Imaginamos que os seres sagrados provam o néctar e geram êxtase incontaminado. Em seguida, dissolvemos as deusas em nosso coração.

Se abençoarmos regularmente a oferenda interior com forte concentração, oferecermos essa oferenda aos seres sagrados e provarmos dela nós mesmos, essa prática irá aumentar nosso tempo de vida e tornar nosso corpo e fala muito poderosos. A principal função da oferenda interior, no entanto, é abençoar nossos canais, ventos e gotas, aumentando, assim, nossa experiência de grande êxtase espontâneo do estágio de conclusão. A substância da oferenda interior também pode ser utilizada para curar doenças de outras pessoas.

Se desejarmos fazer uma oferenda tsog, o ritual propriamente dito para fazê-la conjuntamente com *Oferenda ao Guia Espiritual* está anexo à sadhana principal e pode ser incluído em quaisquer dos vários pontos da sadhana, dependendo da prática específica a ser enfatizada. Se estivermos enfatizando a aquisição rápida de realizações, faremos a oferenda tsog após os pedidos, antes da prece das etapas do caminho; se estivermos enfatizando purificação, faremos a oferenda tsog na metade da prática dos sete membros, antes da estrofe de confissão; e se estivermos enfatizando grande acumulação de mérito por fazermos oferendas, como em um puja de longa vida, faremos a oferenda tsog neste ponto, depois da oferenda interior.

O principal propósito de fazer uma oferenda tsog é restaurar compromissos quebrados, deleitar Heróis e Heroínas e receber bênçãos especiais de nosso Guia Espiritual. Se possível, a oferenda deve ser feita por um grupo de praticantes que têm uma conexão próxima entre si e que, com orgulho divino, veem-se (ou percebem-se) como uma assembleia de Heróis e Heroínas.

A substância da oferenda tsog é carne e álcool, normalmente referidas por seus nomes sânscritos – *bala* e *madana* – assim como qualquer alimento limpo e puro. As substâncias são abençoadas do mesmo modo que a oferenda interior. A oferenda tsog é, então, feita na sequência para os Guias Espirituais, Yidams, Três Joias, Heróis, Heroínas e Protetores do Dharma e a todos os seres sencientes-mães. Aos Guias Espirituais, pedimos bênçãos; aos Yidams, pedimos aquisições tântricas; às Três Joias, pedimos realizações de Dharma; aos Heróis, Heroínas e Protetores do Dharma, pedimos auxílio em nossa prática de Dharma; e quando fazemos a oferenda tsog a todos os seres sencientes, rezamos para que superem rapidamente as aparências equivocadas e passem para além do sofrimento.

Seguem-se, então, duas estrofes especiais, com as quais a assembleia inteira faz a oferenda tsog a seu Guru-raiz; após essas estrofes, a oferenda tsog é provada por todos os presentes. Recitamos, então, "AH HO MAHA SUKHA", que significa "Ó, que grande êxtase!"; tentamos gerar uma experiência de grande êxtase, e a oferecemos às Deidades que residem em nosso corpo.

Um prato com oferendas é, então, coletado para os espíritos que não têm o carma para desfrutar de alimento que não foi tocado, mas que dependem de outras pessoas que lhes deem alimento que já tenha sido provado. Já que isso é oferecido como parte da prática de dar, esse prato com alimento já provado é enviado para fora, logo antes da estrofe sobre a perfeição de dar, na prece das etapas do caminho.

OFERENDA SECRETA

E ofereço os mais atraentes e ilusórios mudras,
Uma hoste de mensageiras nascidas de lugares, nascidas de mantra e espontaneamente nascidas,
Com esbeltos corpos, peritas nas sessenta e quatro artes do amor,
E com o esplendor da beleza juvenil.

A oferenda secreta é, também, exclusiva do Tantra Ioga Supremo. Ela é executada em associação com a iniciação mudra-sabedoria, pois envolve o oferecimento de uma consorte-conhecimento a Guru Vajradhara.

Ao fazer essa oferenda, criamos a causa para, no futuro, gerarmos grande êxtase espontâneo ao confiar em uma consorte, ou mudra. Como já foi explicado, a essência do Mantra Secreto é gerar grande êxtase espontâneo por dissolver os ventos interiores dentro do canal central. Até certo ponto, isso pode ser feito exclusivamente por meditação; mas, para concluir a prática nesta vida, precisamos aceitar um mudra-ação. Pela meditação no estágio de conclusão, podemos afrouxar totalmente os nós nas rodas-canal da coroa, garganta, umbigo e lugar secreto e, confiando na recitação vajra, podemos afrouxar parcialmente os nós da roda-canal do coração. No entanto, não podemos afrouxar totalmente os nós da roda-canal do coração somente por meditação. Esses nós afrouxam-se naturalmente na hora da morte, mas, se o praticante desejar que isso aconteça antes do momento da morte, ele (ou ela) precisa aceitar um mudra-ação. Por força dos dois canais centrais unindo-se durante o abraço, o vento descendente de esvaziamento da consorte entra no canal central do praticante, fazendo com que os nós da roda-canal do coração afrouxem-se totalmente. O praticante pode, então, concluir o caminho à iluminação nessa mesma vida.

O momento correto para confiar em um mudra-ação é após termos obtido a experiência de dissolver alguns dos ventos interiores dentro do canal central, na roda-canal do coração. Quando, por essa prática, formos capazes de perceber de modo claro os oito sinais de dissolução – desde a aparência miragem até a clara-luz – e tivermos alcançado a experiência do corpo-isolado, da fala-isolada e da mente-isolada, esse será o momento apropriado para entrar em união com um mudra-ação.

Um mudra é denominado "mensageiro" porque ele (ou ela) satisfaz nossos desejos por meio de trazer grande êxtase. Existem três tipos de mensageiro: exterior, interior e secreto. Esses três tipos são explicados em detalhes no livro *Novo Guia à Terra Dakini*. Neste contexto, um mensageiro exterior é uma consorte-conhecimento. A estrofe da sadhana menciona três tipos de mensageira exterior: as nascidas de lugares, as nascidas de mantra e as espontaneamente nascidas. As primeiras (as nascidas de lugares) são Dakinis dos 24 lugares sagrados de Heruka; as nascidas de mantra são mensageiras com realizações do estágio de geração ou das primeiras etapas do estágio de conclusão; e as espontaneamente nascidas são mensageiras com a realização da união da clara-luz e do corpo-ilusório, que é ou a união-que-precisa-aprender ou a União-do-Não-Mais-Aprender.

Visualizamos incontáveis mudras-ação dos três tipos emanando de nosso coração, fundindo-se em um só e dissolvendo-se em Yingchugma, que está sentada em união com Guru Vajradhara, no coração de Lama Losang Tubwang Dorjechang. Imaginamos que, por força dessa oferenda, nosso Guru gera grande êxtase espontâneo. É importante fazer essa oferenda ao Guru em seu aspecto secreto como Vajradhara, e não em seu aspecto exterior como um monge plenamente ordenado. De seu lado, nosso Guru não necessita dessa oferenda, pois ele (ou ela) já permanece de modo inamovível no estado de grande êxtase; o propósito de fazer essa oferenda é criar a causa para, no futuro, gerarmos grande êxtase espontâneo.

Devemos visualizar todas as mulheres-conhecimento como jovens e extremamente atraentes. De acordo com as palavras da sadhana, essas consortes são "peritas nas sessenta e quatro artes do amor". Nos Sutras, Buda explica 64 artes relacionadas com esportes, como tiro com arco, mas, nos Tantras, Buda explica 64 artes de amor, como métodos para induzir grande êxtase espontâneo. Existem oito artes básicas: abraçar, beijar, mordiscar, arranhar, andar sedutor, assobiar, executar as ações de um homem e deitar por cima. Cada uma dessas artes pode ser executada de oito maneiras diferentes, perfazendo 64 artes ao todo.

No *Tantra de Guhyasamaja*, Vajradhara enfatiza quão importante é, para os praticantes tântricos, fazer os quatro tipos de oferenda todos os dias, e dá ênfase especial à oferenda secreta como método para gerar grande êxtase.

OFERENDA DA TALIDADE

E ofereço a ti a suprema bodhichitta última,
Uma perfeita, excelsa sabedoria de êxtase espontâneo livre de obstruções,
Inseparável da natureza de todos os fenômenos, a esfera de liberdade de elaboração,
Sem esforço e além de palavras, pensamentos e expressões.

A oferenda da talidade é feita em associação com a quarta iniciação, a iniciação da palavra. Neste contexto, "talidade" é a vacuidade, a natureza última de todos os fenômenos. Estritamente falando, não oferecemos a vacuidade, mas a bodhichitta última, que é a mente de grande êxtase espontâneo misturada inseparavelmente com a vacuidade. Imaginamos que Guru Vajradhara gera essa mente como resultado de entrar em união com o mudra oferecido a ele durante a oferenda secreta. Embora nosso Guru já possua a bodhichitta última, imaginamos que ele (ou ela) gera novamente essa bodhichitta, como uma causa auspiciosa para obtermos essa realização no futuro.

No Mantra Secreto, as gotas vermelhas e brancas que fluem pelos canais são, algumas vezes, denominadas "bodhichittas" porque são a base para desenvolver a verdadeira bodhichitta última, o grande êxtase espontâneo que realiza a vacuidade diretamente. Isso é um exemplo de uma causa sendo nomeada após seu efeito. Sem essas gotas, não teríamos meios de obter qualquer realização do estágio de conclusão, menos ainda a bodhichitta última. Os seres que renasceram em Terras Puras – como a de Sukhavati, por exemplo – não têm gotas vermelhas e brancas e, por essa razão, não são capazes de praticar o Tantra Ioga Supremo. Os Bodhisattvas nessas Terras Puras fazem preces continuamente para renascerem com uma forma humana, a fim de que possam praticar o estágio de conclusão e alcançar, de modo muito rápido, a iluminação.

De acordo com as palavras da sadhana, a excelsa sabedoria de grande êxtase espontâneo de Guru Vajradhara é "livre de obstruções", o que significa que ela abandonou, por completo, tanto as delusões-obstruções quanto as obstruções à onisciência. Nem todo grande êxtase espontâneo é livre de obstruções. Quando, pela primeira vez, geramos grande êxtase espontâneo, nossa mente ainda está encoberta pelas obstruções, mas por treinar as cinco etapas do estágio de conclusão, essas obstruções são gradualmente removidas. Quando a mente é, por fim, liberta de ambas as obstruções, obtemos a iluminação. Assim, as palavras da sadhana indicam que Guru Vajradhara é um Buda porque sua bodhichitta última é livre de obstruções.

A frase "Inseparável da natureza de todos os fenômenos, a esfera de liberdade de elaboração" é muito profunda e difícil de ser compreendida sem alguma experiência do Mantra Secreto. O termo "esfera" refere-se à vacuidade, e o termo "elaboração" refere-se à existência inerente; portanto, o significado é que a bodhichitta última é inseparável da vacuidade, ou ausência de existência inerente. Quando tivermos uma compreensão aproximada sobre a vacuidade, deveremos tentar gerar grande êxtase espontâneo por meio de treinar na meditação do estágio de conclusão. Quando nossos ventos interiores estiverem reunidos e dissolvidos no canal central, em nosso coração, nossas mentes densas irão cessar e a mente muito sutil da clara-luz irá se manifestar. Essa mente é muito tranquila e livre de concepções distrativas. Ela é centenas de vezes mais poderosa que a concentração descrita nos ensinamentos de Sutra. Quando essa mente medita sobre a vacuidade, ela se mistura com a vacuidade facilmente, como água misturando-se com água, e percebe o sujeito (nossa mente de clara-luz) e seu objeto (a vacuidade) como se tivessem se tornado, completamente, unificados.

A razão pela qual a mente de clara-luz pode se misturar tão facilmente com a vacuidade é que essa mente é totalmente livre de distração conceitual. Quando os ventos interiores estão totalmente reunidos e dissolvidos no canal central, os ventos interiores densos são absorvidos e, devido a isso, as mentes densas, que dependem desses ventos, cessam de atuar. Se não há mentes densas, não há objetos densos; assim, para a mente de clara-luz, objetos densos não existem. Isso se assemelha a quando adormecemos. Nesse momento, porque as mentes densas do estado de vigília se absorveram, todos os objetos que apareciam a essas mentes desaparecem. Tanto para a mente do sono quanto para a mente de sonho, os objetos do estado habitual de vigília não existem. Sendo totalmente livre dos objetos densos, a mente de clara-luz mistura-se com a vacuidade em equilíbrio meditativo semelhante-ao-espaço. Em relação a essa mente, todos os fenômenos são um único sabor na vacuidade semelhante-ao-espaço. Assim, é dito que essa mente é inseparável da natureza última de todos os fenômenos.

No Sutra, a mente que é descrita como a bodhichitta última não é, de fato, a bodhichitta última, pois ela ainda possui aparências duais sutis. Por essa razão, para obter a verdadeira bodhichitta última precisamos nos empenhar nas práticas do

Mantra Secreto. Quando tivermos compreendido de que modo a mente de bodhichitta última é inseparável da natureza de todos os fenômenos, teremos compreendido a verdadeira natureza do Guru. O verdadeiro Guru é Vajradhara definitivo, ou Heruka definitivo. Vajradhara é, algumas vezes, denominado "*kyab dag*" em tibetano, que significa "permeando todas as naturezas". Isso significa que a bodhichitta última, que é o Corpo-Verdade de Guru Vajradhara, é inseparável da natureza de todos os fenômenos. Para apreciar isso plenamente, precisamos compreender também como as duas verdades são a mesma natureza. Isso é mais difícil de compreender que a própria vacuidade, pois é muito mais difícil abandonar a mente que se aferra às duas verdades como sendo entidades separadas do que abandonar o agarramento ao em-si. Por exemplo, os Bodhisattvas que alcançaram a união da clara-luz-significativa e do corpo-ilusório abandonaram o agarramento ao em-si, mas não abandonaram o aferramento às duas verdades como sendo entidades separadas. Somente os Budas são completamente livres de se aferrarem às duas verdades como entidades separadas.

De acordo com a sadhana, a bodhichitta última é "além de palavras, pensamentos e expressões". O motivo é que a bodhichitta última é, necessariamente, uma experiência direta da vacuidade, livre de conceitualização. É dito que, alguém que tenha uma experiência direta da vacuidade, não pode descrever adequadamente essa experiência em palavras, mas somente consegue indicá-la por meio de analogias, como a analogia da água misturando-se com água. Mesmo assim, grandes seres, como Je Tsongkhapa, são capazes de fazer descrições muito claras sobre a vacuidade. Assim, Changkya Rolpai Dorje louva Je Tsongkhapa com as seguintes palavras:

> É dito que a vacuidade é inexprimível, mas tu a descreveste
> de modo tão claro como algo que é visto com os olhos.

OFERECER REMÉDIOS E A NÓS MESMOS COMO UM SERVIDOR

Ofereço muitos tipos diferentes de excelentes remédios,
Que destroem as quatrocentas e quatro doenças das delusões,
E, para agradar-te, ofereço-me como um servidor;
Por favor, mantém-me a teu serviço pelo tempo que o espaço existir.

A oferenda final é a oferenda de remédios e de nós mesmos como um servidor. Não oferecemos remédios para o benefício de nosso Guru, pois os Budas são totalmente além da dor, enfermidades e doenças; ao contrário, fazemos essa oferenda a eles para o nosso próprio benefício. Embora praticantes avançados possam transformar as condições adversas da doença em caminho espiritual, em nossa condição atual a doença pode, com frequência, ser um impedimento a nossa prática. Por oferecer remédios, criamos a causa para termos boa saúde e para superar a doença das delusões.

Para oferecer remédios, emanamos incontáveis deusas oferecedoras que seguram vasilhas preciosas contendo uma variedade de poderosos remédios, que elas oferecem ao Campo de Mérito; e imaginamos que, ao aceitarem essa oferenda, os seres sagrados geram êxtase incontaminado.

De acordo com o Dharma, a causa raiz das doenças são as delusões. Existem 101 categorias de doenças que surgem do apego, 101 categorias que surgem da raiva, 101 categorias que surgem da confusão e 101 categorias que surgem da reunião dessas três delusões – perfazendo um total de 404 categorias de doenças. Imaginamos que os remédios que oferecemos podem curar todas essas doenças.

A potência de um remédio depende não tanto dos ingredientes com os quais ele é feito, mas do poder das bênçãos da pessoa que o faz. Nas escrituras médicas, Buda ensinou como abençoar remédios em associação com as sadhanas do Buda da Medicina. Remédios autênticos feitos desse modo, por seres altamente realizados, podem curar todas as doenças físicas, assim como as aflições mentais das delusões; por essa razão, devemos imaginar que as deusas estão oferecendo remédios como esses.

Oferecer nosso corpo é um método supremo para superar o forte apreço que temos por ele e, também, para acumular uma vasta quantidade de mérito. Existem, basicamente, três maneiras pelas quais podemos oferecer nosso corpo a nosso Guia Espiritual: transformar nosso corpo em néctar e oferecê-lo, transformar nosso corpo em uma joia-que-satisfaz-os-desejos e fazer oferendas, e oferecer nosso corpo a serviço de nosso Guia Espiritual.

Um exemplo da primeira maneira é a oferenda *kusali tsog*, que está incluída na sadhana de Vajrayogini. Essa oferenda é explicada em detalhes no livro *Novo Guia à Terra Dakini*. De acordo com a segunda maneira, imaginamos que nosso corpo transforma-se em uma joia-que-satisfaz-os-desejos e que irradia infinitos raios de luz. Na ponta de cada raio de luz, imaginamos deusas oferecedoras que fazem uma profusão de oferendas a nosso Guia Espiritual. De acordo com a terceira maneira, oferecemos nosso corpo a serviço de nosso Guia Espiritual e sentimos fortemente que, a partir desse momento, nosso corpo pertence verdadeiramente a ele. Esse método é muito efetivo. Normalmente, apreciamos muito nosso corpo, constantemente preocupados se ele está com calor ou frio, fome ou sede, confortável ou desconfortável e assim por diante; e, devido a essa *autopreocupação*, cometemos muitas ações negativas. Ao entregar nosso corpo a nosso Guia Espiritual, nosso apreço por nosso corpo é naturalmente reduzido e mentes como as de amor, compaixão e bodhichitta desenvolvem-se com mais facilidade. Além disso, se considerarmos nosso corpo como pertencendo a nosso Guru e às Três Joias, seremos protegidos de danos causados por espíritos e outros seres não humanos, do mesmo modo que o servidor de um rei recebe proteção incomum. Quando oferecemos nosso corpo a nosso Guia Espiritual, devemos oferecer não apenas nosso corpo atual, mas também todos os nossos corpos futuros. Isso cria a causa para sermos cuidados por nosso Guia Espiritual em todas as nossas vidas futuras.

O segundo dos sete membros, fazer oferendas, foi agora concluído. Nesse ponto, é costume restaurar nossos votos bodhisattva e do Mantra Secreto. A razão pela qual essa prática está incluída aqui, entre o segundo e o terceiro membros, é que manter puramente nossos votos e compromissos faz parte da *oferenda da nossa prática* e, por esse motivo, ela é incluída no segundo membro (oferendas); e restaurar nossos votos e compromissos quebrados ou degenerados é parte do terceiro membro: confissão.

É muito importante para os praticantes do Mantra Secreto manter puramente seus votos e compromissos, pois eles são o fundamento de todas as aquisições. É impossível obter realizações do Mahamudra Vajrayana se não mantivermos nossos votos puramente. Considerando que, em nossa condição atual, é difícil impedir transgressões aos nossos votos bodhisattva e do Mantra Secreto, precisamos tomá-los novamente tão frequentemente quanto possível, para assegurar que tenhamos, sempre, votos puros em nosso continuum. Uma vez que tenhamos recebido os votos bodhisattva de um Guia Espiritual qualificado, podemos tomá-los novamente com a frequência que desejarmos – fazemos isso visualizando nosso Guia Espiritual e renovando nossa promessa diante dele. Para tomar novamente nossos votos do Mantra Secreto, precisamos, primeiro, concluir um retiro-aproximador de ações da Deidade para nos qualificarmos a tomá-los novamente por nossa própria conta.

Para tomar novamente os votos bodhisattva, imaginamos que Lama Losang Tubwang Dorjechang diz as seguintes palavras três vezes, e que as repetimos enquanto fazemos, mentalmente, a firme promessa de manter nossos votos bodhisattva puramente:

> Busco refúgio nas Três Joias
> E confesso todas e cada uma das minhas ações negativas.
> Regozijo-me nas virtudes de todos os seres
> E prometo realizar a iluminação de um Buda.

Os primeiros três versos (buscar refúgio, confessar não-virtude e regozijar-se com virtude) são práticas preliminares; e o último verso é a prática propriamente dita de tomar os votos. Esse é um ritual conciso para tomar novamente os votos bodhisattva. Aconselha-se, àqueles que são novos a essa prática, que utilizem um ritual mais extenso, como o que é apresentado no livro *O Voto Bodhisattva*. Uma explicação das quedas raízes e secundárias dos votos bodhisattva também pode ser encontrada nesse livro.

Para tomar novamente os votos do Mantra Secreto, podemos recitar o seguinte ritual três vezes, imaginando que estamos repetindo as palavras conforme estão sendo ditas por Lama Losang Tubwang Dorjechang:

Todos os Budas e vossos Filhos
E todos os Heróis e Dakinis,
Por favor, ouvi o que agora direi.
Doravante, até que eu alcance a essência da iluminação,
Eu, cujo nome é...,
Irei gerar a insuperável e sagrada mente de iluminação,
Assim como todos os Conquistadores dos três tempos
Asseguraram sua própria iluminação dessa maneira.

Doravante, manterei os votos
Que vieram de Buda [Vairochana],
As insuperáveis Três Joias –
Buda, Dharma e Sangha.
Também manterei firmemente
Os três tipos de disciplina moral:
Treinar em disciplina pura, reunir Dharmas virtuosos
E beneficiar os seres vivos.

Manterei, perfeitamente,
O vajra, o sino e o mudra
Da excelente, suprema Família Vajra
E confiarei em meu Guia Espiritual.

Drubwang Losang Namgyal

Observarei os agradáveis compromissos
Da excelente Família Ratna,
E sempre executarei os quatro tipos de dar,
Seis vezes, todos os dias.

No que diz respeito à excelente e pura Família Pema,
Surgida da grande iluminação,
Manterei cada um dos Dharmas sagrados
Dos veículos exterior, secreto e dos três veículos.

No que diz respeito à excelente, suprema Família Karma,
Manterei, perfeitamente,
Cada um de todos os votos que tomei
E farei tantas oferendas quanto possível.

Irei gerar a insuperável e sagrada mente de iluminação,
E, para o benefício de todos os seres vivos,
Manterei cada um de meus votos.

Resgatarei aqueles que não foram resgatados,
Libertarei aqueles que não foram libertados,
Darei fôlego àqueles incapazes de respirar
E conduzirei todos os seres ao estado além da dor.

Existem dois tipos de compromisso do Mantra Secreto: compromissos específicos e compromissos gerais. Os compromissos específicos são os dezenove compromissos das Cinco Famílias Búdicas. Existem seis compromissos da Família de Buda Vairochana, quatro compromissos da Família de Buda Akshobya (a família Vajra), quatro compromissos da Família de Buda Ratnasambhava (a família Ratna), três compromissos da Família de Buda Amitabha (a família Pema) e dois compromissos da Família de Buda Amoghasiddhi (a família Karma).

Os seis compromissos da Família de Buda Vairochana são:

(1) Buscar refúgio em Buda;
(2) Buscar refúgio no Dharma;
(3) Buscar refúgio na Sangha;
(4) Abster-se de não-virtude;
(5) Praticar virtude;
(6) Beneficiar os outros.

Os quatro compromissos da Família de Buda Akshobya são:

(7) Manter um vajra para nos lembrar do grande êxtase;
(8) Manter um sino para nos lembrar da vacuidade;
(9) Gerar a nós mesmos como a Deidade;
(10) Confiar sinceramente em nosso Guia Espiritual.

Os quatro compromissos da Família de Buda Ratnasambhava são:

(11) Dar ajuda material;
(12) Dar Dharma;
(13) Dar destemor;
(14) Dar amor.

Os três compromissos da Família de Buda Amitabha são:

(15) Confiar nos ensinamentos de Sutra;
(16) Confiar nos ensinamentos das duas classes inferiores de Tantra;
(17) Confiar nos ensinamentos das duas classes superiores de Tantra.

Os dois compromissos da Família de Buda Amoghasiddhi são:

(18) Fazer oferendas a nosso Guia Espiritual;
(19) Empenharmo-nos para manter puramente todos os votos que tomamos.

Quando recitamos o ritual para restaurar esses compromissos, começamos pedindo a todos os Budas e Bodhisattvas que testemunhem nossa promessa e, em seguida, tomamos os votos utilizando o nome secreto que recebemos durante a iniciação. Por exemplo, se nos foi dada a linhagem de Buda Vairochana, dizemos "Eu, cujo nome é Vairochana". Se tomamos muitas iniciações e recebemos diversos nomes secretos, devemos utilizar o nome de Buda Akshobya.

Após prometermos manter cada um dos compromissos específicos, fazemos a promessa de gerar a bodhichitta muitas e muitas vezes e de manter, puramente, todos os nossos votos para o benefício de todos os seres vivos. Quando dizemos "Resgatarei aqueles que não foram resgatados", estamos prometendo ajudar todos os seres vivos a abandonar as obstruções à libertação; quando dizemos "Libertarei aqueles que não foram libertados", estamos prometendo ajudar todos os seres vivos a abandonar as obstruções à onisciência; quando dizemos "Darei fôlego àqueles incapazes de respirar", estamos prometendo libertar todos os seres vivos do sofrimento; e quando dizemos "E conduzirei todos os seres ao estado além da dor", estamos prometendo conduzir todos os seres vivos à plena iluminação.

Além dos compromissos específicos das Cinco Famílias Búdicas, também temos de manter os compromissos gerais. Esses compromissos estão incluídos nos votos raízes e nos compromissos secundários do Mantra Secreto. É particularmente importante evitar as quatorze quedas raízes porque, se incorrermos em qualquer uma delas, quebraremos nossos votos do Mantra Secreto. Todos os votos e compromissos do Mantra Secreto estão explicados no livro *Solos e Caminhos Tântricos*.

Se quisermos impedir a quebra de nossos votos, é muito necessário memorizá-los e compreender claramente o que significam. Mesmo que não consigamos, agora, mantê-los puramente, devemos gerar o desejo sincero de mantê-los puramente no futuro. Enquanto conservarmos esse desejo, estaremos mantendo puramente nossos votos, mas, se abandonarmos esse desejo e perdermos o interesse por nossos votos, iremos quebrá-los completamente.

CONFISSÃO

Na presença dos grandes Compassivos,
Confesso, com uma mente de grande arrependimento,
Todas as não-virtudes e ações negativas que, desde tempos sem início,
Eu fiz, ordenei que fossem feitas ou com as quais me regozijei;
E prometo que, de agora em diante, não vou mais cometê-las.

Se quisermos superar problemas e experienciar felicidade e se quisermos ser bem-sucedidos em nossa prática espiritual, precisamos purificar a negatividade que está em nosso continuum mental. Se não purificarmos nosso carma negativo, será muito difícil que mentes puras, como a bodhichitta e a sabedoria que realiza a vacuidade, surjam. Uma mente repleta com marcas não virtuosas não pode dar origem a estados mentais puros, pois a causa é impura. Se a mente, ela própria, é impura, os objetos que aparecem a ela também são impuros; portanto, sem purificar a mente, as aparências puras do estágio de geração e do estágio de conclusão serão inalcançáveis. Quando nosso quarto, nossas roupas ou nosso corpo estão sujos, nós os limpamos imediatamente. Do mesmo modo, quando nossa mente estiver suja, impura, deveremos limpá-la imediatamente. Ter um quarto sujo ou roupas sujas pode nos causar, apenas, pequenos problemas; porém, ter uma mente impura irá nos causar grande sofrimento nesta vida e nas vidas futuras. Se um céu azul e limpo ficar obscurecido por nuvens, chuva cairá. De modo semelhante, se nossa mente ficar obscurecida por marcas negativas, sofrimentos e problemas irão cair sobre nós.

Temos acumulado ações negativas desde tempos sem início, e a carga dessa negatividade pesa muito sobre nós. Podemos saber que criamos uma grande quantidade de negatividade no passado simplesmente examinando nossas experiências desta vida. Por exemplo, podemos treinar práticas espirituais por um longo tempo e não obter quase nenhum resultado e, ademais, podemos cometer ações negativas espontaneamente, sem nenhum esforço. Por que isso acontece? O motivo é que herdamos, de nossas vidas anteriores, uma forte familiaridade com não-virtude. Ao examinar um efeito, podemos descobrir sua causa. Se, nesta vida, temos afinidade com não-virtude, isso somente pode ter surgido de um contato, ou relação, frequente com não-virtude no passado.

Se não purificarmos toda a negatividade que está em nosso continuum mental, teremos de experienciar seus efeitos muitas e muitas vezes nas vidas futuras. Os seres humanos são extremamente afortunados porque somente eles têm a oportunidade de purificar carma negativo. Se, tendo tomado um renascimento precioso como este, não o utilizarmos para purificar a nossa mente, o que faremos quando, no futuro, cairmos em reinos inferiores e ficarmos totalmente oprimidos pelos efeitos dolorosos de nosso carma negativo? Se perdermos esta vida, será muito difícil encontrar outra oportunidade como esta.

Para purificar nosso carma negativo, precisamos aplicar os quatro poderes oponentes: o poder da confiança, o poder do arrependimento, o poder da promessa e o poder da força oponente. Aplicamos o primeiro poder buscando refúgio em Lama Losang Tubwang Dorjechang e gerando a motivação de bodhichitta. Depois, na presença de todos os seres sagrados, geramos arrependimento contemplando as consequências de todas as ações negativas que temos cometido desde tempos sem início, todas as ações negativas que encorajamos os outros a cometer e todas as ações negativas com as quais nos regozijamos. A efetividade de nossa purificação depende, muito, do poder do nosso arrependimento. Para gerar arrependimento genuíno, precisamos ter uma convicção muito forte das leis do carma e, em particular, precisamos estar convencidos de que nossos sofrimentos atuais e futuros são o resultado de nossas próprias ações negativas.

Frequentemente, quando experienciamos sofrimento ou infortúnio, olhamos para fora de nós à procura de uma causa. Por exemplo, podemos sofrer de fortes dores de cabeça e concluir que são causadas por ingerirmos açúcar; mas, embora possa ser verdadeiro que desenvolvamos dores de cabeça sempre que ingerimos açúcar, a questão que precisamos formular é: "Por que isso acontece *comigo* e não com os outros?". Se pensarmos sobre isso, veremos que a principal causa das nossas dores de cabeça é o amadurecimento do nosso próprio carma negativo, e que ingerir açúcar é, meramente, uma condição contribuinte. Se ingerir açúcar fosse a principal causa de dores de cabeça, todos que ingerissem açúcar sofreriam de dores de cabeça. De modo semelhante, se alguém nos ataca ou nos rouba algo, pensamos que é a outra pessoa que está causando o dano e que somos vítimas inocentes de sua natureza maldosa; porém, mais uma vez precisamos pensar: "Por que ela atacou a *mim* e não a qualquer outra pessoa?". Novamente, somos forçados a concluir que a razão de sermos atacados – e não os outros – é que criamos a causa, ao passo que os outros não a criaram. Na verdade, foi o nosso carma negativo amadurecendo que fez com que a outra pessoa nos atacasse; de seu lado, ela não tinha escolha. Se pensarmos profundamente sobre isso, chegaremos à conclusão definitiva de que todo o nosso sofrimento surge do nosso carma negativo e que, se não purificarmos esse carma, teremos de experienciar sofrimentos ainda maiores no futuro. Se morrermos sem termos purificado, teremos, muito provavelmente, renascimento nos reinos inferiores. Quando vemos um porco chafurdando no lixo, não conseguimos suportar olhar para isso; mas o que faremos se nascermos como um porco na próxima vida? Pensando desse modo, desenvolveremos um forte desejo de purificar todo o carma negativo que acumulamos no passado. Essa mente é o poder do arrependimento.

Purificação depende, também, de fazer uma forte promessa de se abster de ações negativas no futuro. Precisamos ser habilidosos com a maneira que fazemos promessas como essas. No início, em vez de fazermos promessas que não seremos capazes de manter, é melhor prometermos nos abster por um breve período e, depois, estender gradativamente a duração da nossa promessa. Quebrar promessas feitas a nosso Guia Espiritual é um imenso obstáculo para o nosso desenvolvimento espiritual.

Existem muitos diferentes oponentes que podemos utilizar para purificar os efeitos das nossas ações negativas, mas os dois mais efetivos são: a meditação e recitação de Vajrasattva; e fazer prostrações aos Trinta e Cinco Budas Confessionais, em associação com o *Sutra Mahayana dos Três Montes Superiores*. A primeira prática é explicada no livro *Novo Guia à Terra Dakini*, e a segunda prática é explicada no livro *O Voto Bodhisattva*. É especialmente importante para os praticantes do Mantra Secreto empenharem-se extensivamente nessas práticas como uma preliminar à meditação Mahamudra propriamente dita. Se tivermos tempo, podemos recitar, nesse ponto da sadhana, o *Sutra Mahayana dos Três Montes Superiores*; porém, não será uma falha se omitirmos isso. Se desejarmos, podemos também fazer uma pausa nesse ponto para coletar prostrações como uma prática preliminar.

REGOZIJO

Embora os fenômenos não tenham sinal de existência inerente,
Do fundo de nosso coração nos regozijamos
Com toda felicidade e pura virtude branca, semelhantes-a-um-sonho,
Que surgem para os seres comuns e os Superiores.

Regozijar-se é apreciar algo. Existem três tipos de regozijo: virtuoso, neutro e não virtuoso. Exemplos de regozijo virtuoso são: sentir-se feliz ao ver os outros praticando virtude, sentir-se feliz ao ver os outros se divertindo ou sentir-se feliz com as próprias ações virtuosas. Exemplos de regozijo neutro são: sentir-se feliz ao tomar banho ou alegrar-se ao observar uma criança brincando. Exemplos de regozijo não virtuoso são: sentir-se feliz ao ver ações não virtuosas sendo cometidas pelos outros ou sentir-se feliz ao ver alguém de quem não se gosta experienciando problemas. Regozijo não virtuoso é carma negativo e é um dos objetos a serem purificados pelo membro anterior – confissão.

O quarto membro diz respeito somente ao regozijo virtuoso. Assim como a fé, esse regozijo é uma mente naturalmente virtuosa; em outras palavras, independentemente de nossa motivação, quando nos regozijamos com virtude nossa mente torna-se sempre virtuosa. Regozijar-se é um método muito poderoso para acumular mérito e também uma prática muito fácil, pois tudo o que ela envolve é gerar um estado mental feliz com respeito às ações virtuosas. Gungtang Jampelyang louvou a prática de regozijo como o método mais fácil e poderoso para acumular mérito. Como ele próprio indicou, essa prática pode ser feita até mesmo enquanto repousamos na cama!

Podemos nos regozijar com as virtudes e a boa fortuna dos outros ou de nós mesmos. Se nos regozijarmos com as virtudes de alguém que possua elevadas realizações, receberemos metade do mérito que essa pessoa criou; se nos regozijarmos com as virtudes de alguém com realizações iguais as nossas, receberemos a mesma quantidade de mérito; e se nos regozijarmos com as virtudes de alguém com menos realizações, receberemos o dobro do mérito.

De acordo com Haribhadra, existem cinco grupos de seres com os quais podemos nos regozijar: Budas, Bodhisattvas, Conquistadores Solitários, Ouvintes e seres comuns. Nas palavras da sadhana, todos estão incluídos em duas categorias: seres superiores e seres comuns. Podemos nos regozijar com os Budas ao contemplar todas as suas ações virtuosas. Buda Shakyamuni, por exemplo, primeiro gerou a motivação suprema de bodhichitta; depois, treinou os caminhos bodhisattva, ajudando incontáveis seres sencientes e, por fim, alcançou a iluminação e girou a Roda do Dharma como o Corpo-Emanação-Supremo. Como resultado das ações de Buda, tem havido, desde então, uma presença ininterrupta do sagrado Dharma neste mundo, e incontáveis seres têm alcançado a libertação e a iluminação. Mesmo após ter manifestado sua morte, Buda Shakyamuni continuou a ajudar os seres deste mundo por meio de suas incontáveis emanações, as quais incluem o Segundo Buda Je Tsongkhapa e nosso atual Guia Espiritual.

Podemos nos regozijar com os Bodhisattvas ao contemplar sua extraordinária motivação, sua dedicação ao treino espiritual, seus amplos feitos para beneficiar os seres sencientes e sua grande coragem de tomar a responsabilidade pela felicidade de cada um dos seres vivos. De modo semelhante, podemos nos regozijar com os Conquistadores Solitários e Ouvintes ao contemplar a qualidade especial de sua renúncia, suas práticas puras de disciplina moral superior, concentração superior e sabedoria superior, de seu abandono definitivo de todas as delusões e de sua aquisição da paz do nirvana.

Regozijar-se com seres comuns, especialmente com nossos amigos espirituais, é também muito importante. Quando vemos os outros praticando ações virtuosas – como fazer prostrações, fazer oferendas, estudar ou meditar – devemos tentar nos sentir felizes, sem nenhum traço de inveja, competitividade ou orgulho. Nosso regozijo naturalmente encorajará os outros e também irá intensificar nosso próprio desenvolvimento. Por exemplo, se dois amigos estão praticando o Dharma juntos e um deles enfatiza o estudo, ao passo que o outro enfatiza meditação, será imensamente benéfico para ambos se cada um aprender a apreciar e regozijar-se com as atividades do outro. Desse modo, o que está disposto a meditar irá também desenvolver interesse pelo estudo, e o que está disposto a estudar virá a apreciar meditação.

Atisha disse que devemos nos focar, exclusivamente, nas boas qualidades dos outros e não prestar atenção a nenhum de seus defeitos aparentes. Desse modo, desenvolveremos mentes calmas e pacíficas e viveremos harmoniosamente com todos. Isso é especialmente importante em comunidades espirituais, como os Centros de Dharma. Se todos os membros de uma comunidade praticarem regozijo, haverá uma atmosfera feliz e harmoniosa; mas se inveja, orgulho ou competitividade prevalecerem, a comunidade será envenenada por desarmonia e desavenças. Portanto, devemos tomar uma forte decisão de ignorar quaisquer defeitos que vemos nos outros e nos concentrar somente em suas boas qualidades.

Regozijar-se é especialmente importante para os mahayanistas. Diariamente, rezamos para que todos os seres sencientes sejam felizes; portanto, é muito necessário que aprendamos a nos regozijar com a boa fortuna e felicidade dos outros. Shantideva diz que existem duas coisas com as quais podemos nos regozijar: virtude – que é a causa de felicidade – e com a felicidade ela mesma. Não é suficiente apenas regozijar-se quando os outros praticam virtude; é preciso, também, sentir-se feliz quando experienciam os resultados de sua virtude. Um Bodhisattva é como uma mãe, que se deleita com a felicidade e boa fortuna de seus filhos. Se quisermos nos tornar Bodhisattvas, precisamos também aprender a nos deleitar com a felicidade, sucesso, relacionamentos, posses e, até mesmo, com os risos dos outros.

No *Sutra Perfeição de Sabedoria*, Buda ensina que os Bodhisattvas do Caminho da Meditação devem praticar regozijo enquanto relembram a vacuidade de todos os fenômenos. O regozijo é totalmente puro somente quando é livre de agarramento à existência inerente; caso contrário, ele permanece uma virtude contaminada. De acordo com as palavras da sadhana, devemos nos regozijar com a "felicidade e pura virtude branca, semelhantes-a-um-sonho" dos outros. Aprender a ver todos os fenômenos como um sonho é a melhor maneira de superar o agarramento à existência inerente. Em um sonho, os fenômenos aparecem como sendo reais, existindo do seu próprio lado, mas, na verdade, eles são meramente projetados pela mente. Embora os objetos do sonho sejam meramente imputados pela mente, eles existem e funcionam. Como Chandrakirti mostra em *Guia ao Caminho do Meio*, um homem pode sonhar com uma mulher atraente durante a noite e, quando acorda no dia seguinte, ele continua a sentir apego por ela. Assim, embora a mulher sonhada seja meramente uma imputação da mente, ela pode atuar, ou funcionar, para gerar apego. Do mesmo modo, todos os fenômenos de nossa vida do estado de vigília – nosso ambiente, corpo, mente e prazeres – são meramente imputados pela mente; mas, apesar disso, eles existem e funcionam em muitas diferentes maneiras. Se virmos a felicidade e as virtudes dos outros desse modo, nossa ação de praticar regozijo será completamente virtuosa e irá produzir resultados muito poderosos.

Além de nos regozijarmos com a felicidade e virtude dos outros, devemos também nos regozijar com a nossa própria boa fortuna e suas causas. Por exemplo, por meditar sobre a preciosidade desta vida humana, viremos a apreciar as virtudes praticadas por nossas encarnações anteriores, que resultaram em um efeito benéfico como este; e decidiremos, então, demonstrar uma bondade semelhante para com a nossa próxima encarnação. Regozijar-se com nossas próprias virtudes eleva a mente e nos encoraja a praticar de modo puro.

PEDIR QUE A RODA DO DHARMA SEJA GIRADA

Das miríades de nuvens ondulantes de tua sublime sabedoria e compaixão,
Por favor, envia uma chuva do Dharma vasto e profundo,
Para que, no jardim de jasmins de benefício e felicidade,
Haja crescimento, sustento e progresso para todos os seres vivos.

Ao pedir aos seres sagrados que girem a Roda do Dharma, criamos a causa para encontrar emanações de Vajradhara em todas as nossas vidas futuras e receber ensinamentos diretamente dessas emanações. Quando fazemos esse pedido, devemos focar todos os seres do Campo de Mérito e pedir-lhes que nos deem ensinamentos. Desse modo, criamos uma conexão cármica com todos os Budas e Bodhisattvas, e, se fizermos pedidos constantes, iremos continuamente encontrar suas emanações. Após Buda Shakyamuni ter demonstrado a maneira de alcançar a iluminação, Brahma e Indra pediram para que girasse a Roda do Dharma e, como resultado desse pedido, incontáveis seres sencientes têm se beneficiado. Mesmo hoje, os seres sencientes estão experienciando os efeitos benéficos desse pedido. A partir disso, podemos compreender que pedir ensinamentos é uma ação muito poderosa, que acumula vasta quantidade de mérito e produz resultados de longo alcance.

ROGAR AO GUIA ESPIRITUAL QUE NÃO MORRA

Embora teu corpo-vajra não tenha nascimento ou morte,
Pedimos ao recipiente do grande Rei da União
Que permaneça imutável de acordo com os nossos desejos,
Sem perecer, até que o samsara termine.

Quando pedimos a nosso Guia Espiritual para que não morra, estamos pedindo que seu Corpo-Emanação permaneça conosco. Como já foi explicado, o corpo verdadeiro de nosso Guia Espiritual é seu corpo-vajra, que é imortal e indestrutível; portanto, não há necessidade de pedir que não morra. No entanto, para nós, o corpo-vajra é invisível e, por essa razão, o Guia Espiritual manifesta a forma exterior do Corpo-Emanação que atualmente aparece para nós. Podemos considerar esse corpo como um porta-joias, e o corpo-vajra de nosso Guia Espiritual como uma preciosa joia dentro desse porta-joias. Sem a forma exterior atuando como um recipiente para o corpo-vajra de nosso Guia Espiritual, não seríamos capazes de nos comunicar com ele e, assim, não seríamos capazes de receber ensinamentos e bênçãos diretamente. Por esse motivo, é muito importante pedirmos ao Corpo-Emanação que permaneça conosco por muito tempo.

Para obter um corpo-vajra, precisamos gerar, primeiro, grande êxtase espontâneo, dissolvendo os ventos dentro do canal central. Quando essa mente de grande êxtase espontâneo realizar a vacuidade, obteremos a realização da clara-luz-exemplo não última. Essa mente realiza a vacuidade por meio de uma imagem genérica. Mais tarde, quando os nós do chakra do coração forem totalmente afrouxados e os ventos tiverem se dissolvido dentro da gota indestrutível, no coração, obteremos a clara-luz-exemplo última. Essa mente é a causa contribuinte do corpo-ilusório, e o vento sutil associado a ela é a causa substancial do corpo-ilusório. Quando sairmos dessa meditação, teremos alcançado o corpo-ilusório impuro. Esse corpo é o corpo propriamente dito da Deidade. Considerando que, anteriormente, havíamos alcançado o corpo da Deidade pelo poder de imaginação correta, agora nossos ventos sutis transformaram-se, de fato, no corpo da Deidade. Nessa etapa, ele é conhecido como corpo ilusório "impuro" porque ainda não abandonou as obstruções à libertação.

Nossa prática principal, agora, é meditar na clara-luz até alcançarmos a clara-luz que é uma realização direta da vacuidade, livre de qualquer imagem genérica. Essa realização é conhecida como "clara-luz-significativa" e é o antídoto direto contra as obstruções à libertação. Quando sairmos dessa meditação, teremos abandonado as obstruções à libertação e alcançado o corpo-ilusório puro, que é o verdadeiro corpo-vajra. Quando tivermos obtido esse corpo, alcançaremos definitivamente a iluminação nessa mesma vida. Por fim, por continuarmos a meditar na clara-luz, abandonaremos as obstruções à onisciência e alcançaremos a iluminação. Nesse momento, nossa mente da clara-luz-significativa irá se tornar o Corpo-Verdade, e nosso corpo-ilusório puro irá se tornar o Corpo-de-Deleite. Esses dois corpos são totalmente unificados – uma mesma natureza. É esse corpo-vajra, de mesma natureza que o Corpo-Verdade, que é mencionado na sadhana como "o grande Rei da União", e é esse corpo que imaginamos ser a joia dentro do Corpo-Emanação de nosso atual Guia Espiritual.

Kachen Yeshe Gyaltsen

DEDICATÓRIA

Dedico todas as puras virtudes brancas que aqui reuni,
para que em todas as minhas vidas,
Eu nunca esteja separado do venerável Guru, que é
bondoso de três maneiras;
Que eu sempre esteja sob seu cuidado amoroso,
E alcançe a União de Vajradhara.

O propósito da dedicatória é impedir que todas as virtudes que temos acumulado seja enfraquecida ou destruída pela raiva. A dedicatória também transforma nossas virtudes de maneira que produzam resultados supremos. Podemos considerar que todas as virtudes que temos coletado nesta vida e em vidas anteriores são como um cavalo, e a dedicatória são como as rédeas que o conduzem. Ao dedicar nossas virtudes, determinamos qual curso nossas virtudes irão tomar e quais resultados irão produzir. Assim, se dedicarmos nossas virtudes para fins mundanos, como outro renascimento humano, elas irão se tornar a causa de tal resultado. Por outro lado, se dedicarmos nossas virtudes para a aquisição da iluminação a fim de beneficiar todos os seres vivos, elas irão se tornar um meio para esse fim.

Em geral, devemos sempre dedicar nosso mérito para o benefício dos pobres e necessitados, dos doentes, dos que estão morrendo e de todos os demais seres sencientes que estão experienciando sofrimento. De modo semelhante, devemos dedicar para o fim de todas as guerras e conflitos e para a paz e felicidade no mundo todo. Preces extensas para dedicatória podem ser encontradas no décimo capítulo do livro *Guia do Estilo de Vida do Bodhisattva*, de Shantideva.

De acordo com *Oferenda ao Guia Espiritual*, fazemos, especificamente, duas dedicatórias especiais. Primeiro, dedicamos para que, em todas as nossas vidas futuras, nunca estejamos separados de nosso precioso Guia Espiritual, mas estejamos sempre sob seu cuidado amoroso. Segundo, dedicamos para que alcancemos "a União de Vajradhara". Existem dois tipos de união: a união-que-precisa-aprender e a União-do-Não-Mais-Aprender. A união-que-precisa-aprender é a última etapa de nosso treino tântrico, e a União-do-Não-Mais-Aprender é a Budeidade propriamente dita. O significado de "Vajradhara" é "Detentor do Vajra". Neste contexto, "Vajra" significa a união de grande êxtase e vacuidade, e o verdadeiro Vajradhara é a união indestrutível de êxtase e vacuidade obtida na plena iluminação. Isso é denominado "Vajradhara definitivo". Vajradhara que aparece com um corpo azul, em abraço com Yingchugma, é conhecido como "Vajradhara interpretativo".

Isto conclui a prática dos sete membros. Se tivermos tempo, podemos fazer, neste ponto da sadhana, uma oferenda de mandala, juntamente com os três grandes pedidos. Fazemos esses pedidos recitando três vezes as seguintes estrofes:

> *Por favor, derramai vossas inspiradoras bênçãos sobre mim e todas as minhas mães, para interrompermos rapidamente todas as mentes perversas, do desrespeito ao nosso bondoso Mestre à mais sutil aparência dual.*
>
> *Por favor, derramai vossas inspiradoras bênçãos, para gerarmos rapidamente mentes puras, do respeito ao nosso bondoso Mestre à suprema mente de União.*
>
> *Por favor, derramai vossas inspiradoras bênçãos, para pacificar todas as obstruções externas e internas.*

O significado desses pedidos está explicado em detalhes no livro *Caminho Alegre da Boa Fortuna*. Após recitá-los três vezes, imaginamos que todos os seres sagrados no Campo de Mérito respondem ao nosso pedido, concedendo suas inspiradoras bênçãos sobre nós. Visualizamos correntes de luzes e néctares de êxtase fluindo de seus corações para o nosso corpo, pacificando todo o nosso carma negativo, delusões e demais obstáculos; aumentando nosso mérito, tempo de vida e realizações de Dharma; e concedendo as bênçãos do corpo, fala e mente de nosso Guru sobre nosso corpo, fala e mente. Precisamos receber uma chuva constante de bênçãos de nosso Guia Espiritual se desejamos obter as realizações do Mantra Secreto.

Se desejarmos e tivermos tempo, podemos também recitar, nesse ponto da sadhana, *O Sentido Condensado do Caminho Rápido Vajrayana*, assim como as *Preces de Pedidos aos Gurus da Linhagem Mahamudra*, a fim de recebermos bênçãos para obter as realizações do Mahamudra. Ambos os textos podem ser encontrados no Apêndice II.

Fazer Louvores e Pedidos

Após oferecer a prática dos sete membros juntamente com o mandala, fazemos pedidos a nosso Guia Espiritual. Todos os pedidos estão incluídos nos três grandes pedidos mencionados acima. Devemos fazer pedidos constantes a nosso Guia Espiritual para receber suas bênçãos, pois o progresso espiritual é impossível sem elas. Nossa mente é como um campo, e empenhar-se em práticas espirituais (como meditar nas etapas do caminho do Sutra e do Tantra) é como plantar sementes nesse campo; porém, sem a chuva de bênçãos do Guru, nada irá crescer. A palavra tibetana para bênçãos, "*jin gyi lob*", literalmente significa "transformar". Quando recebemos as bênçãos de nosso Guia Espiritual, nossa mente é transformada num campo virtuoso e poderoso, no qual prosperam as colheitas de realizações de Dharma; porém, uma mente sem bênçãos é como um campo árido, seco, no qual nenhuma virtude consegue se desenvolver.

Estudando as biografias de praticantes do passado (como Milarepa, Naropa e os geshes kadampas) iremos compreender o poder das bênçãos do Guru. Algumas vezes, as bênçãos do Guia Espiritual podem ser surpreendentes. Por exemplo, Geshe Jayulwa, um dos professores de Gampopa, era muito inteligente, mas preferia, em muito, servir a seu Guru a se envolver em qualquer outro tipo de atividade. Por vários anos, executou tarefas humildes, cuidando de seu Guia Espiritual. Um dia, quando retornava após ter esvaziado um cesto de lixo, repentinamente desenvolveu concentração estritamente focada e permaneceu nesse estado por duas horas. Posteriormente, recebeu muitas visões de Budas e obteve uma clarividência que o capacitava a ver pessoas a 500 milhas de distância [800 quilômetros, aproximadamente]. Embora tivesse feito muito pouca meditação, ele alcançou o tranquilo-permanecer pelo poder das bênçãos de seu Guru. Seus atos de devoção purificaram os obstáculos em sua mente e acumularam uma vasta quantidade de mérito. Isso mostra que, quando as condições são adequadas e os obstáculos foram removidos, as realizações de Dharma são obtidas muito facilmente. Portanto, não devemos ficar desencorajados, pensando "Como poderei obter autênticas realizações?", mas desenvolver profunda fé em nosso Guia Espiritual e pedir, de maneira constante, suas bênçãos para que crie condições perfeitas e remova todos os nossos obstáculos.

De acordo com a sadhana, existem quatro maneiras de fazer pedidos a nosso Guia Espiritual:

1. Pedir recitando o mantra nominal;
2. Pedir relembrando suas boas qualidades e sua bondade;
3. Pedir expressando suas boas qualidades;
4. Pedido estritamente focado.

PEDIR RECITANDO O MANTRA NOMINAL

Nesta etapa, fazemos pedidos a nosso Guia Espiritual, recitando a prece *Migtsema* de nove versos. O termo "mantra nominal", neste contexto, refere-se a essa prece, e não ao mantra nominal em sânscrito de nosso Guru, como se poderia supor. A prece *Migtsema* de nove versos é a seguinte:

Tsongkhapa, ornamento-coroa dos eruditos da Terra das Neves,
Tu és Buda Shakyamuni e Vajradhara, a fonte de todas as conquistas,
Avalokiteshvara, o tesouro de inobservável compaixão,
Manjushri, a suprema sabedoria imaculada,
E Vajrapani, o destruidor das hostes de maras.
Ó Venerável Guru Buda, síntese das Três Joias,

Com meu corpo, fala e mente, respeitosamente faço pedidos:
Peço, concede tuas bênçãos para amadurecer e libertar a
mim e aos outros,
E confere-nos as aquisições comuns e supremas.

Quando recitamos essa prece, devemos, em primeiro lugar, recordar os benefícios de confiar no Guia Espiritual, como está explicado no Lamrim, e relembrar sua incomensurável bondade. Em seguida, com profunda fé e devoção, devemos recitar a prece enquanto contemplamos seu significado. Contemplamos que nosso Guia Espiritual, que é inseparável de Je Tsongkhapa – o ornamento-coroa dos eruditos da Terra das Neves – é uma manifestação de Buda Shakyamuni, Conquistador Vajradhara, Avalokiteshvara, Manjushri e Vajrapani, e que ele possui todas as excelentes qualidades desses seres sagrados. Considerando nosso Guia Espiritual como a síntese de todos os objetos de refúgio, pedimos a ele com nosso corpo, fala e mente que nos conceda suas bênçãos. Rezamos para que, por meio dessas bênçãos, os potenciais virtuosos em nosso continuum mental amadureçam e criem as condições para obtermos as realizações do êxtase e vacuidade inseparáveis, libertando-nos, por meio disso, das duas obstruções. Em resumo, solicitamos a ele que nos conceda todas as aquisições comuns e as aquisições supremas. Nesse contexto, as aquisições supremas são a União de Vajradhara, e as aquisições comuns são todas as realizações das etapas do caminho que conduzem a esse estado.

Se possível, devemos recitar a prece *Migtsema* cem vezes nesse ponto, mas, se não tivermos tempo, podemos recitá-la apenas sete vezes ou 21 vezes. Se desejarmos coletar pedidos ao Guru no contexto do quarto grande guia preliminar, podemos fazê-lo nesse ponto, coletando preces *Migtsema*. Após recitar a prece quantas vezes desejarmos, imaginamos que luzes e néctares descem de nosso Guia Espiritual e dissolvem-se em nosso corpo e mente. Essas bênçãos purificam todas as negatividades que temos criado desde tempos sem início, especialmente todas as ações negativas que criamos em relação a nosso Guia Espiritual – como mostrar desrespeito, agir contra seus conselhos ou perturbar sua mente. Imaginamos que todas essas negatividades saem, no aspecto de uma fumaça preta, por nossas portas inferiores e que nosso corpo torna-se tão claro quanto um cristal, e nossa mente, tão semelhante quanto a clara-luz. Concentramo-nos por alguns momentos nessa sensação de completa pureza. Isso cria a causa para recebermos rapidamente as realizações do Mahamudra.

PEDIR RELEMBRANDO SUAS BOAS QUALIDADES E SUA BONDADE

Este tópico tem seis partes:

1. Pedir relembrando suas boas qualidades, como explicado nas escrituras Vinaya;
2. Pedir relembrando suas boas qualidades como um Guia Espiritual Mahayana;
3. Pedir relembrando suas boas qualidades como um Guia Espiritual Vajrayana;
4. Pedir relembrando que ele é mais bondoso que todos os Budas;
5. Pedir relembrando que ele é mais bondoso até mesmo que Buda Shakyamuni;
6. Pedir relembrando que ele é o Campo de Mérito supremo.

PEDIR RELEMBRANDO SUAS BOAS QUALIDADES, COMO EXPLICADO NAS ESCRITURAS VINAYA

Grande oceano de disciplina moral, fonte de todas as boas qualidades,
Repleto com uma coleção de joias de extenso saber,
Segundo Buda, venerável monge em vestes de cor açafrão,
Ó Venerável e Detentor do Vinaya, a ti faço pedidos.

Começamos fazendo pedidos a nosso Guia Espiritual ao mesmo tempo que louvamos suas boas qualidades como um professor vinaya. De acordo com o Vinaya, um professor qualificado deve ser um sênior, o que significa que ele precisa ter recebido a ordenação, no mínimo, há dez anos, sem ter quebrado nenhum de seus votos, e que precisa possuir quinze boas qualidades. Essas qualidades incluem: grande disciplina moral, extensa compreensão dos três conjuntos da doutrina, proficiência nas regras do Vinaya, compaixão amorosa por seus discípulos e por pessoas doentes, liberdade em relação a quaisquer relacionamentos mundanos e habilidade de ensinar o Dharma no momento apropriado. Porque nosso Guia Espiritual possui todas essas qualidades, ele é como um segundo Buda para nós, mostrando-nos o caminho e conduzindo-nos à libertação e à iluminação. Contemplando essas excelentes qualidades, desenvolvemos profunda fé em nosso Guia Espiritual e pedimos suas bênçãos.

PEDIR RELEMBRANDO SUAS BOAS QUALIDADES COMO UM GUIA ESPIRITUAL MAHAYANA

Tu, que possuis as dez qualidades,
De um autêntico Professor do caminho dos Sugatas,
Senhor do Dharma, representante de todos os Conquistadores,
Ó Guia Espiritual Mahayana, a ti faço pedidos.

Como um Guia Espiritual Mahayana plenamente qualificado, nosso Guru possui as dez qualidades explicadas por Maitreya em *Ornamento para os Sutras Mahayana*:

(1) Uma mente controlada pela prática de disciplina moral;
(2) Uma mente que se tornou pacífica e não distraída, obtida pela prática de concentração;
(3) Reduzido agarramento ao em-si, pela prática de sabedoria;
(4) Conhecimento superior ao do discípulo;
(5) Deleite em ensinar o Dharma;
(6) Um volumoso e rico conhecimento das escrituras;
(7) Uma realização profunda e estável da vacuidade;

(8) Grande habilidade em explicar o Dharma;
(9) Compaixão e amor por seus discípulos;
(10) Entusiasmo em ensinar o Dharma, sendo livre de desencorajamento ou preguiça.

É particularmente importante para um Guia Espiritual ter conhecimento superior e realizações mais elevadas que o conhecimento e as realizações de seus discípulos. Ashvagosha disse que, se seguirmos um Guia Espiritual que possua qualidades inferiores, isso pode fazer com que nossas próprias boas qualidades se degenerem. Os discípulos naturalmente seguem o exemplo de seu professor; portanto, um professor precisa ser autêntico, sem fingir ter qualidades e realizações que não possui. Por exemplo, se um professor finge ter realizações mas, na verdade, permite-se beber álcool, ter má conduta sexual ou ser complacente com outras ações negativas, isso irá fazer com que o comportamento de seus discípulos degenere.

É também essencial para um professor ter grande habilidade em ensinar o Dharma e saber o que ensinar e em que momento. Por exemplo, apresentar prematuramente os discípulos ao Mantra Secreto pode causar-lhes grandes problemas e pode, até mesmo, fazê-los perder a fé. De acordo com a tradição de Je Tsongkhapa, um professor habilidoso irá, gradualmente, conduzir seus discípulos pelas etapas do Lamrim, do Lojong e do Mantra Secreto e mostrar-lhes como combinar todas essas etapas em uma prática regular.

PEDIR RELEMBRANDO SUAS BOAS QUALIDADES COMO UM GUIA ESPIRITUAL VAJRAYANA

Tuas três portas são perfeitamente controladas, tens grande sabedoria e paciência,
Sem presunção ou engôdo, tu és versado em mantras e no Tantra,
Tu possuis os dois conjuntos de dez qualidades e és habilidoso em desenhar e explicar;
Ó Principal Detentor do Vajra, a ti faço pedidos.

Nosso Guia Espiritual é, também, um Mestre Tântrico plenamente qualificado. Um Mestre Tântrico precisa ter muitas qualidades especiais além das requeridas por um Guia Espiritual Mahayana. É desnecessário dizer que ele precisa ter recebido todas as iniciações e transmissões relevantes e ter concluído os retiros aproximadores dessas práticas. Além disso, ele precisa possuir treze boas qualidades, que estão indicadas nessa estrofe. Ele precisa possuir:

(1) Ações de corpo, fala e mente totalmente controladas pela prática de disciplina moral;
(2) Grande sabedoria;
(3) Os três tipos de paciência;
(4) Retidão: não fingir ter qualidades que não possui;
(5) Honestidade: não enganar os outros;
(6) Conhecimento de todos os rituais e práticas explicados nos textos tântricos. Nos Tantras, Vajradhara explicou muitos rituais e práticas diferentes, associados a muitas Deidades tântricas diferentes. Posteriormente, professores como Atisha e Je Tsongkhapa mostraram de que modo todas as práticas essenciais do Tantra podem ser incluídas na prática de uma única Deidade. Ao reconhecer que nossa Deidade pessoal é a síntese de todas as Deidades tântricas, podemos conhecer os rituais e práticas de todas as demais Deidades ao conhecer os rituais e práticas de nossa Deidade pessoal;
(7) Grande compaixão;
(8) Extensa compreensão dos três conjuntos da doutrina;
(9) As dez qualidades exteriores e as dez qualidades interiores;
(10) Proficiência em construir e visualizar mandalas;
(11) Habilidade em explicar o Mantra Secreto;
(12) Grande experiência do Mantra Secreto;
(13) Uma mente controlada pelos três treinos superiores.

As dez qualidades exteriores aqui referidas são:

(1) Proficiência em desenhar e construir mandalas;
(2) Habilidade em visualizar mandalas;
(3) A concentração da prática preparatória da Deidade. Essa é uma prática muito meticulosa de autogeração, a primeira das "três concentrações" explicadas nos *Tantras de Guhyasamaja* e *de Heruka*. Qualquer prática que envolva essas três concentrações é uma sadhana extensa de autogeração;
(4) A concentração de emanar mudras a partir do coração. Essa é a segunda concentração e envolve visualizações mais elaboradas que a primeira;
(5) A concentração do ritual do mandala. Essa é a terceira concentração e a mais complexa;
(6) Habilidade em conceder iniciações;
(7) Habilidade em executar a "Bênção da Terra", que é um ritual para purificar um local antes de construir um mandala;
(8) Habilidade em executar cerimônias de oferenda;
(9) Habilidade em recitar mantras;
(10) Habilidade em absorver mandalas quando uma sessão é concluída.

As dez qualidades interiores são:

(1) Proficiência em visualizar círculos de proteção para eliminar obstáculos;
(2) Competência em desenhar e abençoar rodas-rituais para proteção;
(3) Experiência em conceder a iniciação-vaso e a iniciação secreta;
(4) Experiência em conceder a iniciação mudra-sabedoria e a iniciação da palavra;
(5) Habilidade em executar ações iradas quando necessárias;
(6) Proficiência em fazer tormas autênticas;

(7) Habilidade em utilizar o punhal ritual, ou faca curva. Isso se refere à habilidade em remover o autoapreço e o agarramento ao em-si por meio de práticas como a oferenda kusali tsog;
(8) Habilidade em recitar mantras;
(9) Habilidade em conceder bênçãos;
(10) Habilidade em construir e oferecer mandalas.

Contemplando como nosso Guia Espiritual possui todas essas boas qualidades, devemos desenvolver profunda fé nele e pedir suas bênçãos.

PEDIR RELEMBRANDO QUE ELE É MAIS BONDOSO QUE TODOS OS BUDAS

Para os seres rudes destes tempos impuros que, sendo tão difíceis de domar,
Não foram subjugados pelos incontáveis Budas de outrora,
Tu revelas corretamente o excelente caminho dos Sugatas;
Ó Compassivo Refúgio e Protetor, a ti faço pedidos.

Embora incontáveis Budas já tenham aparecido neste mundo, não tivemos a boa fortuna de ter sido seus discípulos e, por essa razão, ainda estamos no samsara. Mesmo após a morte de Buda, incontáveis seres realizados, como Nagarjuna e Asanga, apareceram mas não estávamos, novamente, dentre seus discípulos. Embora todos esses seres sagrados tivessem grande compaixão e desejassem ajudar todos os seres vivos, não tivemos a fé ou o mérito para receber sua ajuda. Agora, encontramos nosso precioso Guia Espiritual, que nos revela exatamente o mesmo caminho que todos os Budas anteriores revelaram. Portanto, para nós, nosso Guia Espiritual é mais bondoso que todos os demais Budas, pois é ele quem está nos ajudando diretamente. Além disso, diferentemente da época dourada, quando Buda Shakyamuni estava ensinando, é muito difícil ajudar os discípulos durante estes tempos degenerados, pois eles têm muito pouco mérito e delusões muito fortes; ainda assim, nosso Guia Espiritual está trabalhando continuamente para nos ajudar, ensinando pacientemente o Dharma, mostrando um bom exemplo para seguirmos e encorajando-nos constantemente. Quem poderia ser mais bondoso que ele?

PEDIR RELEMBRANDO QUE ELE É MAIS BONDOSO ATÉ MESMO QUE BUDA SHAKYAMUNI

Agora, quando o sol de Buda se pôs,
Tu realizas, para os incontáveis migrantes sem proteção ou refúgio,
Exatamente os mesmos feitos que o Conquistador;
Ó Compassivo Refúgio e Protetor, a ti faço pedidos.

Buda Shakyamuni manifestou-se como o Corpo-Emanação-Supremo e executou os doze feitos principais. Agora, por ele ter morrido, é como se, espiritualmente, o sol tivesse se posto; mas, porque nosso Guia Espiritual manifestou-se para ajudar os seres sencientes, o mundo não está mergulhado na escuridão espiritual. Para todos os seres com pouco mérito, que não tiveram a boa fortuna de conhecer Buda Shakyamuni diretamente e que estão sem proteção ou refúgio, nosso Guia Espiritual executa exatamente os mesmos feitos que o próprio Buda Shakyamuni. Durante estes tempos degenerados, ele nos traz a preciosa Joia Dharma, que é o verdadeiro refúgio e proteção. Portanto, para nós, ele é mais bondoso até mesmo que Buda Shakyamuni.

PEDIR RELEMBRANDO QUE ELE É O CAMPO DE MÉRITO SUPREMO

Até mesmo um único de teus poros é, por nós, louvado,
Como um Campo de Mérito superior a todos os Conquistadores
Dos três tempos e das dez direções;
Ó Compassivo Refúgio e Protetor, a ti faço pedidos.

Em geral, todos os Budas são um Campo de Mérito, a quem fazemos oferendas e prostrações, mas o *Tantra de Guhyasamaja* diz que nosso Guia Espiritual é o Campo de Mérito supremo e que fazer oferendas para apenas um dos poros de seu corpo produz muito mais resultados que fazer oferendas a todos os demais Budas.

Como foi explicado acima, o corpo de nosso Guia Espiritual é como um templo, no qual todos os Budas dos três tempos e das dez direções residem, e quando fazemos oferendas ou prostrações a ele, também fazemos oferendas e prostrações a todos os demais Budas. Portanto, para nós, ele é o mais bondoso dentre todos os Budas. Quando colocamos oferendas sobre o altar, recebemos o mérito de fazer oferendas, mas não recebemos o mérito de nossas oferendas terem sido aceitas diretamente. No entanto, quando fazemos oferendas a nosso Guia Espiritual, recebemos esse mérito. Além disso, embora os Budas tenham dado muitos ensinamentos, esses ensinamentos podem nos beneficiar diretamente apenas se forem reunidos e apresentados de uma maneira que possamos compreendê-los e aplicá-los, e é nosso Guia Espiritual quem faz isso para nós. Por exemplo, o sol emite muitos raios, todos eles com o poder de queimar uma folha de papel, mas sem uma lente que os concentre em um foco sobre uma parte específica do papel, o papel não irá pegar fogo. Se pensarmos profundamente sobre isso, compreenderemos que nosso Guia Espiritual é mais bondoso que todos os demais Budas.

PEDIR EXPRESSANDO SUAS BOAS QUALIDADES

Este tópico tem quatro partes:

1. Pedir expressando suas qualidades exteriores;
2. Pedir expressando suas qualidades interiores;
3. Pedir expressando suas qualidades secretas;
4. Pedir expressando suas qualidades referentes à talidade.

PEDIR EXPRESSANDO SUAS QUALIDADES EXTERIORES

Do jogo de teus poderes miraculosos e meios habilidosos,
As rodas ornamentais de teus três corpos de Sugata
Aparecem sob uma forma comum para guiar os migrantes;
Ó Compassivo Refúgio e Protetor, a ti faço pedidos.

Como foi mencionado anteriormente, nosso Guia Espiritual possui um aspecto exterior, interior e secreto. Seu aspecto exterior é o de um monge plenamente ordenado, Je Tsongkhapa; seu aspecto interior é o de Buda Shakyamuni; e seu aspecto secreto é o de Conquistador Vajradhara. As três rodas-canal da forma exterior de nosso Guia Espiritual estão marcadas pelas três letras-semente OM AH HUM, que simbolizam, respectivamente, seus três corpos iluminados: o Corpo-Emanação, o Corpo-de-Deleite e o Corpo-Verdade. Assim, embora o aspecto exterior de nosso Guia Espiritual apareça sob uma forma comum, essa forma apresenta suas qualidades iluminadas e executa todas as ações de um ser iluminado.

É muito importante manter uma visão pura do aspecto exterior de nosso Guia Espiritual e não se enganar pensando que, apenas porque ele aparece como um ser comum, ele seja, então, um ser comum. Precisamos sempre relembrar que essa aparente característica de "parecer comum" é, ela própria, uma manifestação de suas qualidades iluminadas. Se ele mostrasse qualidades extraordinárias e poderes miraculosos, isso não nos beneficiaria de modo algum, mas, ao aparecer sob uma forma com a qual podemos nos relacionar e receber conselhos inequívocos, ele nos ajuda incomensurávelmente. Na verdade, é essa habilidade de aparecer sob uma forma comum, enquanto executa as ações de um Buda, que revela seus reais poderes miraculosos e meios habilidosos.

A preciosidade de nosso Guia Espiritual não existe de seu próprio lado, mas é dependente da mente que a percebe. Se um discípulo tem fé e vê seu Guia Espiritual como um Buda, o discípulo receberá as bênçãos de um Buda, mas se ele considerar seu Guia Espiritual como um ser comum, ele não receberá bênçãos.

Uma vez que nosso Guia Espiritual assumiu um aspecto comum para o nosso benefício, precisamos nos preparar para o fato de que esse aspecto irá nos aparecer como estando sujeito a envelhecimento, doença e morte; e não devemos ficar surpresos ou desencorajados se ele aparece manifestar qualquer uma dessas condições comuns de modo visível, manifesto. Todas as ações de nosso Guia Espiritual têm um significado, e ainda quando se manifesta doente, ele está nos ajudando. Por exemplo, o Guia Espiritual de Sakya Pândita era Dragpa Gyaltsen. Sakya Pândita achava muito difícil evitar a aparência comum de seu Guia Espiritual e, devido a isso, não conseguia mostrar-lhe o devido respeito, pois era muito próximo dele. Para ajudá-lo a purificar essa obstrução, Dragpa Gyaltsen manifestou uma longa doença. Para cuidar de Dragpa Gyaltsen, Sakya Pândita suportou muitos sofrimentos e privações e, como resultado disso, sua mente foi purificada e ele chegou a ver Dragpa Gyaltsen como Manjushri. Assim, até mesmo a doença de um Guia Espiritual é um sinal de sua habilidade.

PEDIR EXPRESSANDO SUAS QUALIDADES INTERIORES

Teus agregados, elementos, fontes e membros
São, por natureza, os Pais e as Mães das Cinco Famílias de Buda,
Os Bodhisattvas e as Deidades Iradas;
Ó Supremo Guia Espiritual, de natureza das Três Joias, a ti faço pedidos.

Embora nosso Guia Espiritual manifeste um aspecto exterior comum, interiormente seu corpo é um templo. Como foi explicado acima, as diferentes partes do corpo de Lama Losang Tubwang Dorjechang são as 32 Deidades de Guhyasamaja. Relembrando isso, devemos desenvolver profunda fé e pedir suas bênçãos.

PEDIR EXPRESSANDO SUAS QUALIDADES SECRETAS

Tu és a essência dos dez milhões de círculos de mandalas
Que surgem do estado da excelsa sabedoria toda-conhecedora;
Principal Detentor do Vajra, fonte que permea a centena de famílias,
Ó Protetor da União Primordial, a ti faço pedidos.

Com essa estrofe, expressamos as qualidades secretas de nosso Guia Espiritual. Em verdade, ele é a excelsa sabedoria de todos os Budas, a partir da qual surgem os dez milhões de círculos de mandalas revelados nas escrituras tântricas. Ele é Vajradhara, "o Principal Detentor do Vajra", no qual todas as cem Famílias Búdicas estão condensadas. Normalmente, falamos sobre as Cinco Famílias Búdicas, mas cada uma delas possui vinte divisões, totalizando uma centena de famílias. Elas podem ser condensadas em três – as famílias Vairochana, Amitabha e Akshobya – e estas, por sua vez, podem ser condensadas em uma só: Vajradhara. Porque nosso Guru é unificado com Vajradhara, ele permea todas as Famílias Búdicas e, por isso, todas as Deidades e todos os seus mandalas são manifestações de sua sabedoria.

As palavras da sadhana referem-se ao Guia Espiritual como "o Protetor da União Primordial". O Protetor da União Primordial é o Corpo-de-Deleite, que é obtido imediatamente com a conquista da iluminação. Como foi mencionado anteriormente, a causa substancial do Corpo-de-Deleite é o vento muito sutil associado à mente muito sutil em nosso coração. Dentro do minúsculo vacúolo na roda-canal do coração, que é formado pelos nós no canal central, há uma minúscula gota denominada "a gota indestrutível". Sua metade superior, formada a partir da substância do esperma de nosso pai, é branca e sua metade inferior, formada a partir da substância do sangue de nossa mãe, é vermelha. A mente muito sutil e o vento muito sutil estão encerrados dentro dessa gota. Normalmente, essa gota não se abre antes do momento da morte – por esse motivo, ela é denominada "indestrutível".

Para os seres comuns, a mente muito sutil e o vento muito sutil dentro da gota indestrutível não atuam enquanto eles estão vivos, exceto quando adormecem. Durante o sono, o vento muito sutil assume a forma de um corpo-sonho, mas essa forma não é definitiva e se dissolve na roda-canal do coração quando acordamos. De modo semelhante, no momento da morte, o vento muito sutil é a substância a partir da qual o corpo-bardo surge, mas ele também é indefinido e de vida curta. Para praticantes tântricos, no entanto, o vento muito sutil é a substância a partir da qual o corpo-ilusório surge. Como foi explicado acima, esse é o verdadeiro corpo da Deidade e é imortal. Um corpo como esse é totalmente livre de envelhecimento, doença, morte ou qualquer outra forma de sofrimento. Quando, finalmente, removermos todas as obstruções da mente e alcançarmos a iluminação, o corpo-ilusório irá se transformar no Corpo-de-Deleite; simultaneamente, todos os demais corpos de um Buda serão obtidos. O Corpo-de-Deleite, que é obtido assim que nos tornarmos iluminados, é conhecido como "Protetor da União Primordial".

Os métodos para alcançar o corpo-ilusório são explicados, principalmente, nos Tantras-Pai, como o *Tantra de Guhyasamaja*, e os métodos para alcançar a clara-luz são explicados, principalmente, nos Tantras-Mãe, como o *Tantra de Heruka*. Se desejarmos alcançar o corpo e a mente de um Buda, temos de combinar essas instruções seguindo os ensinamentos tântricos de Je Tsongkhapa. Ambos os conjuntos de instruções estão combinados no comentário *Clara-Luz de Êxtase*.

O *Tantra Raiz de Guhyasamaja* é uma fala-vajra e, por isso, muito difícil de ser compreendido. Nele são apresentadas doze analogias para o corpo-ilusório. Antes da época de Je Tsongkhapa, esses ensinamentos eram, frequentemente, mal compreendidos e muitos tibetanos pensavam que a maneira de se obter o corpo-ilusório era alguém visualizar seu próprio corpo denso como feito de luz, até que, de fato, o corpo se tornasse luz. Je Tsongkhapa deu ensinamentos muito práticos e claros sobre o corpo-ilusório, mostrando de que modo sua causa substancial é o corpo sutil – e não o corpo denso – e removendo muitas incompreensões. As explicações de Je Tsongkhapa sobre o corpo-ilusório são altamente louvadas por iogues e eruditos de todas as quatro escolas do budismo tibetano.

PEDIR EXPRESSANDO SUAS QUALIDADES REFERENTES À TALIDADE

Natureza que permea todas as coisas estáveis e móveis,
Inseparável da experiência de alegria espontânea sem obstruções;
Completamente bom, desde o início livre dos extremos,
Ó Bodhichitta verdadeira e última, a ti faço pedidos.

Com essa estrofe, contemplamos de que modo nosso Guia Espiritual é o Corpo-Verdade. Essa estrofe é muito difícil de ser compreendida. Kachen Yeshe Gyaltsen disse que ela expressa a verdadeira essência do Mantra Secreto e que somente aqueles com considerável experiência do Mantra Secreto podem compreendê-la plenamente.

O Corpo-Verdade de nosso Guia Espiritual é inseparável do êxtase e da vacuidade e é totalmente livre de obstruções. Quando o grande êxtase espontâneo é inicialmente gerado, ele está encoberto pelas duas obstruções. Posteriormente, quando alcançamos a mente de clara-luz-significativa, essa mente é liberta das obstruções à libertação, mas ainda está encoberta pelas obstruções à onisciência. É somente o grande êxtase espontâneo do Corpo-Verdade de um Buda que é totalmente não obstruído.

A união inseparável de êxtase e vacuidade – que é o Corpo-Verdade do Guia Espiritual – é a natureza de todos os fenômenos, tanto os animados quanto os inanimados. Isso significa que todos os fenômenos são manifestações de êxtase e vacuidade indivisíveis. Para um iogue tântrico com experiência, isso é fácil de ser compreendido, pois essa é a sua experiência; mas, para seres comuns, não é tão fácil. Ainda assim, há muito benefício em se esforçar para desenvolver, desde agora, uma compreensão aproximada.

A partir dos ensinamentos de Sutra, compreendemos que todos os fenômenos são manifestações da vacuidade, e a partir dos ensinamentos do Mantra Secreto, compreendemos que a mente de grande êxtase espontâneo é inseparável da vacuidade. Por essa razão, todos os fenômenos são, definitivamente, manifestações de êxtase e vacuidade inseparáveis.

Um praticante tântrico desenvolve, primeiramente, uma compreensão da vacuidade profunda e, depois, gera a mente de grande êxtase espontâneo, que se mistura com essa vacuidade como água misturando-se com água. Nesse ponto, o que se sente é como se a mente subjetiva de grande êxtase e o objeto vacuidade fossem, completamente, uma coisa só. Do ponto de vista dessa experiência, objetos convencionais não mais existem; todas as aparências convencionais cessaram na vacuidade. Quando o praticante sai da meditação e os fenômenos convencionais uma vez mais aparecem a sua mente, eles aparecem surgindo do êxtase e vacuidade indivisíveis do momento anterior. Assim, para um praticante como esse, os fenômenos convencionais aparecem ser, simplesmente, manifestações de êxtase e vacuidade, e toda experiência dos fenômenos convencionais induz êxtase nesse praticante. Quando ele retorna para a meditação, os fenômenos convencionais, uma vez mais, desaparecem, como se tivessem dissolvido no êxtase e na vacuidade do qual haviam surgido. Portanto, para esse praticante, é como se o êxtase e vacuidade inseparáveis fossem a síntese de todos os fenômenos. Esse é o verdadeiro sentido de "Chakrasambara". "*Chakra*" significa "roda" e refere-se, aqui, à roda de todos os objetos de conhecimento, e "*sambara*" significa "síntese". Assim, Chakrasambara definitivo é a união de êxtase e vacuidade indivisíveis, que é a síntese de todos os objetos de conhecimento.

Quando fazemos pedidos a nosso Guia Espiritual com essa estrofe, estamos contemplando sua natureza última como sendo o êxtase e vacuidade indivisíveis do Corpo-Verdade. Esse é o Guia Espiritual definitivo. O Guia Espiritual interpretativo é o Guia Espiritual que aparece como uma Deidade ou sob uma forma comum. Essa distinção entre o Guia Espiritual definitivo e o Guia

Phurchog Ngawang Jampa

Espiritual interpretativo não é exclusiva do Mantra Secreto. Por exemplo, no *Sutra Cortador de Diamante*, Buda diz:

> Quem quer que veja a mim como forma ou som, não me vê realmente. Meu corpo verdadeiro é o Corpo-Verdade.

Entretanto, a relação precisa entre esses dois aspectos do Guia Espiritual não é explicada nos Sutras, mas é encontrada somente nos ensinamentos do Mantra Secreto, especialmente no *Tantra de Guhyasamaja*.

O ensinamento de que todos os fenômenos surgem de êxtase e vacuidade tem sido, frequentemente, equivocado com a visão Samkhya de que todos os fenômenos surgem de um princípio geral, mas ele é infinitamente mais sutil que isso. O grande iogue Saraha disse certa vez:

> Não compreendemos, mas, se o fizéssemos, saberíamos que tudo é uma manifestação do grande êxtase.

Existem duas maneiras de compreendermos isso: do ponto de vista da verdade última e do ponto de vista da verdade convencional. De acordo com a primeira interpretação, todos os fenômenos são da natureza de êxtase e vacuidade indivisíveis, como foi explicado. De acordo com a segunda interpretação, todos os fenômenos são manifestações de nossa mente raiz, a mente residente-contínua. Isso é um pouco mais fácil de compreendermos.

Podemos ver, a partir de nossa própria experiência, que nosso mundo depende do pensamento conceitual porque, se recolhermos nossas mentes conceituais, o mundo desaparece. Se alguém nos perguntar de onde nossas mentes conceituais surgem, podemos ser induzidos a responder que elas surgem dos objetos que apreendem, mas esse não pode ser o caso, pois esses objetos, eles próprios, surgem na dependência das mentes conceituais. Na verdade, de acordo com o Mantra Secreto, mentes conceituais surgem dos ventos interiores densos, e estes, por sua vez, surgem do vento muito sutil, no coração. Por exemplo, quando adormecemos ou quando morremos, todos os nossos ventos densos absorvem-se no vento muito sutil em nosso coração. Ao mesmo tempo, todas as nossas mentes conceituais cessam e os objetos que elas apreendiam desaparecem. Quando acordamos ou quando renascemos, os ventos densos, uma vez mais, se manifestam a partir do vento muito sutil e, simultaneamente, as mentes densas e seus objetos desenvolvem-se. Assim, o vento muito sutil é a fonte de todos os ventos densos e, portanto, de todas as mentes densas e de todos os fenômenos que aparecem para essas mentes. Já que o vento muito sutil é inseparável da mente muito sutil (a mente residente-contínua), podemos dizer que todos os fenômenos surgem dessa mente. Como Saraha diz:

> Todos os fenômenos são manifestações da mente residente-contínua. Eles surgem dessa mente como ondas surgem de um oceano.

PEDIDO ESTRITAMENTE FOCADO

Tu és o Guru, tu és o Yidam, tu és o Daka e o Protetor do Dharma;
Doravante, até que eu alcance a iluminação, não buscarei outro refúgio além de ti.
Nesta vida, no bardo e até o fim de minhas vidas, por favor, segura-me com o gancho de tua compaixão,
Liberta-me dos medos do samsara e da paz, concede-me todas as aquisições, sê meu constante companheiro e protege-me contra todos os obstáculos.

Agora, com profunda fé e concentração estritamente focada, fazemos um pedido especial a nosso Guia Espiritual. Consideramo-lo como da natureza de todos os Yidams, que concedem as aquisições mundanas e supramundanas; da natureza de todos os Dakas e Dakinis, que concedem grande êxtase espontâneo; e da natureza de todos os Protetores do Dharma, que removem obstáculos e criam condições favoráveis; e pedimos a ele para cuidar de nós e nos guiar nesta e em todas nossas vidas futuras. Os tibetanos comparam esse pedido a cravar uma estaca no solo. Quando cravamos uma estaca, se batermos nela no mesmo lugar muitas vezes, ela irá entrar facilmente no solo. De modo semelhante, quando estivermos executando esse puja, se fizermos esse pedido de modo estritamente focado, realizaremos todos os significados essenciais da prática da *Oferenda ao Guia Espiritual*.

Receber Bênçãos

Tendo feito pedidos a nosso Guia Espiritual, recebemos agora suas bênçãos. De acordo com *Oferenda ao Guia Espiritual*, este tópico tem duas partes:

1. Receber as bênçãos das quatro iniciações e recitar os mantras;
2. Receber as bênçãos de todas as etapas do caminho.

Receber as bênçãos das quatro iniciações e recitar os mantras tem duas partes:

1. Receber as bênçãos das quatro iniciações;
2. Recitar os mantras.

RECEBER AS BÊNÇÃOS DAS QUATRO INICIAÇÕES

Por força de pedir três vezes dessa maneira, raios de luz branca, vermelha e azul e néctares surgem dos lugares do corpo, fala e mente de meu Guru, em série e conjuntamente, e se dissolvem em meus três lugares, em série e conjuntamente. Minhas quatro obstruções são purificadas e recebo as quatro iniciações. Alcanço os quatro corpos e, por deleite, uma emanação de meu Guru dissolve-se em mim e concede suas bênçãos.

Quando recebemos uma iniciação diretamente de nosso Guia Espiritual, recebemos quatro potenciais muito especiais em nosso continuum mental, mas, a não ser que recebamos, subsequentemente, bênçãos regulares de nosso Guia Espiritual, será muito fácil que esses potenciais percam seu poder. O melhor método para impedir que isso aconteça é receber as bênçãos das quatro iniciações. Todas as práticas do estágio de geração e do estágio de conclusão estão incluídas nessa prática, e ela planta as sementes para obter realizações muito rapidamente. Portanto, uma vez que tenhamos recebido uma iniciação, devemos nos esforçar para receber essas bênçãos, todos os dias. De acordo com *Oferenda ao Guia Espiritual*, isso é feito como se segue.

Focamos Lama Losang Tubwang Dorjechang, o principal ser do Campo de Mérito, e visualizamos uma letra OM branca em sua coroa, a letra-semente do corpo-vajra de todos os Budas; uma letra AH vermelha em sua garganta, a letra-semente da fala-vajra de todos os Budas; e uma letra HUM azul em seu coração, a letra-semente da mente-vajra de todos os Budas. Para receber as bênçãos da primeira iniciação – a iniciação-vaso – imaginamos que, da letra OM na coroa de Lama Losang Tubwang Dorjechang, infinitos raios de luz branca e néctares emanam e se dissolvem em nossa coroa. Imaginamos que esses raios de luz purificam completamente todas as nossas ações físicas não virtuosas – como matar, roubar e má conduta sexual – e destroem todas as doenças e demais impurezas físicas. Todas as aparências e concepções comuns do corpo são purificadas e nos sentimos totalmente puros e repletos de uma alegria serena, ou extasiada. Essa experiência nos fortalece, ou confere poder, para meditar no estágio de geração e planta a semente para obter o Corpo-Emanação de um Buda.

Para receber as bênçãos da iniciação secreta, focamos a letra AH na garganta de Lama Losang Tubwang Dorjechang e imaginamos que, dessa letra, infinitos raios de luz vermelha e néctares emanam e se dissolvem em nossa garganta. Eles purificam todas as nossas ações não virtuosas de fala, eliminam a aparência e concepção comuns da fala, nos fortalecem para meditar no corpo-ilusório e plantam a semente para obtermos o Corpo-de-Deleite de um Buda.

Para receber as bênçãos da iniciação mudra-sabedoria, imaginamos que, da letra HUM no coração de Lama Losang Tubwang Dorjechang, infinitos raios de luz azul e néctares emanam e se dissolvem em nosso coração. Eles purificam todas as nossas ações mentais não virtuosas e impurezas mentais, nos fortalecem para meditar na clara-luz e plantam a semente para obtermos o Corpo-Verdade de um Buda.

Finalmente, para receber as bênçãos da quarta iniciação, a iniciação da palavra, focamos todas as três letras nos três lugares de Lama Losang Tubwang Dorjechang e imaginamos que raios de luz branca, vermelha e azul e néctares emanam simultaneamente dessas três letras e se dissolvem em nossos três lugares. Eles purificam, ao mesmo tempo, todas as negatividades de corpo, fala e mente, nos fortalecem para meditar na união-que-precisa-aprender e plantam a semente para obter a União-resultante.

A iniciação da palavra é assim denominada porque é recebida na dependência de ouvir as palavras do Guia Espiritual, ao explicar a União a partir de sua própria experiência. De acordo com o Mahamudra Vajrayana, existem três tipos de união: a união de êxtase e vacuidade, a união das duas verdades (a convencional e a última) e a união de corpo e mente. A primeira união, de êxtase e vacuidade, é obtida quando a mente de grande êxtase espontâneo se mistura com a vacuidade. A segunda, a união das duas verdades, também denominada "a união-que-precisa-aprender", é obtida quando a união da clara-luz-significativa e do corpo-ilusório puro é alcançada. Embora essa mente esteja livre das delusões-obstruções, ainda assim está encoberta pelas obstruções à onisciência, como um céu azul que está coberto por um véu de nuvens, e, por esse motivo, ainda há a necessidade de treinar em meditação. A terceira união, a união de corpo e mente, também denominada "a União-do-Não-Mais-Aprender", é obtida quando as obstruções à onisciência são finalmente abandonadas. Ela é como um céu azul totalmente desobstruído de nuvens e que, a partir desse momento, nenhum treino mais é requerido. Isso é a União-resultante, a união do corpo e mente de um Buda.

Imaginamos que, como resultado de recebermos as bênçãos das quatro iniciações, alcançamos os quatro corpos de um Buda e desenvolvemos forte orgulho divino de sermos a Deidade. Lama Losang Tubwang Dorjechang está deleitado conosco e manifesta uma emanação que vem à coroa de nossa cabeça e, entrando por nosso canal central, desce até o coração. Imaginamos que nosso corpo, fala e mente sutis tornam-se um único sabor com o corpo, a fala e a mente de nosso Guia Espiritual e meditamos nesse sentimento especial de êxtase por algum tempo.

RECITAR OS MANTRAS

Com orgulho divino de ser o Guru-Deidade, focamos Lama Losang Tubwang Dorjechang, que está sentado em nosso coração sobre um lótus, uma almofada de sol e uma almofada de lua. Em seu coração, no centro de uma almofada de lua, há uma letra HUM branca. Ao redor dela está, em pé, o mantra de todos os Budas, OM AH HUM, em que o OM é branco, o AH é vermelho e o HUM é azul. Ao redor desse mantra está, em pé, o mantra de Conquistador Vajradhara, OM AH VAJRADHARA HUM, cuja cor é azul. Ao seu redor está, em pé, o mantra de Buda Shakyamuni, OM MUNI MUNI MAHA MUNIYE SÖHA, cuja cor é dourada. Ao seu redor está, em pé, o mantra de Je Tsongkhapa, OM AH GURU VAJRADHARA SUMATI KIRTI SIDDHI HUM, cuja cor é alaranjada. Finalmente, ao seu redor está, em pé, o mantra nominal em sânscrito de nosso Guia Espiritual, cuja cor também é alaranjada.

Começamos focando o mantra nominal de nosso Guia Espiritual e o recitamos quantas vezes desejarmos, enquanto, mentalmente, fazemos os três grandes pedidos e, em particular, pedimos suas bênçãos para obtermos todas as realizações do Mahamudra. É dito que, se recitarmos o mantra de nosso Guia Espiritual com fé, isso será mais poderoso que recitar qualquer outro mantra. Desse ponto de vista, se tivermos profunda fé, não importa se nosso Guia Espiritual tenha ou não elevadas realizações; mas, se tivermos pouca ou nenhuma fé, a recitação do mantra não irá nos ajudar, mesmo que nosso Guia Espiritual seja um ser plenamente iluminado.

Certa vez, havia uma mulher idosa que tinha grande fé em Destruidores de Inimigos. Um dia, um vizinho deu-lhe, por brincadeira, um dente de cachorro, dizendo que era uma relíquia de um grande Destruidor de Inimigos. A mulher ficou deleitada e colocou o dente em seu altar, onde ela fazia preces ao dente quatro vezes por dia. Como resultado de sua fé, um dia o dente começou a irradiar luz e, posteriormente, ela obteve muitas aquisições. Embora a base de sua devoção fosse um dente de cachorro, para ela o dente funcionou como uma relíquia sagrada e, por esse motivo, recebeu todos os benefícios de demonstrar sua devoção à relíquia. Por essa razão, não podemos dizer que sua fé era equivocada.

Atisha considerava Lama Serlingpa como seu mais precioso Guru, pois Atisha recebeu dele ensinamentos sobre a bodhichitta. No entanto, Lama Serlingpa era um Chittamatrin e, de acordo com a escola Madhyamika-Prasangika, é impossível para os que aderem a essa visão progredir além do Caminho Mahayana da Acumulação. Para Atisha, entretanto, Lama Serlingpa era um Buda e, pelo poder de sua fé, recebeu as bênçãos de Buda a partir de Lama Serlingpa. Não podemos dizer que a fé de Atisha era equivocada.

Contemplando essas histórias, compreenderemos a importância de termos profunda fé em nosso Guia Espiritual. Uma vez que tenhamos escolhido alguém para ser nosso Guia Espiritual, não precisamos prosseguir com a verificação de suas qualificações. A partir desse ponto, devemos ter uma fé que seja firme e que não oscile – desse modo, receberemos as bênçãos de todos os Budas.

Após recitarmos o mantra nominal de nosso Guru, imaginamos que o mantra se dissolve no mantra nominal de Je Tsongkhapa. Focando esse mantra, nós o recitamos quantas vezes desejarmos, enquanto, mentalmente, fazemos pedidos. Depois, esse mantra se dissolve no mantra de Buda Shakyamuni, que passamos, então, a recitar. Em seguida, o mantra de Buda Shakyamuni se dissolve no mantra de Conquistador Vajradhara. Passamos a recitar esse mantra e, em seguida, ele se dissolve no mantra de todos os Budas, OM AH HUM, que passamos, então, a recitar. Este último mantra talvez seja muito curto; porém, tem grande poder. Ele é denominado "o mantra de todos os Budas" porque, como já foi explicado, ele é a essência do corpo-vajra, da fala-vajra e da mente-vajra de todos os Budas. Essas três letras contêm todos os demais mantras e, por essa razão, são muito abençoadas.

Existem três maneiras de recitar o mantra de todos os Budas: por recitação verbal, por recitação mental ou por recitação vajra. Ao passo que a recitação verbal e a recitação mental também são praticadas com o estágio de geração, a recitação vajra é, exclusivamente, uma prática do estágio de conclusão. Esse tipo de recitação é especialmente enfatizado no *Tantra de Guhyasamaja*. Para fazer essa prática, temos de compreender de que modo um mantra é da natureza dos ventos interiores. Podemos pensar que ventos e mantras são diferentes, mas isso é uma concepção comum da fala e um grande obstáculo para obter realizações tântricas avançadas. Uma das razões para receber a iniciação secreta é a de purificar essa concepção equivocada.

Quando fazemos a recitação vajra do mantra OM AH HUM, não recitamos verbalmente nem mentalmente o mantra – simplesmente, concentramo-nos no som interior dos ventos, pois eles são o mantra. Quando inspiramos, os ventos interiores são, tão somente, o som OM; ao segurarmos os ventos no chakra do coração, eles são, tão somente, o som AH; e quando exalamos, eles são, tão somente, o som HUM. Em todas as três etapas, os ventos são OM AH HUM, mas em qualquer uma dessas etapas, apenas uma das letras é ouvida. Assim, a inspiração, por exemplo, é OM AH HUM, mas somente o som OM é ouvido.

A recitação vajra é denominada "a recitação preciosa" porque ela é o método supremo para afrouxar os nós no chakra do coração. Nos *Tantras de Heruka* e *de Vajrayogini*, a prática do tummo é enfatizada, mas também podemos praticar a recitação vajra quando as demais rodas-canal tiverem sido afrouxadas pela meditação do estágio de conclusão. Devemos, primeiramente, obter alguma experiência da recitação verbal; depois, devemos treinar a recitação mental, como está explicado na prática de Vajrayogini; por fim, podemos praticar a recitação vajra. Entretanto, é muito benéfico começar a praticar esse método desde agora.

Após recitar o mantra de todos os Budas, imaginamos que ele se dissolve no HUM branco que está no coração de Lama Losang Tubwang Dorjechang. Então, concluímos a recitação com uma prece dedicatória.

RECEBER AS BÊNÇÃOS DE TODAS AS ETAPAS DO CAMINHO

Recitamos, agora, uma longa prece pedindo as bênçãos de nosso Guia Espiritual para que alcancemos as realizações de todas as etapas do caminho. Se possível, devemos tentar combinar esses pedidos com a meditação propriamente dita sobre as etapas do caminho. Devemos, no mínimo, contemplar o significado dessas estrofes à medida que as recitamos. Esta seção é composta, ao todo, de 27 partes, começando com a maneira de confiar em nosso Guia Espiritual.

A MANEIRA DE CONFIAR EM NOSSO GUIA ESPIRITUAL, A RAIZ DOS CAMINHOS ESPIRITUAIS

Por força de minhas oferendas e pedidos respeitosos
Ao Venerável Guia Espiritual, o sagrado e supremo Campo de Mérito,
Busco tuas bênçãos, Ó Protetor, a raiz de toda bondade e alegria,
Para que, alegremente, me tomes sob teu cuidado amoroso.

Se tivermos tempo, devemos praticar, nesse ponto da sadhana, uma meditação extensa sobre a maneira de confiar no Guia Espiritual de acordo com a apresentação do Lamrim – relembrar os benefícios de confiar totalmente em um Guia Espiritual qualificado, os perigos de quebrar nosso compromisso com nosso Guia Espiritual, desenvolver fé por contemplar suas qualidades e desenvolver respeito por contemplar sua bondade. Se não tivermos tempo para fazer uma meditação extensa, podemos simplesmente fazer pedidos seguindo as palavras da sadhana.

Já foi explicado de que modo nosso Guia Espiritual é um Campo de Mérito supremo, no qual podemos plantar as sementes de fé e fazer uma colheita de realizações de Dharma. Se, para um agricultor comum, o tempo de plantar sementes chegar e ele o negligenciar, isso será um grande desperdício. Do mesmo modo, se, tendo encontrado um Guia Espiritual plenamente qualificado, negligenciarmos plantar as sementes da fé e do respeito, teremos perdido uma oportunidade única.

Reconhecendo que nosso Guia Espiritual é a fonte de toda bondade e alegria, devemos nos esforçar para confiar nele de modo sincero e, com essa estrofe, pedir suas bênçãos para que sejamos capazes de fazê-lo. Imaginamos que nosso Guia Espiritual responde a nossos pedidos concedendo suas bênçãos. Luzes e néctares se irradiam de seu coração e se dissolvem em nosso corpo e mente. Todo o carma negativo que temos criado dirigido a nosso Guia Espiritual – como ir contra seus conselhos ou criticá-lo – é totalmente purificado e nosso corpo parece tão claro quanto cristal. Recebemos bênçãos especiais para obter a realização de confiar em nosso Guia Espiritual.

DESENVOLVER A ASPIRAÇÃO DE EXTRAIR A ESSÊNCIA DE NOSSA VIDA HUMANA

Compreendendo que esta liberdade e dote, encontrados uma só vez,
São difíceis de obter e, contudo, decaem tão rapidamente,
Busco tuas bênçãos para reter seu significado essencial,
Sem me distrair com as atividades sem sentido desta vida.

Com essa estrofe, pedimos as bênçãos de nosso Guia Espiritual para que possamos obter as realizações das duas próximas meditações das etapas do caminho: a meditação sobre nossa preciosa vida humana e a meditação sobre a morte e a impermanência. Por meio dessas duas meditações, aprendemos a tornar nossa vida atual muito significativa e a desenvolver interesse pelo nosso bem-estar nas vidas futuras.

Se meditarmos de acordo com os tópicos das etapas do caminho, reconheceremos que nossa vida humana atual é muito preciosa porque possui oito liberdades especiais e dez dotes especiais. Uma vida humana como essa é extremamente rara. Ela é obtida, apenas, com grande dificuldade e, por essa razão, devemos considerá-la como sendo possível de ser encontrada apenas uma vez.

Embora este corpo seja tão precioso, ele não é imortal e, um dia, teremos de nos separar dele sem escolha alguma. Além disso, um corpo humano é tão frágil quanto uma bolha d'água; ele pode ser destruído por um minúsculo organismo, uma pequena agulha ou, até mesmo, por uma única gota de água no lugar errado. Precisamos contemplar e meditar sobre a impermanência e a morte e sobre a preciosidade de nossa vida humana. Isso irá fazer com que valorizemos cada momento desta vida. Não desejaremos desperdiçar nossa preciosa vida com atividades sem sentido ou inexpressivas, que até mesmo animais são capazes de fazer; ao contrário, desenvolveremos um forte desejo para tornar nossas vidas tão significativas quanto possível.

Qual é o sentido essencial de nossa vida humana? Isso depende de nossa motivação e capacidade. O objetivo menor é impedir de cair em reinos inferiores em nossa próxima vida, por meio de criar as causas para renascer como um ser humano ou um deus. Um objetivo superior é empenhar-se para impedir um renascimento samsárico futuro em qualquer reino, por alcançar a libertação. O objetivo supremo – e o uso mais significativo de uma vida humana – é empenhar-se para conquistar a plena iluminação, com o objetivo de ser capaz de libertar todos os seres vivos dos sofrimentos do samsara. Se não nos empenharmos em obter, ao menos, o menor desses objetivos, estaremos desperdiçando uma

Panchen Palden Yeshe

oportunidade muito rara e preciosa. Se formos enganados pelas atividades sem sentido desta vida, desperdiçando nosso potencial humano, perderemos tudo quando morrermos.

Contemplando dessa maneira, fazemos sinceros pedidos a Lama Losang Tubwang Dorjechang que nos abençoe, de modo que possamos realizar a preciosidade e impermanência desta vida humana. Quando tivermos essas realizações, iremos perceber que nossa vida humana é como uma joia-que-concede-desejos e experienciaremos um grande sentimento de perda se desperdiçarmos até mesmo um único instante, do mesmo modo que um avarento experiencia um grande sentimento de perda quando tem que repartir algumas poucas moedas.

Não devemos subestimar o poder e a importância dessas meditações preliminares das etapas do caminho. Buda disse que assim como, dentre todos os animais, um elefante deixa a pegada mais profunda, dentre todas as meditações, a meditação sobre a morte deixa a impressão mais profunda em nossa mente. Não devemos achar que, apenas porque somos mahayanistas ou apenas porque estamos praticando o Mantra Secreto, não precisamos fazer meditações como essas. Até mesmo iogues altamente realizados confiam nessas meditações para darem impulso as suas práticas.

O MÉTODO PROPRIAMENTE DITO PARA OBTER A FELICIDADE DE ESTADOS ELEVADOS NAS VIDAS FUTURAS

Temendo o fogo ardente dos sofrimentos das migrações ruins,
Do fundo de meu coração, busco refúgio nas Três Joias
E busco tuas bênçãos para empenhar-me sinceramente
Em abandonar não-virtudes e praticar a coleção inteira de virtudes.

Tendo contemplado a preciosidade e a impermanência desta vida humana e desenvolvido o desejo de experienciar felicidade nas vidas futuras, consideraremos, agora, como isso pode ser feito. O método propriamente dito para impedir um renascimento inferior e assegurar um renascimento em uma migração feliz é buscar refúgio nas Três Joias e, em seguida, observar as leis do carma. Essas práticas estão explicadas nessa estrofe que, explicitamente, ensina o refúgio de uma pessoa de escopo inicial, mas, implicitamente, também revela o refúgio de uma pessoa de escopo intermediário e o refúgio de uma pessoa de grande escopo.

O primeiro verso dessa estrofe explica as causas de buscar refúgio: medo de renascer nos reinos inferiores e fé nas Três Joias; o segundo verso explica os objetos de refúgio e a maneira de buscar refúgio; e os dois últimos versos explicam a maneira de observar as leis do carma – abandonando não-virtude e praticando virtude – que é o principal compromisso de buscar refúgio. Assim, todas as práticas de um praticante de escopo inicial estão incluídas nessa estrofe.

Para gerar a primeira causa de buscar refúgio, temos de contemplar os sofrimentos que experienciaremos se tomarmos nosso próximo renascimento em um dos três reinos inferiores: o reino do inferno, o reino dos fantasmas famintos ou o reino animal. Algumas vezes, temos dificuldade em gerar medo de renascer nos infernos porque não estamos convencidos de que eles existam. Parece que há muitas razões que, por exemplo, estabelecem a existência da vacuidade, mas poucas que provem a existência do inferno.

É útil, nesse contexto, tomar conhecimento sobre três diferentes tipos de fenômeno: manifesto, oculto e profundamente oculto. Fenômenos manifestos, como mesas e cadeiras, podem ser conhecidos diretamente por nossas percepções sensoriais, e fenômenos ocultos podem ser estabelecidos por raciocínios corretos; porém, os fenômenos profundamente ocultos somente podem ser conhecidos por confiar nas escrituras de Buda. Para nós, os infernos são fenômenos profundamente ocultos e, por isso, precisamos confiar nos ensinamentos de Buda para saber de sua existência.

Morrer e renascer nos infernos é como dormir e experienciar um pesadelo interminável. Vamos supor que fomos dormir e que sonhamos estar caindo em um apavorante abismo, no qual todos os tipos de monstros horríveis e torturadores cruéis começam a nos atacar e a infligir insuportável dor, mas, em vez de acordarmos, permanecemos nesse sonho por um tempo inconcebivelmente longo. Estaríamos, praticamente e para todos os efeitos, no inferno. De modo semelhante, quando morremos, todas as aparências desta vida se esvaem e são substituídas pelas aparências semelhantes-a-um-sonho do estado intermediário. Se carma negativo pesado amadurece, sentimos como se estivéssemos caindo em um abismo escuro e horripilante, sendo arrastados por criaturas medonhas que se deleitam com nossa aflição e infligem sobre nós toda espécie de dores excruciantes. Essas aparências aterrorizantes ficarão cada vez piores e continuarão, mais e mais, aparecendo por uma eternidade. Isso é o inferno.

Os infernos não são lugares com localização geograficamente precisa, tampouco existem do seu próprio lado; os infernos são, meramente, aparências para uma mente impura, assim como um pesadelo. Como Shantideva diz em *Guia do Estilo de Vida do Bodhisattva*:

> Quem, propositadamente, cria as armas
> Que ferem os seres-dos-infernos?
> Quem cria o solo de ferro ardente?
> De onde as alucinações tentadoras surgem?
>
> O Capaz diz que todas essas coisas
> Vêm, tão somente, de mentes más.
> Assim, não há nada a temer nos três mundos
> Que não venha da mente.

Na medida em que ambos são meras aparências à mente, tanto as Terras Puras quanto os reinos do inferno são o mesmo. Terras Puras são aparências a mentes puras, que podem ser vistas somente por aqueles que alcançaram visão pura; e os reinos do inferno são aparências a mentes impuras, que são vistas por aqueles que têm carma negativo pesado amadurecendo.

Quando tivermos alguma convicção da existência dos três reinos inferiores, devemos contemplar que tipo de sofrimento experienciaríamos se renascêssemos ali. No momento presente, não conseguimos suportar nem mesmo uma leve queimadura na mão, mas, se renascermos nos infernos quentes, teremos de experienciar insuportáveis tormentos por períodos inconcebivelmente longos. Será como ficar preso, pela eternidade, dentro de um vulcão. De modo semelhante, no momento presente, não conseguimos suportar perder uma simples refeição, mas, se renascermos como um fantasma faminto, teremos de passar anos sem o que comer ou beber, e quando encontrarmos um resto de alimento para comer, isso irá se transformar em uma substância repulsiva, como pus ou sangue. Nesta vida humana, não conseguimos suportar nem mesmo ser chamados de *cachorro*, mas, se renascermos no reino animal como um cachorro, teremos de passar nossa vida inteira sobre quatro patas, com uma mente letárgica e estúpida, procurando por comida em meio ao lixo e defendendo-nos constantemente de predadores.

Se não conseguirmos desenvolver qualquer convicção sobre os reinos do inferno ou sobre o reino dos fantasmas famintos, podemos pensar, ao menos, sobre os sofrimentos do reino animal e desenvolver medo de renascer nele. Podemos imaginar que somos uma ovelha exposta ao sol e à chuva e a todas as variações climáticas, somente com grama suja para comer, apenas esperando ser arrastada à força para o matadouro e ser esquartejada, de maneira que outros possam comer nosso corpo; ou podemos imaginar que somos uma lagosta sendo fervida viva, ou um sapo, ou uma cobra venenosa, ou um inseto que é esmagado ou borrifado com veneno apenas porque existe. Não temos garantia alguma de que não tomaremos um renascimento sob essas formas. A hora da morte é incerta; podemos morrer hoje à noite e estarmos, amanhã, no corpo de um animal.

Pensando dessa maneira, desenvolvemos uma forte sensação de desconforto e começamos a pensar sobre como podemos nos proteger de um destino horrível como esse. Contemplando as qualidades especiais das Três Joias Preciosas, veremos que somente elas têm o poder de nos proteger de renascer em reinos inferiores e, por esse motivo, nossa mente será estimulada a buscar refúgio nelas. Nosso verdadeiro refúgio é praticar o Dharma, e o Dharma que nos impede de cair em reinos inferiores é a disciplina moral de evitar não-virtude e de praticar virtude. Por essa razão, do fundo de nosso coração devemos pedir a Lama Losang Tubwang Dorjechang que nos abençoe para nos empenharmos puramente nessas práticas.

Não devemos pensar que, apenas porque estamos praticando o Mantra Secreto, estamos acima de tais práticas e não temos necessidade de gerar medo dos reinos inferiores. Se não conseguirmos buscar o refúgio do escopo inicial, não há maneira de sermos capazes de buscar o refúgio do grande escopo. É muito importante meditar regularmente no ciclo completo de meditações sobre as etapas do caminho, como as que são apresentadas no livro *Novo Manual de Meditação*. Não é suficiente ter, simplesmente, uma compreensão intelectual dos ensinamentos; precisamos trazê-los ao coração por meio de meditação, muitas e muitas vezes, até que nossa mente mude genuinamente. Se meditarmos regularmente sobre as etapas do caminho, desenvolveremos um sentimento especial por essas práticas e ficaremos deleitados sempre que ouvirmos ensinamentos de Lamrim; mas, se não meditarmos regularmente, ouvindo com atenção esses ensinamentos, iremos nos sentir como se estivéssemos a comer o mesmo alimento muitas e muitas vezes. Além disso, se trouxermos ao coração essas instruções por meio de meditação regular e nossa mente for, genuinamente, transformada por elas, teremos grande poder para influenciar os outros, dando-lhes ensinamentos e conselhos; porém, alguém que tente ensinar o Dharma, mas com pouca ou nenhuma experiência meditativa, não terá poder para ajudar os outros.

DESENVOLVER O DESEJO DE OBTER A LIBERTAÇÃO

Violentamente arremessado pelas ondas da delusão e do carma
E atormentado pelos monstros marinhos dos três sofrimentos,
Busco tuas bênçãos para desenvolver o forte desejo por libertação
Do ilimitado e apavorante oceano do samsara.

Considerando que o Dharma de um praticante do escopo inicial começa pela redução do apego à felicidade desta vida e o desenvolvimento do desejo por renascimentos elevados em vidas futuras, o Dharma de um praticante do escopo intermediário começa com a redução do apego à felicidade das vidas futuras e o desenvolvimento do desejo de obter libertação de todos os renascimentos samsáricos. Esse desejo, que é denominado "renúncia", não surge naturalmente, mas precisa ser cultivado deliberadamente. Sem desenvolver esse desejo, não faremos qualquer esforço para alcançar a libertação e, por esse motivo, permaneceremos aprisionados ao samsara. A raiz de todo o Dharma é aspiração. Aspiração induz esforço, e esforço conduz às realizações de Dharma. Quando, por meio de meditação, o desejo de fugir do samsara surgir naturalmente, ao longo do dia e da noite, teremos obtido a realização espontânea de renúncia. A partir desse momento, todas as nossas ações virtuosas serão causas de libertação.

A maneira de desenvolver o desejo de obter libertação é contemplar os ensinamentos do escopo intermediário. De acordo com Je Tsongkhapa, em *Grande Exposição das Etapas do Caminho*, existem duas maneiras de fazer isso: contemplando as Quatro Nobres Verdades e contemplando os doze elos dependente-relacionados. Quando contemplamos essa estrofe de *Oferenda ao Guia Espiritual*, estamos praticando o primeiro método.

O samsara é como um ilimitado e apavorante oceano, pois ele é repleto de muitos tipos diferentes de sofrimento, do mesmo modo que um oceano é repleto de muitas criaturas estranhas. Além disso, assim como um oceano nunca irá secar, não importa por quanto tempo esperemos, o oceano do samsara nunca chegará ao fim por si próprio. A razão pela qual estamos presos nesse oceano de sofrimento está indicada pelo primeiro verso da estrofe, que revela as verdadeiras origens. Nossas delusões são tão fortes que estão constantemente nos obrigando a cometer carma negativo, o que nos faz renascer no samsara vezes sem conta. Enquanto nossas mentes estiverem sob a influência de delusão e carma, não teremos liberdade interior; delusão e carma são como violentas ondas que nos arremessam, incontrolavelmente, de um estado de sofrimento para outro.

A segunda estrofe mostra como desenvolver o desejo de obter libertação do samsara por contemplar os verdadeiros sofrimentos. De acordo com as etapas do caminho, temos que contemplar os três sofrimentos, os seis sofrimentos e os oito sofrimentos, embora somente o primeiro deles seja mencionado explicitamente aqui. Os três sofrimentos são: o sofrimento manifesto, o sofrimento de mudança e o sofrimento-que-permea. Renúncia não é, meramente, o desejo de abandonar sofrimentos manifestos, como dor mental e física. Até mesmo animais desejam se livrar desses sofrimentos, mas não diríamos que eles têm renúncia. De modo semelhante, o desejo de se libertar do sofrimento de mudança não é renúncia genuína. Por exemplo, existem muitos não-budistas que reconhecem que felicidade e prazeres comuns não duram, mas que se transformam, invariavelmente, em sofrimento e desapontamento; como resultado, eles buscam formas mais refinadas de felicidade por meio da prática espiritual. Porém, mesmo isso não é verdadeira renúncia. Verdadeira renúncia é uma mente que reconhece a natureza do sofrimento-que-permea e deseja abandoná-lo.

O que é o sofrimento-que-permea? São, simplesmente, os agregados contaminados dos seres samsáricos. Por exemplo, quando tomamos renascimento como um ser humano, tomamos agregados humanos; quando tomamos renascimento como um animal, tomamos agregados de um animal; e quando tomamos renascimento como um deus, tomamos agregados de um deus. Se tomamos agregados humanos, não temos escolha a não ser experienciar os sofrimentos do reino humano; se tomamos os agregados de um animal, não temos escolha a não ser experienciar os sofrimentos do reino animal; e se tomamos os agregados de um deus, não temos escolha a não ser experienciar os sofrimentos dos reinos dos deuses. Todos os diferentes tipos de sofrimento no samsara surgem de agregados samsáricos, do mesmo modo que ondas surgem de um oceano; por essa razão, os agregados samsáricos são, eles próprios, o sofrimento-que-permea. Enquanto permanecermos com agregados contaminados, quer habitemos nos mais elevados reinos dos deuses ou no mais profundo inferno, atrairemos sofrimento como um ímã atrai ferro. Se nos aferrarmos aos agregados samsáricos, tomaremos renascimentos no samsara, e se tomarmos renascimentos no samsara, experienciaremos sofrimento. Portanto, o verdadeiro objeto a ser evitado são os agregados samsáricos, e são eles que a mente de renúncia procura abandonar. Como Geshe Potowa diz:

> Não é doença nem morte o que eu mais temo; tenho mais medo de um renascimento samsárico.

Contemplando desse modo, devemos desenvolver um profundo sentimento de aversão, ou repulsa, pelo samsara e um forte desejo por libertação; e devemos fazer pedidos sinceros a Lama Losang Tubwang Dorjechang que conceda suas bênçãos para sermos bem-sucedidos nessa prática.

Para fugir do samsara, temos de erradicar todas as delusões da nossa mente. Algumas vezes, isso parece ser impossível, como se a mente e as delusões estivessem inseparavelmente misturadas. De fato, há uma escola não budista, a escola Mimasaka, que acredita que o samsara não tem fim porque a mente e as delusões são a mesma entidade. Entretanto, as delusões podem, na verdade, ser removidas da mente pelo abandono do agarramento ao em-si, que é a raiz da qual todas elas surgem. Je Tsongkhapa diz que o agarramento ao em-si é como uma jaula feita de ferro, na qual estamos presos, e que para fugir dela precisamos realizar a vacuidade – isto é, temos de realizar que o objeto do nosso agarramento ao em-si não existe. Sem essa realização, o samsara não tem fim.

Quando treinamos nessas práticas, é muito importante não gerar falsa renúncia. Por exemplo, a renúncia não nos impõe abandonar nossa família e amigos, tampouco nos impõe viver uma vida de pobreza. Se pobreza fosse renúncia, pessoas pobres seriam renunciantes e pessoas ricas, não. Pobreza é, simplesmente, o resultado de avareza, e riqueza é o resultado da prática de dar. Se possuir riqueza fosse um obstáculo ao desenvolvimento de renúncia, qualquer pessoa que praticasse o dar estaria obstruindo seu caminho à libertação!

Embora tenhamos de contemplar o sofrimento para gerar renúncia, a renúncia não é, ela própria, uma mente obscura, que deprime. Renúncia é uma mente feliz com o conhecimento de que existe uma maneira de se tornar livre do sofrimento samsárico e que se empenha, alegremente, nas práticas que conduzem à libertação. Ao passo que a mente samsárica comum oscila entre o entusiasmo e o desânimo, a renúncia é uma mente equilibrada que está constantemente positiva.

Enquanto estamos praticando o Dharma do escopo intermediário, não devemos nos tornar inflexíveis, fechados ou demasiadamente sérios. Devemos continuar a andar na companhia de nossos amigos e de nossa família, cuidar de nossa saúde, nos alimentar e nos prover de roupas, e praticar o Dharma de uma maneira confortável e inteligente. Uma pessoa doente não sente prazer em tomar remédios, mas o faz devido à necessidade. Do mesmo modo, se temos renúncia, não estamos apegados a comida, roupas e assim por diante; ao contrário, nos utilizamos de tudo isso com moderação, para criarmos boas condições para nossa prática de Dharma.

Algumas pessoas desenvolvem renúncia muito rapidamente. Algumas vezes, isso se dá pelo amadurecimento de poderosas marcas de vidas anteriores e, outras vezes, isso se dá devido a uma prática muito habilidosa. Quando estamos treinando renúncia, devemos ter uma mente muito ampla e nos esforçarmos para utilizar qualquer oportunidade a fim de que aumentemos nossa aversão pelo samsara. Um genuíno homem de negócios está sempre atento a novas maneiras de ter lucro, e, do mesmo modo, devemos estar sempre observando o que acontece a nossa volta em busca de mais razões para deixarmos o samsara. Se tivermos sabedoria, tudo o que virmos irá nos ensinar algo. Como Milarepa disse:

> Eu não tenho necessidade de livros, pois todos os objetos ao meu redor são meus livros. Deles, eu aprendo sobre morte e impermanência, as desvantagens do samsara e a vacuidade de todos os fenômenos.

Se praticarmos desse modo, permanecendo sempre plenamente conscientes e concentrados, todas as nossas experiências diárias irão aprimorar nossas meditações, e nossas meditações irão guiar nossas vidas cotidianas. Se misturarmos, desse modo, nossa vida por inteiro com o Dharma, rapidamente obteremos realizações.

Se somos seguidores do Mahayana e estamos buscando ingressar nos Caminhos Mahayana, é essencial, em primeiro lugar, treinar renúncia. Renúncia é a causa de grande compaixão, que, por sua vez, é a causa da bodhichitta. Se não formos extremamente conscientes da natureza de sofrimento dos nossos agregados contaminados, como poderemos compreender o sofrimento dos outros e desejar resgatá-los do samsara? A única diferença entre treinar renúncia e treinar compaixão é que, ao treinar renúncia, focamos nosso próprio sofrimento, e, ao treinar compaixão, focamos os sofrimentos dos outros. Mais detalhes sobre as Quatro Nobres Verdades e sobre o desenvolvimento de renúncia podem ser encontrados nos livros *Como Solucionar Nossos Problemas Humanos* e *Caminho Alegre da Boa Fortuna*.

COMO PRATICAR O CAMINHO QUE CONDUZ À LIBERTAÇÃO

Abandonando a mente que vê, como um jardim de prazeres,
Esta prisão insuportável do samsara,
Busco tuas bênçãos para erguer o estandarte vitorioso da libertação,
Mantendo os três treinos superiores e as riquezas dos Superiores.

Quando desenvolvemos o desejo por libertação, abandonamos o apego ao samsara. Não mais consideramos os prazeres samsáricos como objetos agradáveis e que desejamos, mas objetos enganosos a serem evitados. Embora o samsara apareça, para a mente deludida, como um jardim agradável, na realidade ele é como uma prisão cheia de medonhas câmaras de tortura. Para fugir dessa prisão, precisamos praticar os três treinos superiores: treino em disciplina moral superior, treino em concentração superior e treino em sabedoria superior. Eles são denominados "treinos superiores" porque são motivados por renúncia, que é uma mente sublime.

Como já foi mencionado, a raiz do samsara é o agarramento ao em-si e, para abandoná-lo, precisamos realizar, por meio da realização da vacuidade de todos os fenômenos, que seu objeto é não existente. No entanto, somente uma compreensão intelectual da vacuidade não é suficiente para abandonar o agarramento ao em-si. Portanto, a realização direta é necessária. Assim, o treino em sabedoria superior consiste no empenho pela realização direta da vacuidade, com a qual abandonaremos o agarramento ao em-si. Somente poderemos obter a realização da vacuidade se nossa mente for muito calma e concentrada; por isso, treinar em sabedoria superior depende do treino em concentração superior. Para obter o tranquilo-permanecer, precisamos de uma mente pura e que não se distraia, de forte contínua-lembrança, vigilância e conscienciosidade. Isso pode ser obtido somente pela prática de disciplina moral pura. Disciplina moral é como uma cerca. Assim como uma cerca ao redor de um jardim possibilita o crescimento de plantas e a produção de frutos por impedir a entrada de animais, a disciplina moral possibilita que a árvore da concentração se desenvolva e produza o fruto da sabedoria pois impede ações negligentes ou descuidadas que perturbem a mente.

Em resumo, treinar em sabedoria superior depende do treino em concentração superior, que, por sua vez, depende do treino em disciplina moral superior. Para cortar uma árvore, precisamos de um machado afiado empunhado por uma mão firme, dirigida por um corpo robusto. Do mesmo modo, para cortar o agarramento ao em-si, a raiz do samsara, precisamos do machado afiado da sabedoria, empunhado pela mão firme da concentração e dirigida pelo corpo robusto da disciplina moral. Por essa razão, devemos rezar a Lama Losang Tubwang Dorjechang que conceda suas bênçãos para sermos bem-sucedidos nessas práticas.

Khedrub Ngawang Dorje

Quando alcançarmos uma realização direta da vacuidade, iremos nos tornar um Ser superior. A partir desse momento, seremos muito ricos, não por dispormos de riqueza comum, mas porque iremos possuir as sete riquezas dos Superiores: fé, disciplina moral, ter ouvido com atenção muitos ensinamentos profundos, generosidade, senso de vergonha, senso de consideração pelos outros e sabedoria.

COMO GERAR GRANDE COMPAIXÃO, O FUNDAMENTO DO MAHAYANA

Contemplando como todos esses pobres migrantes são minhas mães,
Que, por bondade, têm apreciado e cuidado de mim muitas e muitas vezes,
Busco tuas bênçãos para gerar espontânea compaixão,
Como a de uma mãe amorosa por seu mais querido filho.

As práticas do escopo intermediário não devem ser vistas como um fim em si mesmas, mas como preparações aos treinos mahayana. Se fôssemos praticar os três treinos superiores simplesmente para obter libertação apenas para nós mesmos, seríamos como um filho aprisionado com sua mãe, que procura uma maneira de libertar a si mesmo, mas que deixa sua mãe para trás. Quando soubermos como fugir do samsara, deveremos nos empenhar para gerar um forte desejo de libertar todos os seres vivos desta prisão de sofrimento. Para sermos capazes de fazer isso, precisamos ingressar no Mahayana e conquistar a Budeidade.

A porta de ingresso ao Mahayana é a bodhichitta, e a raiz da bodhichitta é a grande compaixão. Portanto, precisamos começar treinando grande compaixão. Como Nagarjuna diz:

> Já que a raiz da bodhichitta é a grande compaixão, quem quer que busque a iluminação deve cultivar grande compaixão.

Existem dois métodos para desenvolver grande compaixão e bodhichitta: o método sétuplo de causa e efeito e o método de equalizar e de trocar eu por outros. O método sétuplo foi transmitido por Buda Maitreya a Chandragomin, e o método de equalizar e de trocar eu por outros foi transmitido por Buda Manjushri a Shantideva. *Oferenda ao Guia Espiritual* explica ambos os métodos – o primeiro, de modo breve com essa estrofe; o segundo, extensivamente, com as estrofes que seguem.

De acordo com o primeiro método, começamos aprendendo a reconhecer todos os seres sencientes como nossas mães por contemplar razões lógicas, as escrituras de Buda e analogias úteis. Precisamos não apenas compreender que cada ser vivo *foi* nossa mãe em algum momento no passado, mas que cada ser vivo *continua sendo* nossa mãe. Se nossa mãe desta vida viesse a morrer e renascesse como um cachorro, ela não deixaria de ser nossa mãe. O fato de ela nos ter dado à luz, nos alimentado e cuidado de nós não é alterado por sua morte. Do mesmo modo, todas as nossas mães das nossas vidas passadas morreram e renasceram sob diferentes formas e, embora não mais as reconheçamos, elas continuam sendo nossas mães. Assim, sempre que virmos qualquer ser vivo, mesmo que uma minúscula formiga no chão, devemos pensar: "Esta é minha bondosa mãe".

A bondade de nossas mães passadas não é diminuída pelo fato de terem sido bondosas conosco no passado. Por exemplo, se alguém nos deu certa quantia de dinheiro na semana passada e alguém mais nos der a mesma quantia esta semana, não podemos dizer que a primeira pessoa foi menos bondosa que a segunda simplesmente porque ela nos ajudou no passado. Do mesmo modo, embora nossas mães passadas tenham nos ajudado no passado, elas continuam sendo bondosas. Se compreendermos isso, realizaremos que a bondade de uma minúscula formiga no chão é igual à bondade de nossa mãe atual.

Contemplando a bondade que temos recebido muitas e muitas vezes de todos os seres sencientes-mães, desenvolvemos um sentimento especial de ternura e afeição por eles. Esse sentimento é denominado "amor afetuoso" e é a causa principal da mente de compaixão.

Se sentirmos afeição por alguém e pensarmos sobre seu sofrimento, naturalmente acharemos seu sofrimento insuportável e vamos querer interrompê-lo. A mente que não suporta o sofrimento dos outros é compaixão. Por outro lado, não consideraremos, necessariamente, o sofrimento dos outros insuportável nem desenvolveremos o desejo de protegê-los se não nos sentirmos próximos deles. De fato, quando, algumas vezes, pensamos em nossos inimigos experienciando sofrimento, podemos até mesmo sentir prazer ao invés de compaixão. Gerar amor afetuoso é, portanto, um pré-requisito essencial para gerar compaixão. Compreendendo isso, pedimos a Lama Losang Tubwang Dorjechang que conceda suas bênçãos para que, por gerarmos amor afetuoso, possamos desenvolver uma compaixão espontânea por todos os seres vivos que seja tão forte quanto a compaixão de uma mãe por seu mais querido filho.

EQUALIZAR EU COM OUTROS

Já que ninguém deseja sequer o mais leve sofrimento,
Ou nunca se contenta com a felicidade que tem,
Não há diferença entre mim e os outros;
Compreendendo isso, busco, com alegria, tuas bênçãos para fazer os outros felizes.

As próximas seis estrofes explicam o método para gerar grande compaixão e bodhichitta por meio de equalizar e trocar eu por outros. Essas práticas são muito profundas e mais poderosas que as práticas do método sétuplo de causa e efeito, e produzem uma compaixão mais forte e uma bodhichitta superior à do método sétuplo; porém, não são fáceis de praticar e, em alguns casos, dão margem a interpretações equivocadas. Já que grande habilidade e sabedoria são necessárias para praticar esse método, durante um longo período ele foi tratado como um "Dharma secreto" e transmitido a discípulos aptos somente por instruções orais diretas do Guia Espiritual.

O método propriamente dito para gerar grande compaixão de acordo com esse sistema é o método de trocar eu por outros, que significa trocar o objeto de nosso apreço – em vez de apreciarmos somente a nós mesmos e desconsiderarmos os interesses dos outros (que é exatamente o que fazemos hoje), devemos apreciar somente os outros e desconsiderar nossos próprios interesses. Para realizar essa mudança de atitude precisamos, primeiramente, equalizar eu com outros, que significa, ao menos, aprender a apreciar os outros tanto quanto apreciamos a nós mesmos.

Contemplações extensas para equalizar eu com outros podem ser encontradas nos livros *Contemplações Significativas*, *Oito Passos para a Felicidade* e *Compaixão Universal*. Em *Oferenda ao Guia Espiritual*, o primeiro Panchen Lama fornece, somente, breves raciocínios para consideração. Devemos pensar:

> *Assim como desejo ser feliz, todos os demais seres vivos também desejam ser felizes; e assim como não desejo sequer o mais leve sofrimento, tampouco ninguém o deseja. Desse ponto de vista, somos, todos, exatamente iguais. Portanto, não há razão pela qual eu deva considerar minha própria felicidade ou meu próprio sofrimento como mais importantes que a felicidade e o sofrimento de qualquer outro ser.*

Podemos adicionar outros raciocínios utilizados por Shantideva em *Guia do Estilo de Vida do Bodhisattva*:

> *Quando penso sobre meu sofrimento, estou considerando somente uma única pessoa, mas quando penso sobre os sofrimentos dos outros, estou considerando incontáveis seres. Como posso ficar preocupado apenas com meu próprio sofrimento e ignorar o de todos?*
>
> *Se uma mãe e seu filho estão juntos em uma prisão, como pode o filho planejar sua própria liberdade sem, também, considerar a liberdade de sua mãe? Mas eu estou na prisão do samsara com incontáveis mães; portanto, como posso pensar somente em meu próprio bem-estar e ignorar o bem-estar delas?*

Por contemplar desse modo, iremos gerar a seguinte determinação:

> *A partir de agora, irei apreciar os outros tanto quanto aprecio a mim mesmo.*

Tomamos, então, essa resolução como nosso objeto de meditação posicionada e nos concentramos nela de modo estritamente focado. Dessa maneira, gradualmente, desenvolveremos um amor afetuoso especial por todos os seres vivos e seremos capazes de manter esse amor durante todo o tempo, mesmo durante o intervalo entre as meditações.

Se ficarmos habituados a gerar pensamentos amorosos e bondosos, iremos nos sentir sempre contentes e satisfeitos quando nos encontrarmos com os outros, do mesmo modo que uma mãe fica deleitada quando vê seu querido filho. Gradualmente, os outros virão a gostar de nós e muitos dos nossos problemas que surgem da raiva e da inveja desaparecerão. Assim, mesmo a curto prazo, o amor afetuoso traz muitos benefícios.

Desenvolver mentes como a de amor afetuoso, dirigidas a todos os seres vivos é, simplesmente, uma questão de familiaridade. Podemos, com prática, nos habituar a qualquer coisa, e se treinarmos sinceramente em amor afetuoso por um longo período, sentiremos, por fim, amor por todos os seres, incluindo aqueles de quem não gostamos atualmente. Shantideva fornece muitas razões pelas quais isso pode ser alcançado. Portanto, devemos perseverar na tentativa de gerar amor afetuoso por meio da prática de equalizar eu com outros, e devemos pedir a Lama Losang Tubwang Dorjechang que nos abençoe para sermos bem-sucedidos nessa prática. Quando tivermos gerado amor afetuoso, acharemos muito fácil gerar grande compaixão e, com essa realização, a bodhichitta virá facilmente. Como mahayanistas, devemos considerar o desenvolvimento da bodhichitta como nossa prática-coração.

OS PERIGOS DO AUTOAPREÇO

Vendo que essa doença crônica de apreciar a mim mesmo
É a causa que dá origem a sofrimento indesejado,
Busco tuas bênçãos para destruir esse grande demônio do egoísmo,
Por me opor a ele – o objeto da acusação.

Quando tivermos nos habituado a apreciar os outros tanto quanto apreciamos a nós mesmos, precisaremos, então, dar um passo adiante e aprender a apreciar os outros mais do que apreciamos a nós mesmos. Para fazer isso, precisamos, primeiro, compreender as muitas desvantagens do autoapreço.

Todos os sofrimentos do samsara surgem do autoapreço. Se refletirmos, veremos que todo sofrimento que experienciamos no passado, todo sofrimento que estamos a experienciar agora e todo sofrimento que experienciaremos no futuro devem-se ao autoapreço. O motivo é que sofrimento é o resultado de ações negativas, e todas as ações negativas originam-se do autoapreço.

Se nossos desejos não são satisfeitos ou se experienciamos problemas, ficamos infelizes. Por quê? A razão é que estamos pensando, apenas, em nossa própria felicidade. As pessoas que superaram o autoapreço nunca se sentem infelizes, mesmo quando estão doentes ou morrendo. Por que Bodhisattvas superiores são capazes de cortar seus corpos e dá-los aos outros sem experienciar qualquer dor ou sentimento de perda? É somente porque eles superaram seu autoapreço. Se pudéssemos abandonar o autoapreço, experienciaríamos muitos benefícios. Solucionaríamos, a curto prazo, muitos dos nossos problemas diários e, a longo prazo, seríamos capazes de gerar as preciosas mentes da compaixão e da bodhichitta.

Contemplando esses pontos, veremos que o autoapreço é o verdadeiro demônio; é ele quem deve ser acusado por toda a nossa infelicidade e infortúnio. Portanto, devemos decidir, com muita firmeza, parar de apreciar a nós mesmos e sustentar essa decisão com concentração estritamente focada, em meditação posicionada. Precisamos fazer essa meditação muitas e muitas vezes, por um longo período, até que as desvantagens do autoapreço sejam óbvias para nós e tenhamos um constante desejo de abandoná-lo. Rezamos a Lama Losang Tubwang Dorjechang que conceda suas bênçãos para sermos capazes de abandonar o autoapreço.

OS BENEFÍCIOS DE APRECIAR OS OUTROS

Vendo que a mente que aprecia os seres-mães e assegura sua felicidade
É a passagem que conduz a infinitas boas qualidades,
Busco tuas bênçãos para apreciar esses seres mais que a minha vida,
Mesmo que se ergam contra mim, como meus inimigos.

Da mesma maneira que apreciar a nós mesmos é a causa de todo sofrimento, apreciar os outros é a fonte de todas as boas qualidades. Assim como não podemos pensar em uma única ação negativa que não surja do autoapreço, também não podemos pensar em uma única ação virtuosa que não surja de apreciar os outros.

Se apreciarmos os outros, naturalmente faremos ações virtuosas – como dar, disciplina moral e paciência; como resultado, experienciaremos grande felicidade no futuro. Todos nós queremos felicidade, e felicidade vem de ações virtuosas. Se apreciarmos os outros, naturalmente praticaremos virtude; portanto, apreciar os outros satisfaz todos os nossos desejos. Foi por essa razão que Geshe Langri Tangpa referiu-se à prática de apreciar os outros como uma "joia-que-satisfaz-os-desejos".

No momento atual, quando mostramos amor ou preocupação pelos outros, fazemos isso com parcialidade, favorecendo alguns e negligenciando outros. Treinando nesses métodos, viremos a apreciar todos os seres vivos igualmente, sem qualquer traço de apego, parcialidade ou preconceito. Com uma motivação pura como essa, todas as nossas ações virtuosas irão se tornar muito poderosas e serão a causa de grande felicidade tanto para nós mesmos quanto para os outros.

Compreendendo os grandes benefícios de apreciar os outros, devemos pedir a Lama Losang Tubwang Dorjechang que nos abençoe, de modo que possamos apreciar todos os seres vivos mais que a nossa vida, mesmo que se ergam contra nós como nossos inimigos.

TROCAR EU POR OUTROS

Em resumo, já que os infantis estão preocupados apenas consigo mesmos,
Ao passo que os Budas trabalham, exclusivamente, para o benefício dos outros,
Busco tuas bênçãos para distinguir falhas de benefícios
E, assim, ser capaz de me trocar por outros.

Visto que apreciar a mim mesmo é a porta para todas as falhas,
E apreciar os seres-mães é o fundamento de todas as boas qualidades,
Busco tuas bênçãos para tomar, como minha prática essencial,
O ioga de trocar eu por outros.

Essas duas estrofes resumem a prática propriamente dita de trocar eu por outros. Os Budas conquistaram a iluminação abandonando o autoapreço e apreciando somente os outros e, por essa razão, são capazes de trabalhar continuamente pelos outros. Os seres samsáricos, por outro lado, são como crianças, pois estão preocupados somente com seu próprio bem-estar e, como resultado, permanecem presos no samsara. Temos tomado, desde tempos sem início, incontáveis renascimentos no samsara por causa do nosso autoapreço, mas os Budas desistiram do autoapreço e conquistaram a iluminação. A única diferença entre nós e os Budas é que estamos agarrados ao autoapreço, ao passo que os Budas o abandonaram.

Os Budas não são Budas desde sempre. Em certa época, eles eram exatamente como nós, mas assumiram a responsabilidade de trabalhar pelos outros e libertarem a si mesmos do samsara, enquanto nós permanecemos presos por nossa *autopreocupação*. Como Shantideva diz:

> Mas que necessidade há para falar longamente sobre isso?
> Os infantis trabalham, apenas, para si mesmos,
> Ao passo que os Budas trabalham, somente, para os outros –
> Apenas veja a diferença entre eles!

Certa época, um iogue chamado Drugpa Kunleg foi a Lhasa para prestar homenagem a uma estátua de Buda Shakyamuni. Quando chegou diante da estátua, ele se prostrou a ela, exclamando:

> Ó Buda, no início, tu e eu éramos exatamente iguais,
> Mas, depois, conquistaste a Budeidade pelo poder de teu esforço,
> Enquanto, devido a minha preguiça, permaneço no samsara;
> Por isso, devo, agora, prostrar-me a ti.

Precisamos contemplar, muitas e muitas vezes, de que modo o autoapreço é a porta para todas as falhas e gerar a determinação de abandoná-lo; e precisamos contemplar, muitas e muitas vezes, de que modo apreciar os outros é a fonte de todas as boas qualidades e gerar a determinação de praticá-lo. Meditando nessas duas determinações por um longo tempo e mantendo-as em nosso coração durante o intervalo entre as meditações, viremos naturalmente a apreciar os outros mais que a nós mesmos. Portanto, devemos rezar a Lama Losang Tubwang Dorjechang que abençoe nossa mente para que tornemos o ioga de trocar eu por outros a nossa prática-coração.

TOMAR E DAR

Portanto, Ó Compassivo, Venerável Guru, busco tuas bênçãos
Para que todo sofrimento, negatividades e obstruções dos seres sencientes-mães
Amadureçam em mim neste instante;
E, por dar minha felicidade e virtude aos outros,
Que todos os seres migrantes sejam felizes.

A prática de tomar e dar é um método especialmente poderoso para desenvolver as realizações de amor, compaixão e de trocar eu por outros. Para enfatizar sua importância, essa estrofe possui cinco versos, ao passo que todas as demais possuem quatro. O primeiro verso foi adicionado por Drungpa Taphupa, um dos discípulos do primeiro Panchen Lama, com a permissão do próprio Panchen Lama.

Quando praticamos tomar e dar, começamos pela prática de tomar pois os seres sencientes precisam ficar livres de seus sofrimentos antes que possam desfrutar da felicidade que daremos a eles. Para meditar em tomar, começamos imaginando que todos os seres dos seis reinos estão ao nosso redor e contemplamos seus sofrimentos. Desse modo, procuramos desenvolver o pensamento compassivo:

Que maravilhoso seria se todos esse pobres seres pudessem ser libertados do sofrimento e de suas causas!

Em seguida, geramos uma determinação especial:

Para que todos esses pobres seres possam ser libertados do sofrimento, tomarei seus sofrimentos sobre mim.

Com essa determinação, imaginamos que puxamos, ou atraímos, para nós todo o sofrimento, negatividades e obstruções de todos os seres ao nosso redor, na forma de uma fumaça preta. Essa fumaça se dissolve em nosso coração, onde destrói totalmente nossa mente de autoapreço. Pensamos, muito fortemente, que isso de fato aconteceu e desenvolvemos um grande sentimento de alegria. Meditamos nesse sentimento de alegria com concentração estritamente focada. Essa é a maneira como meditamos em tomar por meio de compaixão.

Tendo libertado todos os seres sencientes de seus sofrimentos, pensamos, em seguida, sobre sua felicidade. Embora todos os seres sencientes anseiem por felicidade, eles nunca encontram felicidade pura. A pouca felicidade que encontram é impura e de curta duração. Contemplando isso, desenvolvemos o pensamento:

> *Que maravilhoso seria se todos esses seres pudessem experienciar felicidade duradoura e pura!*

e, em seguida, geramos uma determinação especial:

> *Para que eles possam experienciar felicidade pura, transformarei minhas raízes de virtude, minha felicidade e minha boa fortuna em qualquer coisa que cada ser senciente necessite e a darei a eles.*

Com essa determinação, imaginamos que nosso corpo irradia incontáveis raios de luz que alcançam todos os seres vivos. Esses raios de luz satisfazem, imediatamente, todos os seus desejos, levando a eles tudo pelo que anseiam e concedendo-lhes felicidade incontaminada. Pensamos, fortemente, que isso está realmente acontecendo e sentimos grande alegria. Meditamos nesse sentimento de alegria com concentração estritamente focada. Essa é a maneira como meditamos em dar por meio de amor.

Em *Guia do Estilo de Vida do Bodhisattva*, Shantideva descreve um método pelo qual transformamos nosso corpo em uma joia-que-satisfaz-os-desejos, que irradia luz e satisfaz os desejos de todos os seres vivos. Esse método é explicado na página 262 deste livro. Se desejarmos, podemos incorporar esse método em nossa meditação sobre o dar.

Ngulchu Dharmabhadra

Se acharmos difícil tomar os sofrimentos dos outros, podemos começar tomando o nosso próprio sofrimento. Começamos tomando os sofrimentos de envelhecer, adoecer e morrer que teremos de experienciar no futuro próximo e, em seguida, tomamos os sofrimentos que, possivelmente, teremos de experienciar nas vidas futuras, como renascer em reinos inferiores. Puxamos, ou atraímos, sob a forma de uma fumaça preta, todos esses sofrimentos para o nosso coração e imaginamos que essa fumaça destrói totalmente nossa mente de autoapreço e nos liberta de ter de experienciar esses sofrimentos no futuro. Gradualmente, podemos ampliar o escopo de nossa meditação para tomar os sofrimentos de nossos amigos, familiares, vizinhos e assim por diante, até sermos capazes de tomar os sofrimentos de todos os seres vivos.

No início, essa prática é feita apenas na imaginação, mas, à medida que nossa concentração se aperfeiçoar, seremos realmente capazes de tomar o sofrimento dos outros e o nosso próprio sofrimento futuro. Por exemplo, podemos ter cometido uma ação negativa que irá resultar em um renascimento no inferno; mas, pela prática do tomar, podemos experienciar agora o efeito dessa ação negativa sob uma forma muito reduzida – possivelmente, como uma dor de cabeça. Cultivar o desejo de tomar o sofrimento dos outros, associado à determinação de destruir nosso próprio autoapreço, é uma forma muito poderosa de purificação. No entanto, como a maioria das práticas de purificação, esta prática frequentemente implica que experienciemos um pequeno sofrimento agora, de modo a purificar um potencial muito maior de sofrimento.

Se obtivermos alguma experiência em tomar e dar, poderemos transformar todas as circunstâncias difíceis em caminho à iluminação. Estaremos livres de obstáculos e até mesmo maus espíritos serão incapazes de nos prejudicar. Porque teremos a habilidade de transformar dificuldades em nossa prática espiritual, seremos felizes quando as coisas estiverem indo bem e felizes quando não estiverem indo bem; em outras palavras, seremos felizes o tempo todo.

Quando ficarmos familiarizados com a prática de tomar e dar, poderemos montar essa prática em nossa respiração. Com a motivação de compaixão, toda vez que inspirarmos, imaginamos que estamos inalando o sofrimento de todos os seres sencientes sob a forma de uma fumaça preta. Ela desce até o nosso coração e destrói nossa mente de autoapreço. Com a motivação de amor, toda vez que exalarmos, imaginamos que estamos expirando nossa felicidade e virtudes sob a forma de luz, que alcança todos os seres vivos e leva a eles felicidade e alegria. Devido a nossa mente estar intimamente relacionada com nossos ventos interiores, tal prática é muito poderosa em utilizar e subordinar nossos ventos interiores ao desenvolvimento de grande compaixão.

Devemos fazer sinceros pedidos a Lama Losang Tubwang Dorjechang que conceda suas bênçãos, a fim de sermos bem-sucedidos na prática de tomar e dar. Imaginamos que nosso Guia Espiritual concede suas bênçãos sob a forma de poderosas luzes e néctares, que se irradiam de seu coração e preenchem todo o nosso corpo. Todos os nossos obstáculos à prática de tomar e dar são eliminados e nossa mente é abençoada com as realizações de amor e de compaixão.

A apresentação das etapas do caminho em *Oferenda ao Guia Espiritual* é muito especial. Como foi mencionado anteriormente, esta prática inteira é uma preliminar à meditação Mahamudra. Normalmente, consideramos somente práticas como coletar preces de refúgio e coletar prostrações como preliminares à meditação Mahamudra, mas, na verdade, a prática do Lamrim é a verdadeira preliminar. Se pudermos realizar uma autêntica mudança de atitude por meio de práticas como o tomar e dar, isso será o melhor fundamento sobre o qual construiremos a prática do Mahamudra Vajrayana.

Algumas pessoas podem pensar que a Tradição Gelugpa não possui práticas preliminares, mas, na verdade, cada uma das etapas do Lamrim prepara a mente para a meditação do Mahamudra Vajrayana, pois cada etapa nos ajuda a desenvolver motivação pura e visão correta. Se tivermos isso, acharemos fácil a meditação Mahamudra;

porém, se formos carentes de meditações no Lamrim, a meditação Mahamudra não trará resultado algum. Portanto, é muito importante enfatizar mudanças autênticas da mente por meio da prática do Lamrim. Por exemplo, as preces para as seis práticas preparatórias para a meditação sobre as etapas do caminho incluem práticas para purificar negatividades, acumular mérito e receber bênçãos. Se as praticarmos com sinceridade e, então, perseverarmos para obter alguma experiência de renúncia, bodhichitta e da sabedoria que realiza a vacuidade, estaremos muito bem preparados para a meditação Mahamudra. Além dessas práticas, devemos também preparar nossa mente coletando, com uma boa motivação, cem mil preces de refúgio, cem mil prostrações e assim por diante. Essas práticas preliminares irão sustentar tanto nossas meditações no Lamrim quanto nossa meditação no Mahamudra, e irão ajudar ambas a serem bem-sucedidas.

É totalmente impossível obter realizações tântricas sem a motivação de bodhichitta. Há uma história de um praticante de Hevajra que tinha renúncia, mas não possuía bodhichitta. Embora meditasse extensivamente nos estágios de geração e de conclusão de Hevajra, ele foi capaz de alcançar, somente, o nível de um Hinayana Ingressante na Corrente. Posteriormente, eruditos explicaram que isso aconteceu porque esse praticante carecia da motivação de bodhichitta.

Gampopa possuía uma opinião elevada sobre suas realizações meditativas e gabou-se a Milarepa, alardeando que podia meditar, sem distrações, por sete dias inteiros. Sem se impressionar, Milarepa respondeu:

> Mesmo que pudesses permanecer concentrado em meditação por éons, sem ficares distraído mesmo que um tambor retumbasse em teu ouvido, isso nem começaria a se comparar com minha meditação sobre o AH-curto.

A meditação sobre o AH-curto é uma técnica muito profunda do Mahamudra, que faz com que o tummo, ou fogo interior, se inflame. Comparar a meditação de Gampopa a isso é como comparar um burro coxo com um garanhão puro-sangue, pois a meditação que Gampopa praticava nunca faria surgir grande êxtase espontâneo. No entanto, por meditar sobre o AH-curto dentro do canal central, na altura do umbigo, o canal central irá se abrir, o fogo interior irá se inflamar e isso dará surgimento à mente de grande êxtase espontâneo. Não obstante, se fizermos essa meditação sem a motivação de bodhichitta, não alcançaremos verdadeiras realizações. Todas as realizações do Mantra Secreto dependem da motivação de bodhichitta. Portanto, é mais importante preparar-se para a meditação Mahamudra meditando nas etapas do caminho. Compreendendo isso, devemos fazer constantes pedidos a Lama Losang Tubwang Dorjechang que conceda suas bênçãos para obtermos todas as realizações das etapas do caminho.

DO TERCEIRO AO SÉTIMO PONTOS DO TREINO DA MENTE

Embora sobre o mundo e seus seres, repletos com os efeitos do mal,
Desabem, como chuva, sofrimentos indesejados,
Isso é uma chance para exaurir os efeitos das ações negativas;
Compreendendo isso, busco tuas bênçãos para transformar condições adversas em caminho.

Em resumo, quer surjam condições favoráveis, quer desfavoráveis,
Busco tuas bênçãos para transformá-las no caminho de aperfeiçoar as duas bodhichittas,
Praticando as cinco forças, a essência de todos os Dharmas,
E assim manter, unicamente, uma mente feliz.

Busco tuas bênçãos para tornar extremamente significativos esta liberdade e dote
Por aplicar meditação imediatamente a tudo o que encontrar

Pelos meios habilidosos das quatro preparações
E por praticar os compromissos e preceitos do treino da mente.

Os sete pontos do treino da mente, enumerados pelo Bodhisattva Chekhawa, são:

(1) As práticas preliminares do treino da mente;
(2) A prática principal: treinar as duas bodhichittas;
(3) Transformar condições adversas em caminho à iluminação;
(4) Como integrar todas as nossas práticas diárias;
(5) Avaliação do êxito do treino da mente;
(6) Os compromissos do treino da mente;
(7) Os preceitos do treino da mente.

O primeiro ponto inclui as meditações sobre nossa preciosa vida humana, impermanência e morte, ações e seus efeitos e as falhas do samsara. Isso já foi explicado nas instruções anteriores. O segundo ponto diz respeito ao treino nas duas bodhichittas: a bodhichitta convencional e a bodhichitta última. O método para gerar a bodhichitta convencional está explicado na próxima sessão, e o método para gerar a bodhichitta última será explicado abaixo. Portanto, em primeiro lugar, essas estrofes dizem respeito do terceiro ao sétimo pontos do treino da mente.

As pessoas destes tempos degenerados encontram muitos obstáculos a sua prática de Dharma; mas, ao invés de se sentirem desencorajados por esses obstáculos, os mahayanistas, que se empenham em alcançar a iluminação para o benefício de todos os seres vivos, devem transformar esses obstáculos em caminho e utilizá-los para fortalecer sua prática. Existem duas maneiras de fazer isso: transformando condições adversas em caminho pela adoção de uma linha especial de pensamento e transformando condições adversas em caminho pela prática das quatro preparações.

Existem duas maneiras de transformar condições adversas em caminho pela adoção de uma linha especial de pensamento: transformar condições adversas em caminho por meio do método e transformar condições adversas em caminho por meio de sabedoria. De acordo com a primeira maneira, devemos responder às condições adversas usando-as para fortalecer nossa renúncia e compaixão. Assim, quando estivermos experienciando sofrimentos, devemos relembrar que isso se deve ao fato de termos renascido no samsara e que, se não quisermos sofrimentos ainda maiores no futuro, precisamos obter libertação nesta vida. Desse modo, nossos sofrimentos irão nos impulsionar a praticar o Dharma mais puramente. Podemos, também, seguir os conselhos de Atisha em *Luz para o Caminho* e usar nossa experiência de dor para nos tonarmos mais conscientes da imensa dor experienciada pelos incontáveis seres sencientes. Desse modo, iremos aumentar nossa compaixão. Motivados por compaixão, podemos, então, fazer a prática de tomar o sofrimento dos outros.

Em *Guia ao Caminho do Meio*, Chandrakirti explica como um Bodhisattva do Caminho Mahayana da Acumulação é capaz de cortar seu corpo e dá-lo, embora isso cause grande dor a ele, pois esse Bodhisattva utiliza seu próprio sofrimento como um exemplo do sofrimento muito maior que é experienciado por todos os demais seres vivos. Desse modo, ele desenvolve grande coragem e toma a resolução de alcançar a iluminação, tão rápido quanto possível, para libertar todos os seres vivos da dor.

Para transformar condições adversas por meio de sabedoria, precisamos contemplar como as dificuldades que experienciamos são meras imputações da mente. Embora elas apareçam existir do seu próprio lado, na verdade são vazias. Assim, sempre que, por exemplo, experienciarmos dor, devemos contemplar que nós, a dor e a causa da dor carecemos, todos, de existência inerente; em seguida, devemos permanecer com nossa mente pacificamente absorvida na vacuidade.

Transformar condições adversas pela prática das quatro preparações envolve: acumular mérito, purificar negatividades, dar comida aos espíritos obstrutores e fazer oferendas aos Protetores do Dharma. A principal razão pela qual experienciamos dificuldades e somos malsucedidos em satisfazer nossos desejos é que carecemos de mérito. Portanto, em vez de ficarmos desencorajados quando as dificuldades surgem, devemos relembrar que boa fortuna surge somente de boas causas e, assim, nos esforçarmos para acumular mais mérito. De modo semelhante, devemos relembrar que todo sofrimento e infortúnio são o efeito de carma negativo amadurecendo e que, se não quisermos experienciar mais sofrimento no futuro, precisamos praticar purificação agora. Já que todos os problemas que experienciamos são os resultados de nosso próprio carma negativo, somente nós podemos experienciá-los – ninguém pode experienciar os resultados do nosso carma em nosso lugar. Se tolerarmos pacientemente as dificuldades, o carma que as fez surgir será totalmente purificado. Se reagirmos às condições adversas desse modo, elas irão se tornar como ensinamentos de Dharma para nós e sempre produzirão resultados positivos.

Frequentemente, os problemas que encontramos são causados por espíritos obstrutores, que ficaram invejosos ou se sentiram incomodados por nossas ações. Para pacificá-los e renovar a confiança deles de que não pretendemos prejudicá-los, devemos dar-lhes comida, seja como uma torma tradicional ou em qualquer outra forma. Se não tivermos nenhum alimento para dar a eles, podemos, simplesmente, visualizá-lo. Finalmente, podemos fazer oferendas aos Protetores do Dharma, que prometeram proteger os praticantes de Dharma contra obstáculos e criar condições favoráveis a sua prática.

Crianças ficam muito animadas e excitadas quando fazem castelos de areia, mas, quando esses castelos são levados pelas ondas do mar, elas ficam perturbadas e contrariadas. Buda disse que, sob essa perspectiva, somos como crianças, pois ficamos felizes quando as coisas vão bem, mas ficamos infelizes e deprimidos tão logo encontramos dificuldades. O prazer samsárico é, necessariamente, impermanente, e cedo ou tarde, transforma-se em sofrimento; seríamos tolos em esperar qualquer outra coisa além disso. Portanto, precisamos desenvolver equanimidade com respeito às situações boas e más. Precisamos pensar: "Se as coisas vão bem, ótimo; se não vão bem, está ótimo também!". Seja qual for a situação que se avizinhe, podemos convertê-la a nosso favor. Como Shantideva diz, o sofrimento possui muitas boas qualidades, pois purifica nosso carma negativo, aumenta nossa renúncia e compaixão, reduz nosso orgulho e nos ajuda a superar maus hábitos mentais. Se pensarmos desse modo, perceberemos que as circunstâncias difíceis são as nossas melhores amigas. Quando nossa mente fica equilibrada desse modo, ela se torna tão estável quanto o Monte Meru e nada pode abalá-la.

O quarto ponto do treino da mente diz respeito à integração de todas as nossas práticas diárias. Existem muitas práticas diferentes ensinadas no Mahayana e podemos nos perguntar como é possível praticar todas elas. A resposta é integrá-las, todas, na prática de treinar as duas bodhichittas por meio das cinco forças. Como foi mencionado anteriormente, as duas bodhichittas são a bodhichitta convencional e a bodhichitta última. A bodhichitta convencional é o desejo espontâneo de alcançar a iluminação para o benefício de todos os seres vivos, e a bodhichitta última é a realização direta da vacuidade mantida pela bodhichitta convencional. Se desejarmos alcançar a iluminação para o benefício dos outros, precisamos treinar continuamente nessas duas bodhichittas.

Para manter um treino constante e ininterrupto nas duas bodhichittas, precisamos ser capazes de manter nossa prática em todas as situações, sejam elas boas ou más. É especialmente importante sermos capazes de manter nossa prática assim que a morte se aproximar e utilizar nossa morte para treinar nas duas bodhichittas. Para integrar nossas práticas nesse grau, precisamos confiar em cinco forças: a força da motivação, a força da familiaridade, a força da semente branca, a força da destruição e a força da prece de aspiração.

Motivação, ou aspiração, é a raiz de todo o Dharma. Se tivermos o desejo de fazer algo, iremos nos empenhar nisso alegremente até sua conclusão, mas, se não tivermos o desejo ou se for apenas um desejo fraco, ficaremos relutantes em nos empenhar na tarefa ou não seremos capazes de concluí-la. Portanto, se quisermos treinar nas duas bodhichittas continuamente, precisaremos gerar uma forte motivação desde o início. É muito importante começar nosso treino enquanto nosso corpo e mente ainda são fortes. Se possível, devemos nos motivar a continuar nosso treino pelo resto de nossa vida e, assim, praticar com regularidade e conscienciosamente, sem permitir que nossa resolução original enfraqueça. Se acharmos isso difícil, podemos nos comprometer a praticar continuamente por um breve período – digamos, três anos, um ano ou três meses – e então examinar nossas ações regularmente, para nos assegurarmos de que nossa prática não se degenerou. Todos os dias, assim que nos levantarmos e também antes de irmos dormir, devemos nos relembrar do nosso compromisso e renovar nossa determinação. Devemos fazer pedidos a nosso Guia Espiritual que conceda suas bênçãos para sermos capazes de manter uma motivação pura e forte.

Tendo gerado a motivação para treinar as duas bodhichittas, precisamos nos tornar, então, familiarizados com essas duas mentes. Devemos ouvir com atenção muitos ensinamentos, contemplar seu significado muitas e muitas vezes e meditar, com a frequência que for possível, sobre o que estamos compreendendo. Para praticar a força da familiaridade com a bodhichitta convencional, começamos treinando em amor afetuoso e grande compaixão. Durante o intervalo entre as meditações, devemos utilizar nossas experiências cotidianas para aperfeiçoar nossa compaixão. Quando virmos pessoas pobres ou doentes, devemos gerar compaixão por elas, e quando virmos pessoas ricas e famosas, devemos também sentir compaixão por elas. Seja quem for, todos estão presos no samsara e são objeto de compaixão – alguns experienciam grande sofrimento agora, outros experienciarão grande sofrimento no futuro – mas ninguém no samsara está livre do sofrimento.

Para nos familiarizarmos com a bodhichitta última, precisamos começar aperfeiçoando nossa compreensão sobre a vacuidade e, em seguida, treinar em perceber a natureza vazia dos fenômenos. Nos *Sutras Perfeição de Sabedoria*, Buda diz que devemos

Yangchen Drubpay Dorje

contemplar a vacuidade o tempo todo, quer estejamos sentados, em pé, vindo ou indo. Seja o que apareça para qualquer um de nossos seis sentidos é vazio, assim como os objetos em um sonho. Milarepa disse:

> O sonho da noite passada é meu professor. O mesmo acontece para ti?

Buda forneceu muitas analogias para nos ajudar a compreender a vacuidade dos fenômenos, e devemos nos empenhar em nos familiarizar com elas. Com respeito à vacuidade, é mais fácil compreendê-la do que as leis sutis do carma, pois é muito mais difícil encontrar analogias que as ilustrem.

Para manter e proteger nosso treino nas duas bodhichittas, precisamos nos empenhar em duas atividades: acumular uma vasta coleção de mérito e manter nossa mente livre de delusões, ou aflições mentais, que pouco a pouco debilitam ou obstruem nosso treino. Empenhando-nos na primeira atividade, estamos praticando a força da semente branca, e empenhando-nos na segunda atividade, estamos praticando a força da destruição. Finalmente, para assegurar que nossas práticas produzirão os resultados desejados, devemos dedicar todo o nosso mérito e fazer preces sinceras para realizar as duas bodhichittas. Essa é a força da prece de aspiração.

Em *Comentário à Cognição Válida*, Dharmakirti diz que, se todas as causas para que algo aconteça estiverem reunidas, nada poderá impedir que isso ocorra; mas, se apenas uma das causas estiver ausente, nada poderá fazer com que aconteça. Para assegurar que obteremos o resultado das duas bodhichittas, precisamos reunir todas as cinco forças. A força da familiaridade – ouvir com atenção, contemplar e meditar sobre as duas bodhichittas – é a causa substancial, e as demais quatro forças são as causas contribuintes. Portanto, a força da familiaridade é como uma semente, a força da semente branca é como o solo, a força da destruição é como limpar e preparar o solo, a força da motivação é como plantar as sementes e a força da prece de aspiração é como a umidade e a luz do sol que nutrem o crescimento da plantação. Quando todas essas causas e condições estiverem reunidas, colheremos, com certeza absoluta, o fruto das duas bodhichittas.

Quando saímos para fazer compras, procuramos as melhores coisas para adquirir. De modo semelhante, se procurarmos pela melhor prática dentre os ensinamentos mahayana, veremos que é a prática das cinco forças. Como diz a sadhana, ela é "a essência de todos os Dharmas". Para praticar as cinco forças precisamos, principalmente, de contínua-lembrança. Se nossa mente estiver sempre ocupada e distraída, acharemos qualquer prática difícil, mas, se tivermos forte contínua-lembrança, seremos capazes de praticar o Dharma independentemente do que estejamos fazendo. Se estivermos andando por um caminho que sabemos ser frequentado por assaltantes, nos concentramos principalmente no caminho pelo qual estamos seguindo, mas, de vez em quando, olhamos ao redor para nos certificar de que estamos seguros. Do mesmo modo, se quisermos praticar continuamente as duas bodhichittas, devemos nos concentrar principalmente nas cinco forças e verificar, somente de vez em quando, se as atividades ou afazeres desta vida estão em ordem. Desse modo, nossa mente estará sempre calma e pacífica e nossa prática será bem-sucedida.

A avaliação do êxito do treino da mente é indicada pelo último verso da segunda estrofe, que repete as palavras do Bodhisattva Chekhawa no texto raiz sobre o treino da mente:

> Sempre confie, unicamente, numa mente feliz.

Se, por treinarmos nossa mente, verificarmos que podemos manter uma mente pacífica e feliz o tempo todo, mesmo em circunstâncias difíceis, isso irá indicar que estamos sendo bem-sucedidos em nosso treino. Portanto, devemos pedir a Lama Losang Tubwang Dorjechang que nos abençoe para sermos bem-sucedidos no treino de nossa mente e para que tenhamos êxito em transformar, por meio das quatro preparações, todas as situações em prática espiritual.

Se treinarmos nossa mente desse modo, tudo o que encontrarmos irá aumentar nossas realizações de Dharma. Existem três tipos de objeto: atraentes, repulsivos e neutros. Normalmente, quando encontramos o primeiro tipo desenvolvemos apego; quando encontramos o segundo, desenvolvemos ódio; e quando encontramos o terceiro, desenvolvemos ignorância. No entanto, para um praticante bem-sucedido do treino da mente, esses objetos têm o efeito oposto. Ao invés de fazerem surgir os três venenos – apego, ódio e ignorância – eles fazem surgir as três raízes virtuosas – antiapego, antiódio e anti-ignorância.

As três raízes virtuosas estão incluídas nos onze fatores mentais virtuosos. Elas não são, simplesmente, a ausência dos três venenos, mas seus oponentes diretos. Assim, antiapego é a mente virtuosa que é o oponente direto ao apego. Renúncia é um tipo de antiapego. Podemos gerar antiapego por meio de sabedoria e, também, por meio de outras mentes, como fé ou concentração. Sempre que contemplamos as falhas do apego e geramos repulsa pelos objetos comuns de desejo, percebendo-os como nocivos e enganosos, estamos praticando antiapego. Praticantes habilidosos do treino da mente procuram gerar essa mente sempre que veem objetos atrativos.

Antiódio é uma mente virtuosa que é o oponente direto ao ódio. Geramos essa mente por contemplar as falhas da raiva e do ódio. Anti-ignorância é uma mente virtuosa que é o oponente direto à ignorância. A anti-ignorância é um tipo de sabedoria. Geramos anti-ignorância quando nos opomos à aparência comum dos objetos e contemplamos sua natureza vazia.

Visto que encontramos objetos atraentes, repulsivos e neutros o tempo todo, se aprendermos a gerar as três raízes virtuosas ao invés dos três venenos, poderemos tornar significativo cada segundo de nossa vida. Para os praticantes do treino da mente, essa é a prática mais importante durante o intervalo entre as meditações. Como Bodhisattva Chekhawa diz:

> Os três objetos, os três venenos e as três raízes virtuosas
> São a breve instrução para a aquisição subsequente.

Alguns meditadores, ao perceberem os perigos de gerar os três venenos sempre que encontram os três objetos, procuram impedir que suas mentes apreendam esses objetos, recolhendo suas sensações e discriminações densas e meditando sobre o nada, ou inexistência. Embora essa técnica possa ser efetiva para superar temporariamente as delusões, ela não consegue, de fato, ajudar-nos a abandoná-las. Os métodos ensinados no treino da mente são muito mais poderosos e efetivos.

Se acharmos difícil impedir uma delusão específica por meio de transformá-la em seu oposto, podemos tentar superá-la praticando o tomar e dar. Por exemplo, se estamos tendo dificuldades em impedir o apego direcionado a um objeto ou a uma pessoa específica, devemos pensar que existem incontáveis seres vivos afligidos pelo apego – frequentemente, mais forte que o nosso próprio apego – e, por compaixão, decidir tomar sobre nós todo o apego desses seres. Imaginamos que puxamos, ou atraímos, para nós todo o seu apego sob a forma de uma fumaça preta. À medida que entra em nós, essa fumaça destrói totalmente nosso próprio apego e, então, meditamos sobre a vacuidade por algum tempo. Podemos utilizar a mesma técnica para superar o ódio e a ignorância. Desse modo, utilizamos nossas delusões para cultivar mentes puras, assim como um agricultor utiliza esterco para o crescimento da plantação. Compreendendo as grandes vantagens dessa prática, devemos pedir a nosso Guia Espiritual que nos abençoe, para sermos capazes de nos empenhar nela com êxito.

Para tornar nossa vida humana totalmente significativa, devemos praticar puramente o treino da mente observando os dezoito compromissos e os 22 preceitos do treino da mente. Eles estão detalhadamente explicados no livro *Compaixão Universal*. Pedimos, uma vez mais, bênçãos para sermos capazes de observá-los puramente.

COMO MEDITAR EM INTENÇÃO SUPERIOR E GERAR A BODHICHITTA

Por amor, compaixão e intenção superior,
E a prática mágica de montar o tomar e dar na respiração,
Busco tuas bênçãos para gerar a genuína bodhichitta
A fim de libertar todos os migrantes deste grande oceano do samsara.

Se treinarmos em tomar e dar por um longo tempo, nosso amor e compaixão irão se tornar muito poderosos e nosso desejo de libertar os outros do sofrimento será tão forte quanto o desejo que uma pessoa sedenta tem por água. Quando tivermos gerado grande compaixão, precisaremos transformá-la em intenção superior. A diferença entre a grande compaixão e a intenção superior pode ser compreendida considerando-se o seguinte exemplo. Se virmos uma criança caindo em um rio, iremos naturalmente desejar que a criança seja salva, mas a mãe da criança irá desejar tão fortemente seu salvamento que ela decidirá agir, ela mesma, para salvar seu filho. A grande compaixão é semelhante à mente dos espectadores – um desejo de que todos os seres vivos sejam libertos do sofrimento – mas a intenção superior é semelhante à mente dessa mãe – uma forte determinação de, efetivamente, libertá-los.

Tendo gerado intenção superior, precisamos, então, pensar sobre como podemos realizá-la e libertar, de fato, todos os migrantes do oceano do samsara. Iremos perceber que, agora, não temos a habilidade e os recursos para fazer isso. Para satisfazer nosso desejo de ajudar todos os seres sencientes, precisamos de quatro qualidades especiais: total liberdade dos medos e sofrimentos do samsara e das obstruções à onisciência; grande compaixão por todos os seres vivos; uma mente totalmente livre de parcialidade ou preconceito; e grande habilidade em proporcionar o tipo mais apropriado de ajuda no momento certo. Se examinarmos quem possui tais qualidades, veremos que somente os Budas as possuem. Contemplando desse modo, chegaremos a uma firme conclusão:

Eu preciso me tornar um Buda para libertar todos os seres sencientes do samsara.

Esse pensamento é a bodhichitta. Quando, por meio de treino, ela surgir naturalmente sem esforço, teremos alcançado a realização espontânea da bodhichitta – a genuína bodhichitta. Quando isso for alcançado, teremos ingressado nos Caminhos Mahayana e nos tornado um Bodhisattva.

COMO TOMAR OS VOTOS DA BODHICHITTA ASPIRATIVA E DE COMPROMISSO

Busco tuas bênçãos para me empenhar sinceramente no único caminho
Percorrido por todos os Conquistadores dos três tempos –
Atar minha mente com os puros votos bodhisattva
E praticar as três disciplinas morais do Mahayana.

Existem dois tipos de bodhichitta: a bodhichitta aspirativa e a bodhichitta de compromisso. A primeira deseja, meramente, alcançar a iluminação, e a segunda empenha-se, de fato, nas práticas que conduzem à iluminação. Isso é semelhante à diferença entre desejar fazer uma viagem e, de fato, sair em viagem.

Quando, inicialmente, geramos bodhichitta, geramos a bodhichitta aspirativa. Embora seja uma mente muito pura, a bodhichitta aspirativa não é totalmente estável e é possível perdê-la. Para estabilizar essa bodhichitta, tomamos os oitos preceitos da mente aspirativa, impedindo que ela se degenere nesta vida e nas vidas futuras.

Quando tomamos os votos bodhisattva propriamente ditos, geramos a bodhichitta de compromisso e nos empenhamos na prática das seis perfeições. Todos os Budas dos três tempos alcançaram a iluminação tendo, primeiramente, gerado a bodhichitta e, depois, concluído as seis perfeições; por essa razão, devemos rezar para receber bênçãos a fim de sermos capazes de fazer o mesmo.

Todos os treinos de um Bodhisattva estão incluídos nas três disciplinas morais do Mahayana: a disciplina moral de restrição, ou abstenção, a disciplina moral de reunir Dharmas virtuosos e a disciplina moral de beneficiar os seres sencientes. A disciplina moral de restrição evita as dezoito quedas raízes e as 46 quedas secundárias; a disciplina moral de reunir Dharmas virtuosos consiste em praticar as seis perfeições; e a disciplina moral de beneficiar os seres sencientes implica em ajudar os seres sencientes em conformidade com os seus desejos. Uma explicação sobre como impedir as dezoito quedas raízes e as 46 quedas secundárias pode ser encontrada no livro *O Voto Bodhisattva*.

COMO PRATICAR A PERFEIÇÃO DE DAR

Busco tuas bênçãos para completar a perfeição de dar
Por meio das instruções sobre como aperfeiçoar a mente
de dar sem apego
E, assim, transformar meu corpo, meus prazeres e minhas
virtudes reunidas ao longo dos três tempos,
Em tudo o que cada ser vivo desejar.

A perfeição de dar é qualquer ação de dar motivada por bodhichitta. Ela pode ser praticada somente por aqueles que tomaram os votos bodhisattva. Para desenvolver a perfeição de dar, temos de treinar na mente de dar sem apego. Isso significa que temos de treinar no pensamento de dar sem qualquer sinal de avareza ou possessividade.

Para completar a perfeição de dar, não é necessário separar-se de tudo, nem é necessário reduzir toda a pobreza no mundo. Pobreza é o efeito cármico de avareza e não pode ser erradicada até que todos os seres vivos abandonem a avareza e criem as causas para obter riqueza. Como Shantideva explica em *Guia do Estilo de Vida do Bodhisattva*, a perfeição de dar é, assim como todas as demais perfeições, uma mente, e, portanto, completaremos a perfeição de dar quando, com a motivação de bodhichitta, desenvolvermos uma mente perfeita de dar não contaminada por apego.

Primeiramente, treinamos a mente de dar contemplando as desvantagens da avareza e da possessividade e as vantagens de dar; em seguida, praticamos o dar durante o intervalo entre as meditações. Devemos contemplar de que modo toda a pobreza no mundo surge da possessividade e como toda a riqueza surge do dar; e devemos contemplar, em especial, como os sinais maiores e as indicações menores da forma sagrada de um Buda são alcançados, principalmente, como resultado da prática de dar. Por essa razão, devemos treinar o dar. Se não temos muito o que dar, podemos, ao menos, oferecer água e flores aos Budas.

A sadhana explica uma prática de dar que consiste em, mentalmente, transformar nosso corpo, prazeres e raízes de virtude em tudo o que cada ser senciente desejar. Para fazer isso, começamos contemplando as falhas da avareza e da possessividade e os benefícios do dar e, depois, com a intenção de dar, imaginamos que nosso corpo transforma-se em uma joia-que-satisfaz-os-desejos. Essa joia irradia incontáveis raios de luz por todo o universo, alcançando todos os seres dos seis reinos. Para os seres nos infernos quentes, esses raios levam uma chuva refrescante, reanimadora; para os seres nos infernos frios, eles levam calor; para os espíritos famintos, esses raios levam alimentos e bebida; para os animais, levam proteção contra os sofrimentos do calor, frio, fome e sede; para os seres humanos, levam tudo o que eles desejam – como roupas, dinheiro, remédios e amigos; para os semideuses, esses raios de luz colocam um fim à inveja e conflito; e para os deuses, levam libertação de renascimentos inferiores. Imaginamos que todos os ambientes de todos os seis reinos foram totalmente purificados e que todos os seres sencientes experienciam felicidade pura.

De acordo com o Lamrim, existem três tipos de dar: dar coisas materiais, dar destemor e dar Dharma. Quando transformamos nosso corpo em uma joia-que-satisfaz-os-desejos, como foi explicado aqui, estamos praticando todos os três tipos de dar. Por imaginar que estamos dando a todos os seres sencientes tudo quanto eles desejam, estamos dando coisas materiais; por imaginar que estamos eliminando todos os seus medos e sofrimentos, estamos dando destemor; e, por imaginar que todos os seres sencientes encontraram felicidade pura, estamos dando Dharma.

No *Ioga da Dakini*, está dito:

Deste momento em diante, sem nenhum sentimento de perda,
Darei meu corpo e, igualmente, minha riqueza,
E minhas virtudes – reunidas ao longo dos três tempos –
Para ajudar todos os seres vivos, minhas mães.

Embora possamos não ser capazes, agora, de praticar isso plenamente, podemos nos regozijar com os grandes Bodhisattvas, que podiam fazer plenamente essa prática, e gerar o desejo de nos tornar como eles no futuro. Isso deposita marcas muito poderosas em nossa mente, para sermos capazes de praticar o dar puramente no futuro. Para manter nossos votos bodhisattva, precisamos treinar, em pensamento, a dar tudo – incluindo nosso corpo; porém, não devemos entregar, de fato, nosso corpo até que possamos fazê-lo com uma motivação pura e sem obstruir nossa prática de Dharma. Não faz sentido entregar nosso precioso corpo se o sacrifício não servir a um grande propósito. Entretanto, podemos treinar, em pensamento, a entregar nosso corpo, imaginando que estamos fazendo isso. Podemos, também, praticar a oferenda kusali tsog, explicada no livro *Novo Guia à Terra Dakini*. Na medida em que estivermos, de fato, interessados na prática de dar, devemos começar dando pequenas coisas e, gradualmente, aumentar nossa prática até podermos entregar, alegremente, aquelas coisas que são preciosas para nós. O mais importante é treinar o dar sem qualquer sentimento de perda. Devemos pedir a Lama Losang Tubwang Dorjechang que conceda suas bênçãos para sermos capazes de completar a perfeição de dar.

COMO PRATICAR A PERFEIÇÃO DE DISCIPLINA MORAL

Busco tuas bênçãos para completar a perfeição de disciplina moral,
Não transgredindo, mesmo à custa de minha vida,
A disciplina moral dos votos Pratimoksha, Bodhisattva e do Mantra Secreto,
E reunindo Dharmas virtuosos e realizando o bem-estar dos seres sencientes.

Como foi mencionado acima, existem três tipos de disciplina moral: a disciplina moral de restrição, ou abstenção, a disciplina moral de reunir Dharmas virtuosos e a disciplina moral de beneficiar os seres sencientes. A disciplina moral de restrição implica em evitar quaisquer ações negativas, especialmente as transgressões aos três tipos de voto; a disciplina moral de reunir Dharmas virtuosos conduz a nos empenhar a praticar ações virtuosas como, por exemplo, fazer oferendas e prostrações; e a disciplina moral de beneficiar os seres sencientes consiste em ajudar os seres sencientes sempre que possível e da maneira mais apropriada. Quando qualquer um desses tipos de disciplina moral é praticado com a pura motivação de bodhichitta, ele é uma perfeição de disciplina moral.

É particularmente importante manter puramente nossos votos e compromissos. Se tivermos tomado os votos Pratimoksha, Bodhisattva ou do Mantra Secreto, devemos nos esforçar para estudá-los e mantê-los o melhor que pudermos, dentro de nossa capacidade. Por exemplo, para impedir que fiquemos sujeitos a incorrer nas quedas raízes e secundárias dos votos bodhisattva, é essencial saber quais são esses votos e quedas; portanto, tão logo tenhamos recebido os votos, devemos fazer um esforço firme e decidido para estudá-los e decorá-los. Devemos nos esforçar para compreender cada queda, pensando sobre como podemos incorrer nessas quedas e fazer planos para evitar tais situações.

É importante ser habilidoso quanto a nossa abordagem dos votos. Não devemos ter expectativas irrealistas ou fazer promessas que não conseguiremos cumprir. Em vez disso, devemos adotar, gradualmente, o estilo de vida do Bodhisattva. Cada um dos votos pode ser mantido em muitos níveis. Por exemplo, temos o voto de abandonar os obstáculos ao desenvolvimento da concentração, mas é impossível abandonar todos esses obstáculos de uma só vez. Primeiro, devemos nos esforçar para impedir distrações densas e, depois, nos empenhar para abandonar interferências sutis gradualmente. Todos os votos bodhisattva são aspectos da prática das seis perfeições. Até que alcancemos a iluminação, precisamos aperfeiçoar nossa prática das seis perfeições continuamente e, assim, aprofundar, de modo gradual, nossa capacidade de manter os votos.

Quando um professor dá os votos bodhisattva, ele (ou ela) deve explicá-los bem. O professor não deve encorajar seus discípulos a prometerem cumprir todos os votos perfeitamente desde o início. Além disso, os discípulos, de seu lado, não devem fazer promessas excessivamente entusiásticas, jurando manter todos os votos impecavelmente, sem nem mesmo saberem quais votos são esses. Tais discípulos irão quebrar seus votos logo no dia seguinte. Após tomar os votos bodhisattva, um discípulo inteligente irá, primeiro, estudar no que esses votos consistem. Depois, ele irá se determinar a manter cada um dos votos o melhor que puder, dentro de sua capacidade e, gradualmente, aperfeiçoar sua prática da disciplina moral bodhisattva.

O conselho para manter gradualmente os votos não significa que possamos, temporariamente, colocar de lado os votos de que não gostamos. Precisamos lidar com todos os votos, aperfeiçoando gradualmente o modo que os observamos, ou mantemos. Por exemplo, à medida que nossa avareza diminuir, seremos capazes de manter, mais puramente, os votos relativos à pratica de dar, e à medida que nossa raiva diminuir, seremos capazes de manter, mais puramente, os votos relativos à prática de paciência. Assim, devemos começar a praticar todos os votos tão logo os tenhamos recebido – praticá-los da melhor maneira que pudermos, dentro de nossa capacidade, e nunca perder a determinação de mantê-los perfeitamente no futuro.

Khedrub Tendzin Tsondru

Se um Guia Espiritual nos der votos de qualquer tipo, não está em seu poder tomá-los de volta ou dizer para que nos esqueçamos deles. Portanto, devemos ser extremamente conscienciosos e hábeis quanto à maneira que tomamos votos. Se tomarmos votos prontamente, de modo impulsivo, sem uma intenção correta e apropriada de mantê-los puramente, isso será uma grande falha. Certa vez, Drugpa Kunleg veio ao encontro de um lama sakya, que estava concedendo iniciações. O lama gracejou "Aqui está Drugpa Kunleg, imundo e coberto de piolhos. Por onde quer que vá, ele espalha infinitos piolhos". Drugpa Kunleg respondeu: "Aqui está o lama sakya, concedendo muitas iniciações. Por onde quer que vá, ele abre as portas do inferno". Embora ambos fossem iogues altamente realizados e seus comentários fossem apenas brincadeiras para provocar risos, eles estavam levantando uma questão séria. Se um Guia Espiritual concede iniciações muito livremente e os discípulos tomam-nas muito livremente, desinteressados de manter os compromissos, tanto o Guia Espiritual quanto os discípulos incorrem em sérias quedas.

Mantendo tudo isso em mente, devemos pedir as bênçãos de Lama Losang Tubwang Dorjechang para sermos capazes de completar a perfeição de disciplina moral e cumprir, puramente, todos os nossos votos e compromissos.

COMO PRATICAR A PERFEIÇÃO DE PACIÊNCIA

Busco tuas bênçãos para completar a perfeição de paciência
De modo que, mesmo se cada um dos seres dos três reinos,
Viesse, por raiva, a me prejudicar, criticar, ameaçar ou até mesmo tirar minha vida,
Eu retribuísse, imperturbável, seu malefício, ajudando-os.

Existem três tipos de paciência: a paciência de não retaliar, a paciência de voluntariamente aceitar o sofrimento e a paciência de pensar definitivamente sobre o Dharma. Quando qualquer um desses tipos de paciência é praticado com a motivação de bodhichitta, ele é uma perfeição de paciência.

O primeiro tipo de paciência, referido nessa estrofe, consiste em não retaliar quando os outros nos prejudicam ou nos ofendem. O segundo tipo de paciência implica em aceitar danos e dificuldades com uma motivação virtuosa e sem gerar raiva. Temos muitas oportunidades para praticar esse tipo de paciência. Por exemplo, podemos experienciar dificuldades para obter alimentos, roupas ou acomodação; ou podemos desejar meditar, mas sentimos que nosso corpo está cansado ou que nossa mente está lenta, preguiçosa; ou podemos desejar sair e nos divertirmos, mas estamos limitados por uma doença. Em momentos como esses, ao invés de ficarmos com raiva ou acusando os outros pelo nosso infortúnio, devemos pacientemente aceitar nossas dificuldades.

Quando começamos a praticar o Dharma, encontramos, algumas vezes, novas dificuldades relacionadas à manutenção de disciplina pura. Enquanto, anteriormente, não tínhamos de exercer restrição com respeito a ações como beber e fumar, verificamos agora que temos de abandonar, ou renunciar, a essas atividades. Se, num primeiro momento, acharmos essas novas disciplinas difíceis, precisamos praticar a paciência de voluntariamente aceitar o sofrimento. As regras de Dharma não são restrições impostas a partir de fora, mas são restrições que voluntariamente tomamos porque compreendemos seus benefícios. Por exemplo, abandonar a indulgência, ou excessiva tolerância, que temos com os objetos dos sentidos, reduz grandemente nossas distrações e aprimora nosso treino em concentração. Para alcançar o tranquilo-permanecer, temos de superar dois tipos de distração: densa e sutil. Não é possível superar a distração sutil até que tenhamos superado a distração densa, e o modo para fazer isso é manter contínua-lembrança constante em todas as nossas ações de corpo, fala e mente, e praticar restrição, ou abstenção, sempre que formos atraídos (ou tentados) a sermos complacentes com objetos de distração. Os métodos para fazer isso são ensinados por Shantideva nos capítulos sobre conscienciosidade e guardar vigilância, no livro *Guia do Estilo de Vida do Bodhisattva*. Se cultivarmos esse tipo de autodisciplina em nossas ações diárias, acharemos fácil disciplinar a mente durante a meditação; mas, se não conseguirmos restringir nossas ações de corpo, fala e mente, nunca alcançaremos o tranquilo-permanecer. O motivo é que a observância de disciplina moral pura é uma das seis causas do tranquilo-permanecer.

Não tem sentido ficar deprimido ou acusar os outros quando experienciamos sofrimento ou dificuldades. Nós mesmos somos os responsáveis por nosso renascimento samsárico, não os outros; e é da natureza do samsara ser desagradável e frustrante. Não devemos ficar surpresos ou desapontados quando as coisas vão mal, pois é somente isso que devemos esperar no samsara. Seria muito mais surpreendente não experienciar problemas e dificuldades no samsara! Devemos relembrar a observação de Geshe Potowa:

> Não é doença nem morte o que eu mais temo; tenho mais medo de um renascimento samsárico.

Sua questão é que não deveríamos utilizar nosso tempo tentando impedir sofrimento nesta vida ou nos sentindo infelizes quando ele ocorre, mas nos empenharmos para erradicar a fonte do sofrimento – renascer no samsara – desenvolvendo renúncia e praticando os três treinos superiores. Se ficarmos deprimidos por nossos problemas, não teremos disposição ou energia para praticar o Dharma; mas, se pacientemente aceitarmos nossos problemas, nossa mente permanecerá feliz e ficaremos encorajados a colocar mais esforço em nossa prática.

Não devemos ser como as pessoas que praticam o Dharma quando o sol está brilhando e tudo está indo bem, mas que desistem tão logo encontram a mais leve dificuldade. Ao invés disso, devemos seguir o exemplo dos grandes geshes kadampas, que eram famosos pelo vigor e constância de sua prática. Eles costumavam dizer que a nossa mente deve ser como a bigorna de um ferreiro: não importa quão forte seja malhada, ela não quebra.

Assim, mesmo que estejamos muito doentes e, exteriormente, nossa aparência se deteriore, interiormente nossa mente deve permanecer feliz e calma.

O mais importante a fazer é não acusar os outros por nossas dificuldades, pois essa atitude não é apenas inadequada ou não razoável, como também torna a situação pior. A principal causa de todos os nossos problemas e dificuldades é o nosso próprio carma negativo. Algumas vezes, os outros criam as condições para que o nosso carma amadureça, mas eles o fazem sem escolha alguma, pois são impelidos pelo nosso carma. Temos de acusar, ou culpar, somente a nós mesmos por nossas dificuldades, e somente podemos impedi-las de surgirem no futuro praticando paciência agora.

Precisamos praticar o terceiro tipo de paciência, a paciência de pensar definitivamente sobre o Dharma, quando estamos estudando tópicos difíceis – como a vacuidade, carma, confiar no Guia Espiritual e a natureza das Três Joias; em outras palavras, sempre há o risco de gerarmos dúvidas ou compreensões equivocadas. O sinal de que estamos praticando esse tipo de paciência é que podemos ouvir qualquer ensinamento de Dharma com alegria, fé e convicção.

Existem três tipos de paciência com respeito à vacuidade. Em primeiro lugar, precisamos praticar paciência quando estamos ouvindo ensinamentos e estudando textos que demonstram a vacuidade por raciocínios lógicos. Depois, na terceira etapa do Caminho da Preparação, desenvolvemos uma paciência especial que nos prepara para uma realização direta da vacuidade, quando a nossa mente e a vacuidade se misturam, como água que se mistura com água. Finalmente, no sétimo solo, desenvolvemos uma paciência especial que é conhecida como "a paciência dos fenômenos ainda não surgidos". Ao passo que os Bodhisattvas do primeiro solo, que acabaram de alcançar uma realização direta da vacuidade, experienciam alguma dificuldade em sair da meditação porque suas mentes estão totalmente absorvidas, os Bodhisattvas do sétimo solo possuem uma sabedoria rápida especial que os capacita a entrar em meditação profunda sobre a vacuidade e a sair dessa meditação em uma fração de segundo. O motivo é que eles desenvolveram a paciência dos fenômenos ainda não surgidos.

Shantideva diz que, assim como não há mal maior que a raiva, também não há virtude maior que a paciência. Por meio da paciência, desenvolvemos uma mente calma e uma disposição agradável que nos torna benquistos pelos outros. A paciência também causa beleza e resplendor. A beleza da forma de um Buda é o resultado da prática de paciência. Contemplando as desvantagens da raiva e os benefícios da paciência, devemos tomar a firme decisão de praticar paciência puramente. Em primeiro lugar, podemos decidir não ficar com raiva por uma semana ou um mês e, então, ver o que acontece. Logo desejaremos aumentar o período até que consigamos praticar paciência por toda a nossa vida. Por fim, com uma motivação virtuosa, seremos capazes de aceitar danos, ofensas e maus-tratos sem que qualquer raiva surja, do modo como está explicado na sadhana. Portanto, devemos fazer pedidos a Lama Losang Tubwang Dorjechang que conceda suas bênçãos para sermos capazes de completar a perfeição de paciência.

COMO PRATICAR A PERFEIÇÃO DE ESFORÇO

Busco tuas bênçãos para completar a perfeição de esforço,
Empenhando-me pela iluminação suprema com inabalável compaixão,
Mesmo que eu tenha de permanecer nas labaredas do mais profundo inferno
Por muitos éons, para o benefício de cada ser.

Esforço é uma mente que se deleita com virtudes. Qualquer prática de esforço motivada por bodhichitta é uma perfeição de esforço. Existem três tipos de esforço: esforço semelhante-a-uma-armadura, esforço de reunir Dharmas virtuosos e esforço de beneficiar os outros.

O esforço semelhante-a-uma-armadura está descrito nessa estrofe da sadhana. É a disposição, ou voluntariedade, para suportar quaisquer condições difíceis ou sofrimentos necessários para concluir nossa prática de Dharma, mesmo que isso signifique permanecer no mais profundo inferno por muito éons para ajudar cada ser vivo. Se estamos praticando o Dharma por alguns anos e ainda não temos grandes resultados para mostrar, devemos, ao invés de ficarmos desencorajados, desenvolver o esforço semelhante-a-uma-armadura e decidir praticar pelo tempo que for necessário a fim de realizar resultados puros. A conquista da iluminação é um objetivo excepcional, e não podemos esperar ver resultados imediatamente. Assim, devemos permanecer alegres com nossa prática e aplicar esforço firme e constante, confiantes no entendimento de que, quando todas as causas estão reunidas, os resultados definitivamente surgem.

O esforço de reunir Dharmas virtuosos é um esforço que se empenha para completar as coleções de mérito e de sabedoria e demais realizações de Dharma. O esforço de beneficiar os outros é um esforço que se empenha em fazer tudo o que for necessário para ajudar os seres sencientes.

O esforço é uma mente feliz, alegre, que é a fonte de toda a energia e estímulo em nossa prática. Ele é o oposto da preguiça, que é uma mente que não desfruta de praticar o Dharma. Compreendendo os benefícios do esforço, devemos pedir a Lama Losang Tubwang Dorjechang que nos abençoe para sermos capazes de completar a perfeição de esforço.

COMO PRATICAR A PERFEIÇÃO DE ESTABILIZAÇÃO MENTAL

Busco tuas bênçãos para completar a perfeição de estabilização mental,
Abandonando as falhas do afundamento, excitação e divagação mentais,
E concentrando-me, em absorção estritamente focada,
No estado que é a ausência de existência verdadeira de todos os fenômenos.

Estabilização mental, ou concentração, é uma mente cuja natureza é estar posicionada de modo estritamente focado em um objeto virtuoso, e cuja função é impedir distrações. Qualquer concentração praticada com bodhichitta é uma perfeição de estabilização mental. Existem dois tipos de concentração: concentração focada em verdades convencionais e concentração focada em verdades últimas. A estrofe da sadhana descreve a segunda dessas concentrações e mostra como meditar de modo estritamente focado na vacuidade – livre de afundamento mental, excitação mental e divagação mental. Quando recitamos essa estrofe, devemos relembrar os benefícios e os resultados da concentração, assim como as etapas pelas quais ela é desenvolvida, e, então, fazer sinceros pedidos para recebermos bênçãos, de modo que sejamos capazes de completar a perfeição de estabilização mental. Mais informações sobre o treino em concentração podem ser encontradas nos livros *Caminho Alegre da Boa Fortuna*, *Contemplações Significativas* e *Clara-Luz de Êxtase*.

COMO PRATICAR A PERFEIÇÃO DE SABEDORIA POR MEIO DE MANTER O EQUILÍBRIO MEDITATIVO SEMELHANTE-AO-ESPAÇO

Busco tuas bênçãos para completar a perfeição de sabedoria
Pelo ioga do equilíbrio meditativo semelhante-ao-espaço sobre o último,
Com o grande êxtase da maleabilidade,
Induzido pela sabedoria da análise individual da talidade.

Sabedoria é uma mente virtuosa que, por compreender totalmente seu objeto, atua, principalmente, para eliminar dúvida e confusão. A sabedoria que é praticada com bodhichitta é uma perfeição de sabedoria. *Oferenda ao Guia Espiritual* explica a perfeição de sabedoria ao longo de três estrofes. A estrofe presente explica como treinar em sabedoria durante a sessão de meditação; a próxima estrofe explica como treinar em sabedoria fora da sessão de meditação; e a terceira estrofe explica como treinar o ponto essencial do Caminho do Meio – a união das duas verdades.

A maneira de alcançarmos a realização do equilíbrio meditativo na vacuidade é o seguinte. Tendo desenvolvido o tranquilo-permanecer, meditamos estritamente focados sobre a vacuidade. Depois de algum tempo, desenvolvemos a habilidade de investigar o objeto vacuidade sem perturbar nossa concentração, assim como um pequeno peixe pode nadar em um lago sem causar ondulações na água. Com essa habilidade, obtemos uma maleabilidade mental especial, que é superior à maleabilidade induzida pelo tranquilo-permanecer. Essa é a indicação de se ter alcançado a sabedoria da visão superior. Com essa sabedoria da visão superior, continuamos a meditar sobre a vacuidade, empenhando-nos em identificar e superar qualquer aparência dual sutil que permaneça na mente. Por fim, todas as aparências convencionais cessam e nossa mente mistura-se com a vacuidade, como água misturando-se com água. Todas essas realizações são realizações do equilíbrio meditativo semelhante-ao-espaço na vacuidade.

A vacuidade é semelhante ao espaço no sentido de que ambos são meras ausências. O espaço é a mera ausência de contato obstrutivo, e a vacuidade é a mera ausência de existência inerente. Ambos são negativas não afirmativas, que não implicam em qualquer outro fenômeno positivo. Assim, quando a mente está absorvida na vacuidade e permanece nela estritamente focada, é dito que ela está em equilíbrio "semelhante-ao-espaço". Compreendendo isso, fazemos pedidos a Lama Losang Tubwang Dorjechang para sermos capazes de alcançar essa realização.

COMO PRATICAR A PERFEIÇÃO DE SABEDORIA POR MEIO DE MANTER A AQUISIÇÃO SUBSEQUENTE SEMELHANTE-A-UMA-ILUSÃO

Fenômenos exteriores e interiores são como ilusões, como sonhos,
E como reflexos da lua em um lago claro,
Pois, embora apareçam, eles não existem verdadeiramente;
Entendendo isso, busco tuas bênçãos para completar a concentração semelhante-a-uma-ilusão.

O ioga da ilusão praticado durante o período da aquisição subsequente, isto é, durante o intervalo entre as meditações, depende do ioga do equilíbrio meditativo semelhante-ao-espaço. Se tivermos alguma experiência dos fenômenos convencionais cessando na vacuidade durante a meditação, facilmente veremos todos os fenômenos como ilusórios durante o intervalo entre as meditações. Afirmar que os fenômenos são ilusórios não significa dizer que eles não existem; significa, simplesmente, que eles não existem do modo como aparecem. Por exemplo, um mágico pode criar a ilusão de um cavalo que aparece como sendo um cavalo real para sua plateia. Embora o cavalo apareça como sendo real, na verdade ele é apenas uma ilusão. Do mesmo modo, até que alcancemos a iluminação, os fenômenos continuam a aparecer para nós como se fossem inerentemente existentes quando saímos da meditação sobre a vacuidade. Embora os fenômenos apareçam desse modo, eles são, na verdade, vazios de existência inerente. Assim como o mágico vê o cavalo, mas não acredita que ele seja real, os fenômenos aparecem sendo inerentemente existentes quando saímos da meditação sobre a vacuidade, mas não concordamos com essa aparência. Ainda assim, não dizemos que os fenômenos não existem apenas porque são ilusórios. A ilusão de um cavalo existe e atua, ou funciona, para deleitar a plateia; do mesmo modo, os fenômenos convencionais também existem e atuam, ou funcionam, embora sejam como ilusões.

Dorjechang Phabongkha Trinlay Gyatso

O ioga da ilusão é mais importante que o ioga do equilíbrio meditativo semelhante-ao-espaço porque passamos mais tempo fora de meditação do que meditando. Se pudermos nos treinar para ver, durante o intervalo entre as meditações, todos os fenômenos como ilusórios, todas as nossas ações diárias irão se tornar uma coleção de sabedoria.

Buda utilizou muitas analogias para nos ajudar a treinar em sabedoria durante o intervalo entre as meditações. Com frequência, ele comparou os fenômenos a sonhos. Em um sonho, as coisas aparecem vividamente para nós, como se existissem do seu próprio lado; mas, quando acordamos, compreendemos que foram simplesmente projetadas por nossa mente. Do mesmo modo, quando estamos acordados, os fenômenos aparecem vividamente para nós, como se existissem do seu próprio lado, mas, na verdade, eles são meramente imputados por concepção. Anteriormente, foi explicado de que modo os objetos do sonho – por exemplo, uma mulher atraente que, em um sonho, aparece para um homem – existem e funcionam, não obstante o fato de serem meras projeções da mente, e como, da mesma maneira, os fenômenos convencionais semelhantes-a-um-sonho existem e funcionam, embora sejam meras imputações.

Buda também comparou os fenômenos a reflexos da lua em um lago claro. Quando vemos o reflexo da lua, a lua refletida parece ser a lua propriamente dita, mas, na realidade, ela é apenas um reflexo que não tem existência do seu próprio lado. Mesmo assim, esse reflexo funciona, aparecendo em fotografias, por exemplo. Do mesmo modo, os fenômenos aparecem para nós como sendo reais e substanciais, mas, na verdade, eles não têm existência alguma do seu próprio lado. No entanto, esses fenômenos semelhantes-a-um-reflexo existem e executam funções.

Quando recitamos essa estrofe, devemos fazer sinceros pedidos a Lama Losang Tubwang Dorjechang que conceda suas bênçãos, de modo que, praticando o ioga da aquisição subsequente semelhante-a-uma-ilusão, acumulemos sabedoria e abandonemos a mente que percebe e se agarra às coisas como inerentemente existentes.

COMO TREINAR A MENTE NA VISÃO PROFUNDA DO CAMINHO DO MEIO

Busco tuas bênçãos para compreender o significado da intenção de Nagarjuna,
De que não há contradição, mas unicamente harmonia,
Entre a ausência até de um átomo de existência inerente no samsara e no nirvana
E a relação-dependente não enganosa de causa e efeito.

Embora não haja nem mesmo um átomo de existência inerente no samsara ou no nirvana, a relação entre causa e efeito é, porém, infalível. Assim, precisamos compreender que, embora não possamos encontrar uma causa ou um efeito que existam do seu próprio lado, causas produzem, com certeza absoluta, seus efeitos; e efeitos surgem, com certeza absoluta, de suas causas. Se compreendermos tanto a vacuidade quanto a relação não enganosa de causa e efeito, isso irá indicar que nosso entendimento sobre a vacuidade é correto.

Enquanto as duas verdades aparecerem como sendo contraditórias, ainda não teremos realizado a união das duas verdades. Por exemplo, no momento atual, o fato de que os fenômenos não existem do seu próprio lado parece contradizer o fato de que eles existem e funcionam. Assim, quando pensamos sobre a vacuidade, a relação de causa e efeito parece ser impossível; e, quando pensamos sobre a relação de causa e efeito, a vacuidade parece ser impossível. Confiando na visão do Caminho do Meio, revelada nos *Sutras Perfeição de Sabedoria*, viremos a compreender, por fim, que não há contradição entre as aparências dependente-relacionadas e a vacuidade. De fato, simplesmente ver ou contemplar os fenômenos dependente-relacionados irá aperfeiçoar nossa compreensão sobre a vacuidade, e contemplar a vacuidade irá aperfeiçoar nossa compreensão sobre os fenômenos dependente-relacionados. Por exemplo, se aplicarmos uma pressão suave sobre nosso globo ocular e olharmos para a lua, veremos duas luas, mas essa aparência de duas luas irá nos lembrar que, na realidade, existe somente uma lua. Do mesmo modo, quando tivermos realizado a união das duas verdades, os fenômenos convencionais aparecerão à nossa mente, mas o próprio fato deles aparecerem irá nos lembrar de que, na realidade, eles são vazios. Somente um Buda possui a completa realização da união das duas verdades. Para um Buda, as verdades convencionais e as verdades últimas aparecem simultaneamente.

No *Tantra Raiz de Manjushri*, Buda predisse que, após sua morte, apareceria um monge chamado Nagarjuna, que iria elucidar o profundo significado do Caminho do Meio como foi ensinado nos *Sutras Perfeição de Sabedoria*, e Buda nos aconselhou a confiar na visão, ou perspectiva, de Nagarjuna como o único caminho autêntico à libertação. Em *Guia ao Caminho do Meio*, Chandrakirti diz que qualquer visão que se desvie da visão de Nagarjuna não pode conduzir à libertação do samsara. Compreendendo isso, devemos pedir a Lama Losang Tubwang Dorjechang que conceda suas bênçãos para sermos capazes de realizar a visão do Caminho do Meio, revelada pelo Protetor Nagarjuna. Mais detalhes sobre essa visão podem ser encontrados nos livros *Oceano de Néctar* e *Contemplações Significativas*.

TORNAR-SE UM RECIPIENTE ADEQUADO PARA O CAMINHO PROFUNDO DO MANTRA SECRETO E MANTER OS VOTOS E COMPROMISSOS PURAMENTE

E, então, o turbilhão do oceano dos Tantras é atravessado
Graças à bondade do navegador, o Detentor do Vajra.
Busco tuas bênçãos para apreciar, mais que a minha vida,
Os votos e os compromissos, a raiz das aquisições.

Por enquanto, temos pedido bênçãos para realizar as etapas do caminho do Sutra. A presente estrofe introduz, brevemente, as etapas do caminho do Mantra Secreto. Para praticar o Mantra Secreto devemos, primeiramente, receber o benefício de uma iniciação, da parte de um Mestre-Vajra qualificado. Ele é como um navegador, que nos guia através do turbilhão do oceano das escrituras e práticas tântricas. Quando recebemos uma iniciação, recebemos diversos votos e compromissos. Manter esses votos e compromissos puramente é a base de todas as aquisições; portanto, pedimos a nosso Guia Espiritual que conceda suas bênçãos para que cuidemos de nossos votos e compromissos com mais carinho do que de nossa própria vida.

COMO MEDITAR NO ESTÁGIO DE GERAÇÃO

Pelo ioga do primeiro estágio, que transforma o nascimento, a morte e o bardo
Nos três corpos dos Conquistadores,
Busco tuas bênçãos para purificar todas as manchas de aparência e concepção comuns
E ver tudo, o que quer que apareça, como a forma da Deidade.

As meditações do estágio de geração são caminhos que conduzem ao estágio de conclusão e fazem com que as realizações do estágio de conclusão amadureçam. As meditações do estágio de conclusão verdadeiramente nos libertam do samsara e nos conduzem à Budeidade. Por essa razão, as meditações do estágio de geração são, algumas vezes, denominadas "os caminhos maturadores" e as meditações do estágio de conclusão, "os caminhos libertadores".

Para compreender como as práticas tântricas conduzem à Budeidade, é necessário compreender a base, o caminho e o resultado. A base é o objeto a ser purificado, o caminho é o meio de purificação e o resultado é o efeito puro. A base a ser purificada é o samsara – isto é, a morte comum, o estado intermediário comum e o renascimento comum. Normalmente, eles se seguem um após o outro, condenando-nos a um renascimento samsárico após o outro. Praticando os iogas do estágio de geração e do estágio de conclusão, podemos purificar a morte, o estado intermediário e o renascimento comuns e transformá-los nos três corpos de um Buda: o Corpo-Verdade, o Corpo-de-Deleite e o Corpo-Emanação. Assim, os iogas do estágio de geração e do estágio de conclusão são o caminho que é o meio de purificação, e os três corpos de um Buda são o efeito puro. Os iogas do estágio de geração purificam, indiretamente, a morte comum, o estado intermediário comum e o renascimento comum; e os iogas do estágio de conclusão purificam, diretamente, a morte, o estado intermediário e o renascimento comuns.

Para obter as realizações do estágio de geração, precisamos fazer a meditação do estágio de geração. Essa meditação tem as seguintes três características:

(1) Trazer os três corpos de um Buda para o caminho;
(2) Meditar em clara aparência e orgulho divino;
(3) Superar aparências comuns e concepções comuns na dependência de clara aparência e orgulho divino.

A primeira dessas três características consiste em três iogas: trazer a morte comum para o caminho do Corpo-Verdade, trazer o estado intermediário comum para o caminho do Corpo-de-Deleite e trazer o renascimento comum para o caminho do Corpo-Emanação. Com esses iogas, geramos a nós mesmos como a Deidade e, em seguida, com concentração, treinamos em clara aparência e orgulho divino. Treinando em clara aparência, superamos as aparências comuns; e treinando em orgulho divino, superamos as concepções comuns.

As sadhanas de Tantra Ioga Supremo incluem essas três práticas, assim como as demais práticas secundárias, como a recitação de mantra. Todas essas três características precisam estar presentes para uma prática ser, de fato, uma prática do estágio de geração. Somente gerar a nós mesmos como uma Deidade não é um ioga do estágio de geração, pois até mesmo alguns não-budistas executam práticas similares, gerando-se eles mesmos como deuses – como Ishvara, por exemplo. O sentido essencial dos iogas do estágio de geração pode ser encontrado no livro *Mahamudra Tantra*, e uma explicação mais extensa pode ser encontrada no livro *Novo Guia à Terra Dakini*.

Compreendendo a natureza e função do estágio de geração do Mantra Secreto, fazemos pedidos a Lama Losang Tubwang Dorjechang que conceda suas bênçãos para sermos capazes de treiná-lo com êxito.

COMO PRATICAR O ESTÁGIO DE CONCLUSÃO

Busco tuas bênçãos, Ó Protetor, para que ponhas teus pés
No centro do lótus de oito pétalas em meu coração,
Para que eu manifeste, nesta vida,
Os caminhos do corpo-ilusório, da clara-luz e da união.

No Mantra Secreto, a morte comum, o estado intermediário comum e o renascimento comum são denominados "os três corpos básicos". A morte comum é conhecida como "o corpo-verdade básico". O corpo-verdade básico não é o Corpo-Verdade propriamente dito, mas a base para realizá-lo. De modo semelhante, o estado intermediário comum é denominado "o corpo-de-deleite básico", pois é a base para realizar o Corpo-de-Deleite verdadeiro; e o renascimento comum é denominado "o corpo-emanação básico", pois é a base para realizar o Corpo-Emanação verdadeiro.

Esses três corpos básicos são purificados pelos três corpos do caminho, que são as práticas do estágio de conclusão da clara-luz, do corpo-ilusório e das emanações do corpo-ilusório. O ioga da clara-luz é denominado "o caminho do corpo-verdade" porque purifica o corpo-verdade básico (a morte comum) e transforma-o no Corpo-Verdade resultante de um Buda. O ioga do corpo-ilusório é denominado "o caminho do corpo-de-deleite" porque purifica o corpo-de-deleite básico (o estado intermediário comum) e transforma-o no Corpo-de-Deleite resultante de um Buda. O ioga das emanações do corpo-ilusório é denominado "o caminho do corpo-emanação" porque purifica o corpo-emanação básico (o renascimento comum) e transforma-o no Corpo-Emanação resultante de um Buda. Assim, a essência do Mantra Secreto é utilizar os três corpos do caminho para purificar os três corpos básicos e transformá-los nos três corpos resultantes de um Buda. Não existe outra maneira de alcançar a iluminação que não seja praticando esses iogas do estágio de conclusão.

De modo geral, existem, ao todo, cinco etapas do estágio de conclusão: fala-isolada, mente-isolada, corpo-ilusório, clara-luz e união. A estrofe da sadhana menciona somente as últimas três etapas, mas as duas primeiras também estão incluídas. Pedimos a nosso Guia Espiritual que venha até nosso coração e abençoe nosso continuum mental sutil, para que possamos alcançar as realizações da fala-isolada e da mente-isolada e, então, prosseguirmos para realizar as três etapas restantes. Mais detalhes sobre as cinco etapas do estágio de conclusão podem ser encontrados nos livros *Clara-Luz de Êxtase* e *Solos e Caminhos Tântricos*.

Um Tantra autêntico é um Tantra que foi ensinado por Buda. Todos os Tantras reconhecidos, ou aceitos, foram praticados pelos Mahasiddhas budistas, como Saraha, Nagarjuna e Tilopa, que explicaram os dois estágios tântricos em seus escritos e revelaram o que eles próprios experienciaram. Além disso, em *Grande Exposição das Etapas do Caminho do Mantra Secreto*, Je Tsongkhapa fornece extensas explicações sobre as quatro classes de Tantra. Tudo o que ele escreveu foi exposto por Buda nos Tantras; Je Tsongkhapa citou as palavras de Buda e conferiu autoridade a partir das escrituras para tudo o que escreveu em seu comentário. Se fôssemos estudar as obras de Je Tsongkhapa, ficaríamos maravilhados por sua clareza e beleza e compreenderíamos que são obras de um mestre realizado que escreveu, honesta e sinceramente, sobre sua própria experiência.

A MANEIRA DE PRATICAR O RITUAL DE TRANSFERÊNCIA DE CONSCIÊNCIA SE, TENDO MEDITADO, NÃO TIVERMOS RECEBIDO SINAIS

Se, até a hora de minha morte, eu não tiver completado o caminho,
Busco tuas bênçãos para ir à Terra Pura
Por meio da instrução de como aplicar corretamente as cinco forças,
O método supremamente poderoso de transferência para a Budeidade.

Um praticante que tenha alcançado a mente-isolada da clara-luz--exemplo última alcançará, definitivamente, a iluminação nessa mesma vida. Quando ele sair da meditação, terá alcançado o corpo-ilusório. Por fim, o corpo-ilusório irá se transformar no Corpo-de-Deleite resultante, e sua mente de clara-luz irá se transformar no Corpo-Verdade resultante. No entanto, se até a hora de nossa morte não tivermos obtido a realização da clara-luz-exemplo última, precisaremos praticar a transferência de consciência para assegurar que iremos para uma Terra Pura ou, ao menos, para um renascimento no qual possamos continuar nossa prática.

A transferência de consciência, ou "*powa*" em tibetano, foi ensinada por Buda tanto nos Sutras quanto nos Tantras. De acordo com os Sutras, a transferência é realizada, principalmente, por meio do poder da aspiração (ou motivação), ao passo que, de acordo com os Tantras, ela é realizada, principalmente, por meio do poder de controlar os ventos. Os praticantes tântricos que conseguem dissolver seus ventos no canal central por meio de meditação podem ejetar sua consciência e tomar um renascimento em uma Terra Pura pelo seu próprio poder. Aqueles que ainda não conseguem centralizar seus ventos podem ejetar sua consciência misturando-a com a mente da Deidade e, então, tomar renascimento em uma Terra Pura pelo poder dos Budas.

Em *Oferenda ao Guia Espiritual*, as práticas de Sutra e de Tantra estão unidas. Se as praticarmos corretamente no momento da morte, tomaremos, com certeza absoluta, renascimento em uma Terra Pura e nunca cairemos desse estado para um renascimento comum. Entretanto, para praticar a transferência com êxito no momento da morte, precisamos treinar desde agora.

A prática de transferência consiste em praticar as cinco forças, como estão explicadas nos ensinamentos de Sutra sobre o treino da mente. Suponha que um praticante esteja praticando o *Tantra de Vajrayogini* e deseje, intensamente, nascer na Terra Pura Dakini. Para esse (ou essa) praticante, a força da motivação é praticada ao manter um desejo constante e uma forte determinação de renascer na Terra Pura Dakini. A força da familiaridade implica em praticar, repetidamente, os iogas do estágio de geração e do estágio de conclusão de Vajrayogini, para que, no momento da morte, a clara-luz da morte possa ser misturada com o Corpo-Verdade. A força da semente branca implica em acumular mérito. À medida que a morte se aproximar, devemos dar todas as nossas posses para os pobres e para a Sangha. Isso acumula mérito e nos impede de ficarmos apegados as nossas posses quando chegar o momento de partirmos deste mundo. Assim como um pássaro não pode voar com pedras amarradas as suas patas, uma mente apegada às posses mundanas não pode transferir-se, facilmente, para uma Terra Pura. A força da destruição consiste em purificar e restaurar votos quebrados e degenerados. É muito importante morrer com votos puros em nosso continuum mental. Finalmente, a força da prece de aspiração consiste em dedicar todo o nosso mérito para tomar um renascimento na Terra Pura Dakini e fazer preces constantes a nosso Guia Espiritual e a Vajrayogini para que nos conduzam até lá. Os mais importantes fatores que asseguram o renascimento em uma Terra Pura são disciplina moral pura, muitas preces e grande mérito.

Devemos receber, de um Guia Espiritual qualificado, instruções sobre transferência e, então, treinar essa prática em retiro, até recebermos sinais de realização dessa prática. Quando os sinais da morte surgirem, devemos, primeiro, nos esforçar para estender nossa vida por meio de métodos apropriados – como, por exemplo, fazer ações propiciatórias às Deidades de longa vida; porém, se os sinais ainda persistirem e tivermos certeza de que a morte é iminente, devemos praticar a transferência e ir para uma Terra Pura.

Existe um método de transferência que podemos praticar se estivermos familiarizados com o ioga de trazer a morte para o caminho do Corpo-Verdade. De acordo com esse método, existe uma prática especial a ser executada em cada etapa da dissolução dos elementos, que é finalizada com a ação de misturar a clara-luz da morte com o Corpo-Verdade. Se praticarmos esse método no momento da morte, tomaremos, com certeza absoluta, renascimento em uma Terra Pura.

Explicarei, neste ponto, um método especial de transferência de consciência em associação com *Oferenda ao Guia Espiritual*, que pode ser praticado para o benefício das pessoas que tenham morrido, e no qual atuamos como o representante da pessoa falecida. Como preparação, dispomos, sobre uma mesa diante da pessoa que irá presidir o puja, uma peça de roupa que pertenceu à pessoa falecida. Então, desenhamos um lótus em um pedaço de papel e, sobre o lótus, escrevemos a letra inicial do primeiro nome dela. Se estivermos fazendo um puja para muitas pessoas que morreram em conjunto – por exemplo, se muitas pessoas morreram em resultado de um acidente, de um desastre natural, ou por causa de uma guerra – escrevemos a letra tibetana NI ou em caracteres ocidentais. O pedaço de papel é, então, preso a um palito e disposto de modo que fique em pé no centro da peça de roupa, com a letra virada para nós. Além disso, dispomos uma pequena vasilha contendo grãos pretos de areia ou sementes de gergelim preto e, sobre uma bandeja ou um prato grande, colocamos uma vela. Dispomos oferendas como de costume, incluindo uma oferenda tsog. As oferendas devem ser tão numerosas quanto possível e patrocinadas pelos familiares da pessoa falecida – se possível, utilizando o dinheiro que ele (ou ela) tenha deixado para trás. Se a família for pobre, o Centro de Dharma, onde o puja será realizado, pode prestar assistência com as oferendas.

Damos início, então, ao puja propriamente dito, seguindo a sadhana como de costume. Para os propósitos desse ritual, podemos dividir o puja em quatro etapas distintas:

(1) Acumular mérito para a pessoa falecida;
(2) Purificar carma negativo que possa resultar em renascimento inferior;
(3) Pacificar obstáculos para renascer em uma Terra Pura;
(4) O método propriamente dito de transferência de consciência do falecido para uma Terra Pura.

Recitamos a primeira parte do puja até o final das estrofes de oferenda da prece dos sete membros, da maneira que estamos habituados. Durante essa parte do puja, estamos enfatizando principalmente a acumulação de mérito por meio de fazer oferendas e prostrações. Dedicamos todo esse mérito para a pessoa falecida. Sem uma grande acumulação de mérito, não é possível tomar renascimento em uma Terra Pura e, por essa razão, acumulamos mérito para ajudar a pessoa que morreu.

Se tivermos forte compaixão pela pessoa que faleceu, podemos, com certeza absoluta, aumentar seu mérito por meio dessas práticas. Se os parentes fizerem, também, numerosas oferendas em nome da pessoa falecida, isso irá definitivamente ajudá-la. Se possível, eles devem utilizar uma parte do dinheiro que a pessoa deixou para trás e fazer as oferendas descritas acima, como oferendas de chá, oferendas de alimentos e oferendas gerais para os Centros de Dharma. Quanto mais extensas forem as oferendas, mais poderoso será o puja. Não podemos levar nosso dinheiro conosco quando morremos; portanto, é melhor que ele seja utilizado como oferendas para criar mérito, em vez de ser utilizado para objetivos comuns. Se deixarmos nosso dinheiro para apenas poucas pessoas, não haverá muito benefício. Elas podem, até mesmo, utilizá-lo para objetivos nocivos, prejudiciais. No entanto, se deixarmos dinheiro para um Centro de Dharma, isso terá um grande significado, e o mérito irá aumentar pelo tempo que o Centro existir. À medida que o Centro crescer e florescer, trazendo felicidade para mais e mais pessoas, o poder de nossa oferenda irá aumentar. Se tivermos uma pequena quantidade de água e tentarmos preservá-la por si só, com toda a certeza ela irá evaporar; mas, se a despejarmos no oceano, ela permanecerá enquanto o oceano permanecer. Por essa razão, é uma tradição budista deixar nossas posses como herança para os Centros de Dharma; e é uma tradição, nos Centros de Dharma, fazer preces para os falecidos durante os 49 dias após terem morrido.

Quando, na sadhana, tivermos chegado ao ponto imediatamente anterior da estrofe de confissão – o terceiro dos sete membros – fazemos a oferenda tsog. Como foi explicado anteriormente, o propósito de fazer a oferenda tsog nesse ponto é purificar negatividades. Neste

Yongdzin Dorjechang Losang Yeshe

caso, estamos purificando o carma negativo da pessoa falecida – em particular, quaisquer compromissos quebrados ou degenerados nos quais ela possa ter incorrido. Mais uma vez, se tivermos compaixão por ela, é certo que podemos purificar, por meio dessa prática, as negatividades que estão em seu continuum.

Após fazermos a oferenda tsog, recitamos o *Sutra Mahayana dos Três Montes Superiores* uma vez, três vezes, sete vezes ou mais, para purificar qualquer carma negativo que a pessoa falecida tenha acumulado. Se esse carma não for purificado, há um grande perigo de que ela renasça nos reinos inferiores. Para protegê-la disso, fazemos agora uma prática especial de purificação. Enquanto o conjunto de praticantes, juntamente com os familiares da pessoa falecida, recitam os nomes dos Trinta e Cinco Budas Confessionais, um dos familiares faz prostrações. Essa pessoa estará atuando como representante da pessoa falecida e imaginamos intensamente que a pessoa falecida, ela própria, está de fato se prostrando aos Trinta e Cinco Budas Confessionais e recitando seus nomes. Ao final dessa prática, acreditamos intensamente que todo seu carma negativo foi totalmente purificado.

Então, prosseguimos com o puja até o ponto no qual são recitados os mantras. Após recitarmos todos os mantras com forte concentração e fé, os principais praticantes sopram sobre as sementes de gergelim preto ou sobre os grãos pretos de areia, previamente dispostos. Uma pessoa apanha a vasilha com as sementes e a leva consigo ao longo da fileira, e cada praticante, por sua vez, sopra delicadamente sobre as sementes. A razão para fazer isso é que, devido à recitação pura desses mantras abençoados, o alento (ou hálito) dos praticantes está, agora, muito abençoado e poderoso. Ao soprar sobre as sementes, eles transformam as sementes em uma substância muito pura e poderosa, com a qual se eliminam obstáculos.

A próxima etapa é pacificar obstáculos que possam impedir a pessoa falecida de renascer em uma Terra Pura. A maioria dos seres sencientes tem espíritos e outros seres não humanos que estão continuamente tentando obstruí-los e prejudicá-los. Muito frequentemente, esses espíritos seguem uma pessoa ao longo do processo da morte e continuam a obstruí-la em sua próxima vida. Se a pessoa tiver obstáculos como esse e não forem pacificados, será muito difícil que ela renasça em uma Terra Pura. Por essa razão, fazemos agora um ritual especial para eliminar esses obstáculos, utilizando mantras e a substância pura das sementes.

Começamos imaginando fortemente que a consciência da pessoa falecida ingressou na letra inicial desenhada no papel, diante de quem está presidindo o puja. Em seguida, recitamos sete vezes o mantra nominal de Je Tsongkhapa, enquanto a pessoa que preside o puja joga as sementes contra a letra, expulsando obstáculos e impedimentos. O mesmo procedimento é, então, repetido enquanto recitamos o mantra de Buda Shakyamuni, o mantra de Conquistador Vajradhara e o mantra de todos os Budas. Quando todos os mantras tiverem sido recitados e as sementes tiverem sido utilizadas, a vasilha na qual estavam é colocada emborcada. Imaginamos, fortemente, que o continuum mental da pessoa falecida está, agora, totalmente livre de todos os obstáculos e impedimentos.

Então, prosseguimos com o puja até chegarmos ao ponto imediatamente anterior à presente estrofe sobre a transferência de consciência. Neste ponto, motivados por forte compaixão, fazemos preces e pedidos para que a consciência da pessoa falecida seja transferida, sem obstrução, para a Terra Pura. A pessoa que preside o puja acende a vela e recita OM AH HUM três vezes. Contemplamos que, devido à recitação desse mantra, a chama da vela é transformada na sabedoria de todos os Budas, e evitamos a aparência comum da chama. Em seguida, enquanto recitamos a presente estrofe três vezes, pedindo ao Guia Espiritual, devagar e melodiosamente, que transfira a consciência da pessoa falecida para a Terra Pura, a pessoa que preside o puja queima, na chama de sabedoria, o papel que traz a inicial do nome da pessoa falecida. Imaginamos, intensamente, que o papel representa o nome comum e a consciência contaminada da pessoa falecida, e que eles são totalmente destruídos no fogo de excelsa sabedoria. Pensamos que, porque a pessoa falecida não mais possui uma base de imputação comum, contaminada, ele (ou ela) não é mais um ser comum. Sua consciência foi, definitivamente, transferida para a Terra

Pura e ela tomou uma identidade completamente nova. Quando o papel for totalmente queimado, as cinzas são, então, recolhidas. Após o puja, elas podem ser lançadas num rio ou misturadas com argila para fazer uma estupa ou uma estátua.

Fazemos, então, preces dedicatórias especiais. Por exemplo, se a pessoa falecida foi um praticante de Vajrayogini, podemos recitar as preces longas da sadhana de Vajrayogini. Podemos, também, utilizar preces especiais, como a *Prece dos Excelentes Feitos*. Então, concluímos o puja da maneira habitual, fazendo preces dedicatórias especialmente firmes e sinceras, dando toda a virtude à pessoa falecida, e rezamos para que ele (ou ela) renasça, definitivamente, em uma Terra Pura, com um corpo, fala e mente especiais.

Com essa prática de transferência, é como se "forçássemos" a pessoa falecida a tomar renascimento em uma Terra Pura, sem qualquer escolha. Mesmo que tenha levado uma vida não virtuosa, podemos impelir essa pessoa a um renascimento puro pelo poder de nossa fé e compaixão, combinadas com as bênçãos de nosso Guia Espiritual e de todos os Budas e Bodhisattvas. Quando alguém nasce na Terra Pura de um Buda, nunca mais terá um renascimento comum. A partir desse momento, ele irá se encontrar com Guias Espirituais puros, ouvir ensinamentos e treinar em todos os caminhos espirituais em condições perfeitas, até alcançar, finalmente, a iluminação; e ele viverá, o tempo todo, em um corpo que nunca causa qualquer sofrimento ou problemas.

Numa Terra Pura não existe doença, envelhecimento ou morte, não existem conflitos ou guerras, não existem preocupações ou problemas. Todos com quem nos encontramos são seres puros – um Herói ou uma Heroína, cuja própria presença concede êxtase e paz mental. Se quisermos ajudar os seres de outros reinos, como o reino humano, podemos enviar nossas emanações até eles, para guiá-los e conduzi-los ao mesmo estado de felicidade.

Podemos também utilizar essa prática para transferir nossa própria consciência na hora da morte. O método é exatamente o mesmo, exceto que não queimamos nossas iniciais. Quando chegamos a essa estrofe de *Oferenda ao Guia Espiritual*, recitamo-la sinceramente quantas vezes for possível e, então, meditamos sobre a transferência. Se a hora da nossa morte tiver chegado, devemos nos esforçar para morrer neste ponto do puja. Decidimos, muito intensamente, que é hora de morrer; interrompemos a recitação do puja e, por meio de meditação, transferimos nossa consciência para a Terra Pura. Se fizermos isso, com toda a certeza renasceremos na Terra Pura. Existem muitos praticantes desta tradição que morreram dessa maneira. Mais detalhes sobre a prática de transferência de consciência, em geral, e das práticas de transferência de consciência feitas em associação com Avalokiteshvara, em particular, podem ser encontrados no livro *Viver Significativamente, Morrer com Alegria* e na sadhana *Cerimônia de Powa*.

COMO OFERECER PRECES PARA SER CUIDADO POR NOSSO GUIA ESPIRITUAL EM TODAS AS VIDAS FUTURAS

Em resumo, Ó Protetor, busco tuas bênçãos para que,
em todas as minhas vidas,
Eu nunca esteja separado de ti, mas fique sempre sob
teus cuidados,
E, como o principal de teus discípulos,
Mantenha todos os segredos de teu corpo, fala e mente.

Ó Protetor, sempre que te manifestares como um Buda,
Que eu seja o primeiro de teu séquito;
E que tudo seja auspicioso para que eu realize, sem esforço,
Todos os desejos e necessidades temporários e últimos.

Por fim, fazemos pedidos a nosso Guia Espiritual que nos conceda suas bênçãos e proteção para que nunca estejamos separados dele em todas as nossas vidas futuras. Rezamos para sermos, sempre, um discípulo especial, que irá manter todas as suas qualidades ocultas que não são observadas por outros.

Embora nosso Guia Espiritual já seja iluminado, no futuro ele continuará a demonstrar, para o benefício de todos os seres sencientes, a maneira de alcançar a iluminação. Portanto, rezamos para sermos, sempre, o primeiro de seu séquito e, pelo poder de suas bênçãos, sermos capazes de realizar, sem esforço, todas as necessidades e desejos temporários e últimos.

REUNIR E DISSOLVER O CAMPO DE MÉRITO

Por ter feito pedidos desta maneira, Ó Supremo Guia Espiritual,
Com deleite, por favor, vem a minha coroa para conceder tuas bênçãos;
E, uma vez mais, põe firmemente teus pés radiantes,
Nas anteras do lótus em meu coração.

Imaginamos que, como resultado de termos feitos oferendas e pedidos com forte fé, Lama Losang Tubwang Dorjechang e todos os demais Budas e Bodhisattvas no Campo de Mérito estão deleitados conosco. Raios de luzes se irradiam do coração de Lama Losang Tubwang Dorjechang, alcançando todos os seres que estão no Campo de Mérito. Primeiro, a árvore desfaz-se em luz e se dissolve; em seguida, a camada mais abaixo do lótus, onde estão os Protetores do Dharma; depois, a camada seguinte, onde estão os Heróis e Heroínas, e assim por diante, até que todos os seres sagrados tenham se dissolvido em Lama Losang Tubwang Dorjechang, o principal Campo de Mérito. Então, o aspecto exterior – Je Tsongkhapa – dissolve-se no aspecto interior, Buda Shakyamuni; Buda Shakyamuni, por sua vez, dissolve-se no aspecto secreto, Conquistador Vajradhara. Desenvolvemos, então, uma fé muito forte de que Guru Vajradhara é a síntese de todos os objetos de refúgio.

Neste ponto, desenvolvemos um forte desejo de nos dissolver no coração de Guru Vajradhara, e imaginamos que Guru Vajradhara também deseja, fortemente, que isso aconteça. Assim como um filho que retorna ao lar para sua mãe, após uma longa ausência, e ambos têm o forte desejo de permanecer reunidos, devemos, do mesmo modo, imaginar que temos o forte desejo de nos

Dorjechang Kelsang Gyatso Rinpoche

dissolver no coração de nosso Guru e que ele também tem o forte desejo de se unificar conosco. Com deleite, ele vem até a coroa de nossa cabeça e, entrando pela roda-canal de nossa coroa, desce pelo canal central até o coração. Sentimos que a mente de grande êxtase espontâneo de nosso Guru mistura-se com nossa mente sutil e, como resultado, nossa mente é transformada em grande êxtase espontâneo. Com essa mente de êxtase meditamos, então, na vacuidade, e sentimos como se nossa mente de êxtase e a vacuidade tivessem se misturado de modo indistinguível. Devemos nos esforçar intensamente para imaginar que tudo se dissolveu na vacuidade, e que nossa mente se misturou com isso, em equilíbrio semelhante-ao-espaço. Permanecemos em concentração estritamente focada nessa experiência pelo tempo que for possível. Isso é o Guru-Ioga definitivo. Por meio dessa prática, recebemos bênçãos muito especiais de nosso Guia Espiritual e plantamos as sementes para alcançar as verdadeiras realizações do Mahamudra. Essa meditação é muito semelhante à primeira união do Mahamudra, a união de êxtase e vacuidade.

Neste ponto, podemos treinar na prática do Mahamudra Vajrayana, que é a meditação propriamente dita do estágio de conclusão. Previamente, após termos gerado a bodhichitta, treinamos no estágio de geração; agora, treinamos no estágio de conclusão. O principal objetivo do estágio de conclusão é gerar a mente de grande êxtase espontâneo e, então, meditar sobre a vacuidade com essa mente. O verdadeiro treino no Mahamudra Vajrayana é treinar a meditação que causa a experiência de grande êxtase espontâneo associada com a vacuidade. Com as bênçãos especiais que recebemos por dissolver nosso Guia Espiritual em nosso coração, este é o ponto ideal da sadhana para nos empenhar nesse treino.

Neste ponto, se formos um praticante de Vajrayogini, devemos contemplar que Guru Vajradharma, que está inseparável de nossa mente em nosso coração, aparece sob o aspecto de uma letra BAM vermelha. Essa letra se expande até os confins do espaço e, depois, contrai-se e dissolve-se, da base para cima, até que o próprio *nada*[1] se dissolva na vacuidade do Corpo-Verdade. Meditamos, então, nessa vacuidade misturada com grande êxtase.

Se formos um praticante de Heruka, começamos treinando no Mahamudra Vajrayana, meditando na gota indestrutível, dentro do canal central, na altura do coração. Visualizamos essa gota como sendo muito clara, a natureza de luz radiante, e dentro dela, em pé sob uma almofada de lua, visualizamos nossa mente muito sutil sob o aspecto de uma letra HUM branca com um leve matiz avermelhado. Imaginamos intensamente que nossa mente sutil e a mente de nosso Guru são uma só, totalmente indistinguíveis, e aparececendo como a letra HUM branca. Para que essa meditação seja efetiva em trazer os ventos para dentro do canal central, é importante que isso seja visualizado no interior da gota, dentro do canal central, na altura do coração, e que a localização precisa seja identificada. Meditamos no HUM com concentração estritamente focada, não por observá-lo à distância, mas por absorver nossa mente nele, de modo que não exista nenhum intervalo, ou lacuna, entre nossa mente e o HUM.

Essa meditação é a primeira das cinco etapas do estágio de conclusão de Heruka, de acordo com o sistema de Ghantapa. Enquanto, nas práticas de Yamantaka e de Vajrayogini, o estágio de conclusão começa no umbigo, nas práticas de Guhyasamaja e de Heruka o estágio de conclusão começa no coração. Por isso, Ghantapa disse:

> Deves permanecer, sempre, no interior da gota indestrutível, em teu coração, e meditar nela com concentração estritamente focada.

Se nos familiarizarmos com essa meditação, com toda a certeza alcançaremos a sabedoria de grande êxtase e vacuidade, a união do Mahamudra. Quando tivermos alguma experiência dessa etapa, poderemos prosseguir para realizar as demais quatro etapas de Heruka.

---

1 Consultar *Nota do Tradutor*, à página xi.

Mesmo que não possamos fazer, no momento presente, a meditação propriamente dita do estágio de conclusão, podemos simulá-la e, assim, plantar as sementes para obter verdadeiras realizações no futuro.

Ao final da meditação, o HUM se transforma em um Heruka branco. Esse Heruka branco é o corpo-ilusório, o corpo-vajra da Deidade. Ele tem o mesmo aspecto da Deidade, exceto pela sua cor, que é branca. Quando alcançamos o corpo-ilusório, ele é branco porque a substância dos ventos sutis, do qual ele é formado, é naturalmente de cor branca. Mesmo quando sairmos da meditação para nos envolvermos nos iogas das ações diárias, iremos sempre manter esse corpo-ilusório em nosso coração, sem nunca esquecê-lo ou perdê-lo.

Se preferirmos, podemos praticar a meditação do estágio de conclusão de acordo com os *Seis Iogas de Naropa*. Isso é explicado no livro *Clara-Luz de Êxtase*, que é fundamentado no comentário de Je Tsongkhapa a essa prática. Essa prática é muito extensa e o objeto é levemente diferente, mas o objetivo e o sentido são os mesmos.

Se confiarmos em Je Tsongkhapa, nossa prática do Mahamudra será muito clara e pura. Primeiro, meditamos no Mahamudra que é a união de êxtase e vacuidade. Começamos pelo estudo de *Guia ao Caminho do Meio*, de Chandrakirti, para obter um entendimento claro sobre a vacuidade. Um comentário a esse texto é dado no livro *Oceano de Néctar*. Em seguida, nos esforçamos para gerar a mente de grande êxtase espontâneo e misturá-la com a vacuidade que realizamos. Então, prosseguimos para a segunda união do Mahamudra, a união das duas verdades: a verdade convencional e a verdade última. Neste contexto, verdade convencional é o corpo-ilusório puro, e verdade última é a clara-luz-significativa. Primeiro, realizamos o corpo-ilusório; depois, realizamos a clara-luz-significativa. Quando obtivermos a união de ambos, alcançaremos a união das duas verdades. Isso é denominado "a união-que-precisa-aprender" porque ainda não somos iluminados e porque precisamos continuar a meditar para remover as obstruções à onisciência. Por fim, nosso corpo-ilusório irá se transformar no Corpo-de-Deleite resultante e, simultaneamente, nossa mente de clara-luz irá se transformar no

Corpo-Verdade resultante. Isso é a União-resultante do Mahamudra – a união de mente e corpo – o estado de iluminação que possui as sete preeminentes qualidades do abraço.

Essas práticas são exatamente as mesmas que as praticadas pelo grande mestre Saraha, Guru-raiz de Nagarjuna, que escreveu três textos sobre o Mahamudra. Muitos dos 84 Mahasiddhas confiaram em Saraha, e tanto Je Tsongkhapa quanto o primeiro Panchen Lama citaram extensamente seus trabalhos. Marpa e Milarepa também praticaram exatamente os mesmos métodos.

Antes de Je Tsongkhapa, muitos tibetanos compreenderam equivocadamente as instruções sobre o Mahamudra. Alguns tibetanos criticaram essas instruções e outros, de fato, as rejeitaram. Muitos tibetanos alegavam estar praticando o Mahamudra, sem qualquer experiência de renúncia, bodhichitta, sabedoria que realiza a vacuidade, estágio de geração ou estágio de conclusão. Sem qualquer compreensão sobre a prática, eles se envolviam imediatamente em união com uma parceira e, em pouco tempo, tinham crianças e viam-se envolvidos com trabalho e ocupações para sustentar suas famílias! Essas ações trouxeram má reputação ao Mahamudra e foi um período de grande degeneração do Budadharma. No entanto, quando Je Tsongkhapa apareceu, ele deu instruções claras e precisas sobre o Mahamudra, exatamente como havia sido praticado no passado por grandes iogues, como o mestre Saraha, e clarificou todas as compreensões equivocadas. Por isso, se seguirmos as instruções de Je Tsongkhapa, não haverá perigo de nos envolvermos em práticas errôneas, e é totalmente certo que conquistaremos resultados puros.

AS ETAPAS DE FINALIZAÇÃO

Concluímos a prática da sessão de meditação dedicando e recitando preces auspiciosas. As preces dedicatórias que fazem parte da sadhana são as seguintes:

Dedico todas as puras virtudes brancas que aqui reuni
Para que eu realize todas as preces
Feitas pelos Sugatas e Bodhisattvas dos três tempos
E mantenha o sagrado Dharma de escritura e *insight*.

Por força disso que, em todas as minhas vidas,
Eu nunca esteja separado das quatro rodas do Veículo Supremo,
E que, por meio delas, eu complete os caminhos da renúncia,
Bodhichitta, visão correta e dos dois estágios tântricos.

Rezamos para que, por força de todo o mérito que acumulamos ao fazer oferendas e pedidos a nosso Guia Espiritual e ao treinar nas etapas do caminho do Sutra e do Tantra, realizemos todas as preces dos Budas e Bodhisattvas e pratiquemos puramente o Dharma de escritura e insight. Especificamente, rezamos para que, em todas as nossas vidas futuras, nunca estejamos separados das quatro rodas do Mahayana. Essas rodas são:

(1) Nascer e permanecer em um país onde o Dharma esteja florescendo, preferivelmente em um local que possua as cinco qualidades de um local de retiro, como descrito por Maitreya em *Ornamento para os Sutras Mahayana*;
(2) Confiar, sinceramente, em um Guia Espiritual Mahayana plenamente qualificado;
(3) Sempre ficar deleitado ao ouvir, contemplar e meditar sobre o Dharma e ao estudar e praticar o Dharma; e ser capaz de, facilmente, se envolver em virtudes com nosso corpo, fala e mente;
(4) Ser dotado com os sete atributos de linhagem superior: nobreza, grande beleza, vastos recursos, grande poder, grande sabedoria, boa saúde e longa vida. Esses sete atributos são explicados plenamente no livro *Caminho Alegre da Boa Fortuna*.

Se possuirmos essas quatro rodas nas vidas futuras, seremos capazes de praticar facilmente o Dharma e, desse modo, beneficiar muitas pessoas. Já que é bastante provável que não concluamos nosso treino nesta vida, é muito importante rezar para alcançarmos essas qualidades no futuro. Então, poderemos prosseguir para concluir todas as realizações de renúncia, bodhichitta, sabedoria que realiza a vacuidade, estágio de geração e estágio de conclusão.

COMO PRATICAR DURANTE O INTERVALO ENTRE AS MEDITAÇÕES

Durante o intervalo entre as meditações, devemos sempre relembrar de Lama Losang Tubwang Dorjechang em nosso coração e pensar nele como sendo inseparável do corpo-vajra da Deidade. Sempre que comermos ou bebermos, devemos abençoar nossa comida e bebida e oferecê-las a nosso Guia Espiritual, em nosso coração. Por nos lembrarmos dele o tempo todo e fazermos constantes preces e pedidos, iremos receber bênçãos ininterruptas, nossa mente irá se tornar calma e pacífica, teremos poucos problemas e obstáculos e nossa experiência das realizações essenciais do Dharma – como bodhichitta e sabedoria – irão se aperfeiçoar naturalmente.

Ao longo de nossas atividades cotidianas, devemos sempre relembrar que os fenômenos são vazios de existência inerente e que surgem da união indivisível de êxtase e vacuidade. Devemos considerar todas as formas como manifestações de êxtase e vacuidade, inseparáveis do Guru-Deidade; devemos considerar todos os sons como mantras e toda a atividade mental como manifestação do êxtase e vacuidade do Corpo-Verdade. Desse modo, impediremos aparências comuns e desenvolveremos aparência pura. Então, obteremos rapidamente as realizações do Mahamudra e realizaremos o estado iluminado do Guru-Deidade, a União-resultante que possui as sete preeminentes qualidades do abraço.

Dedicatória

Devemos rezar:

Para realizar todos os propósitos dos seres vivos,
Que, por estas virtudes, eu rapidamente alcance
As sete preeminentes qualidades do abraço:
Um Corpo-Forma dotado com os sinais maiores e as indicações menores,
Em abraço com uma consorte de sabedoria-conhecimento,
Uma mente em estado permanente de grande êxtase,
Um êxtase que realiza a ausência de existência inerente,
Uma compaixão que abandonou o extremo da paz,
Um ininterrupto continuum de corpo
E incessantes feitos iluminados.

Que tudo seja auspicioso.

Apêndice I

O Sentido Condensado do Comentário

O Sentido Condensado do Comentário

O comentário ao livro *Grande Tesouro de Mérito* é apresentado em três partes:

1. Introdução;
2. O comentário propriamente dito;
3. Dedicatória.

O comentário propriamente dito tem duas partes:

1. As preemintes qualidades de Je Tsongkhapa e de sua doutrina;
2. O Guru-Ioga de Je Tsongkhapa.

O Guru-Ioga de Je Tsongkhapa tem três partes:

1. As razões por que precisamos praticar o Guru-Ioga de Je Tsongkhapa;
2. Origem e linhagem destas instruções;
3. As instruções propriamente ditas.

As instruções propriamente ditas tem duas partes:

1. Como praticar durante a sessão de meditação;
2. Como praticar durante o intervalo entre as meditações.

Como praticar durante a sessão de meditação tem três partes:

1. As práticas preliminares;
2. A prática propriamente dita;
3. As etapas de finalização.

As práticas preliminares tem quatro partes:

1. Buscar refúgio e gerar a bodhichitta;
2. Autogerar-se como a Deidade;
3. Purificar o ambiente e seus habitantes;
4. Abençoar as oferendas.

Buscar refúgio e gerar a bodhichitta tem duas partes:

1. Buscar refúgio;
2. Gerar a bodhichitta.

Gerar a bodhichitta tem duas partes:

1. Gerar a bodhichitta aspirativa;
2. Gerar a bodhichitta de compromisso.

A prática propriamente dita tem cinco partes:

1. Visualizar o Campo de Mérito e convidar e absorver os seres-de-sabedoria;
2. Oferecer a prática dos sete membros e o mandala;
3. Fazer louvores e pedidos;
4. Receber bênçãos;
5. Reunir e dissolver o Campo de Mérito.

Visualizar o Campo de Mérito e convidar e absorver os seres-de--sabedoria tem duas partes:

1. Visualizar o Campo de Mérito;
2. Convidar e absorver os seres-de-sabedoria.

Oferecer a prática dos sete membros e o mandala tem sete partes:

1. Prostração;
2. Oferenda;
3. Confissão;
4. Regozijo;
5. Pedir que a Roda do Dharma seja girada;
6. Rogar ao Guia Espiritual que não morra;
7. Dedicatória.

Prostração tem cinco partes:

1. Prostrar-se ao Guia Espiritual como o Corpo-de-Deleite;
2. Prostrar-se ao Guia Espiritual como o Corpo-Emanação;
3. Prostrar-se ao Guia Espiritual como o Corpo-Verdade;
4. Prostrar-se aos Guias Espirituais como a síntese das Três Joias;
5. Prostrar-se aos Gurus-linhagem e às Três Joias.

Oferenda tem sete partes:

1. Oferecer as oferendas exteriores e os cinco objetos de desejo;
2. Oferecer o mandala;
3. Oferecer nossa prática espiritual;
4. Oferenda interior;
5. Oferenda secreta;
6. Oferenda da talidade;
7. Oferecer remédios e a nós mesmos como um servidor.

Oferecer as oferendas exteriores e os cinco objetos de desejo tem duas partes:

1. Oferecer as oferendas exteriores;
2. Oferecer os cinco objetos de desejo.

Fazer louvores e pedidos tem quatro partes:

1. Pedir recitando o mantra nominal;
2. Pedir relembrando suas boas qualidades e sua bondade;
3. Pedir expressando suas boas qualidades;
4. Pedido estritamente focado.

Pedir relembrando suas boas qualidades e sua bondade tem seis partes:

1. Pedir relembrando suas boas qualidades, como explicado nas escrituras Vinaya;
2. Pedir relembrando suas boas qualidades como um Guia Espiritual Mahayana;
3. Pedir relembrando suas boas qualidades como um Guia Espiritual Vajrayana;
4. Pedir relembrando que ele é mais bondoso que todos os Budas;
5. Pedir relembrando que ele é mais bondoso até mesmo que Buda Shakyamuni;
6. Pedir relembrando que ele é o Campo de Mérito supremo.

Pedir expressando suas boas qualidades tem quatro partes:

1. Pedir expressando suas qualidades exteriores;
2. Pedir expressando suas qualidades interiores;
3. Pedir expressando suas qualidades secretas;
4. Pedir expressando suas qualidades referentes à talidade.

Receber bênçãos tem duas partes:

1. Receber as bênçãos das quatro iniciações e recitar os mantras;
2. Receber as bênçãos de todas as etapas do caminho.

Receber as bênçãos das quatro iniciações e recitar os mantras tem duas partes:

1. Receber as bênçãos das quatro iniciações;
2. Recitar os mantras.

Receber as bênçãos de todas as etapas do caminho tem 27 partes:

1. A maneira de confiar em nosso Guia Espiritual, a raiz dos caminhos espirituais;
2. Desenvolver a aspiração de extrair a essência de nossa vida humana;
3. O método propriamente dito para obter a felicidade de estados elevados nas vidas futuras;
4. Desenvolver o desejo de obter a libertação;
5. Como praticar o caminho que conduz à libertação;
6. Como gerar grande compaixão, o fundamento do Mahayana;
7. Equalizar eu com outros;
8. Os perigos do autoapreço;
9. Os benefícios de apreciar os outros;
10. Trocar eu por outros;
11. Tomar e Dar;
12. Do terceiro ao sétimo pontos do treino da mente;
13. Como meditar em intenção superior e gerar a bodhichitta;
14. Como tomar os votos da bodhichitta aspirativa e de compromisso;
15. Como praticar a perfeição de dar;
16. Como praticar a perfeição de disciplina moral;
17. Como praticar a perfeição de paciência;
18. Como praticar a perfeição de esforço;
19. Como praticar a perfeição de estabilização mental;
20. Como praticar a perfeição de sabedoria por meio de manter o equilíbrio meditativo semelhante-ao-espaço;
21. Como praticar a perfeição de sabedoria por meio de manter a aquisição subsequente semelhante-a-uma-ilusão;

22. Como treinar a mente na visão profunda do Caminho do Meio;
23. Tornar-se um recipiente adequado para o caminho profundo do Mantra Secreto e manter os votos e compromissos puramente;
24. Como meditar no estágio de geração;
25. Como praticar o estágio de conclusão;
26. A maneira de praticar o ritual de transferência de consciência se, tendo meditado, não tivermos recebido sinais;
27. Como oferecer preces para ser cuidado por nosso Guia Espiritual em todas as vidas futuras.

Apêndice II

CONTEÚDO

Prece Libertadora

LOUVOR A BUDA SHAKYAMUNI

Prece Libertadora

Louvor a Buda Shakyamuni

Ó Abençoado, Shakyamuni Buda,
Precioso tesouro de compaixão,
Concessor de suprema paz interior,

Tu, que amas todos os seres sem exceção,
És a fonte de bondade e felicidade,
E nos guias ao caminho libertador.

Teu corpo é uma joia-que-satisfaz-os-desejos,
Tua fala é um néctar purificador e supremo
E tua mente, refúgio para todos os seres vivos.

Com as mãos postas, me volto para ti,
Amigo supremo e imutável,
E peço do fundo do meu coração:

Por favor, concede-me a luz de tua sabedoria
Para dissipar a escuridão da minha mente
E curar o meu continuum mental.

Por favor, me nutre com tua bondade,
Para que eu possa, por minha vez, nutrir todos os seres
Com um incessante banquete de deleite.

Por meio de tua compassiva intenção,
De tuas bênçãos e feitos virtuosos
E por meu forte desejo de confiar em ti,

Que todo o sofrimento rapidamente cesse,
Que toda a felicidade e alegria aconteçam
E que o sagrado Dharma floresça para sempre.

Cólofon: Esta prece foi escrita por Venerável Geshe Kelsang Gyatso Rinpoche e é recitada regularmente no início de ensinamentos, meditações e preces nos Centros Budistas Kadampa em todo o mundo.

Oferenda ao Guia Espiritual

UMA MANEIRA ESPECIAL DE CONFIAR
EM UM GUIA ESPIRITUAL

compilada por
Losang Chokyi Gyaltsen

Oferenda ao Guia Espiritual

Buscar refúgio

Com uma mente perfeitamente pura e de grande virtude,
Eu e todos os seres sencientes-mães, tão extensos como o espaço,
Doravante, até que alcancemos a essência da iluminação,
Buscamos refúgio no Guru e nas Três Joias Preciosas.

Namo Gurubhä
Namo Buddhaya
Namo Dharmaya
Namo Sanghaya (3x)

Gerar a bodhichitta aspirativa

Para o bem de todos os seres sencientes-mães,
Vou me tornar o Guru-Deidade
E, então, conduzirei cada ser senciente
Ao estado supremo do Guru-Deidade. (3x)

Gerar a bodhichitta de compromisso

Para o bem de todos os seres sencientes-mães, alcançarei o mais rapidamente possível, nesta mesma vida, o estado do Guru-Deidade, o Buda primordial.

Libertarei todos os seres sencientes-mães de seus sofrimentos e os conduzirei ao grande êxtase dos solos de Buda. Portanto, praticarei o caminho profundo do ioga do Guru-Deidade.

Neste ponto, podemos nos autogerar brevemente como nossa Deidade pessoal.

Autogerar-se como a Deidade

Do estado de grande êxtase, eu surjo como o Guru-Deidade.

Purificar o ambiente e seus habitantes

Raios de luz irradiam-se de meu corpo,
Abençoando todos os mundos e seres nas dez direções.
Tudo se torna um conjunto primoroso
De boas qualidades imaculadamente puras.

Abençoar as oferendas

OM AH HUM (3x)

Sendo, por natureza, excelsa sabedoria, possuindo o aspecto da oferenda interior e das substâncias individuais de oferenda, e servindo como objetos de prazer dos seis sentidos para gerar uma excelsa sabedoria especial de êxtase e vacuidade, inconcebíveis nuvens de oferendas exteriores, interiores e secretas, substâncias de compromisso e oferendas fascinantes cobrem o solo por inteiro e preenchem todo o espaço.

Visualizar o Campo de Mérito

No vasto espaço de êxtase e vacuidade indivisíveis, entre ondulantes nuvens de oferendas de Samantabhadra, plenamente adornada com folhas, flores e frutos, há uma árvore-que-satisfaz-os-desejos, que concede tudo o que é desejado. No seu topo, num flamejante trono de leões adornado com joias, sobre um assento de lótus, lua e sol, senta-se meu Guru-raiz, que é bondoso de três maneiras, a verdadeira essência de todos os Budas. Ele está sob o aspecto de um monge plenamente ordenado, com uma face, duas mãos e um sorriso radiante. Sua mão direita está no mudra de expor o Dharma, e sua mão esquerda, no mudra do equilíbrio meditativo, segura uma vasilha repleta de néctar. Ele usa três vestes da cor resplandecente do açafrão e sua cabeça está adornada com um chapéu dourado de Pândita. Em seu coração, estão Buda Shakyamuni e Vajradhara, que tem um corpo azul, uma face e duas mãos. Segurando vajra e sino, ele abraça Yingchugma e se deleita no jogo de êxtase espontâneo e vacuidade. Ele está adornado com muitos diferentes tipos de ornamentos de joias e usa vestimentas de seda celestial. Dotado com os sinais maiores e as indicações menores e brilhando com mil raios de luz, meu Guru senta-se no centro de uma aura de vários arco-íris de cinco cores. Sentado em postura vajra, seus agregados completamente puros são os cinco Sugatas, seus quatro elementos são as quatro Mães, e suas fontes, veias e juntas são, na realidade, Bodhisattvas. Seus poros são os 21 mil Destruidores de Inimigos; e seus membros, as Deidades iradas. Seus raios de luz são guardiões direcionais, como causadores-de-mal e comedores-de-cheiro, e sob seu trono estão os seres mundanos. Rodeando-o em sequência, está uma vasta assembleia de Gurus-linhagem, Yidams, hostes de Deidades do mandala, Budas, Bodhisattvas, Heróis, Dakinis e Protetores do Dharma. Suas três portas estão marcadas pelos três vajras. Raios de luz fisgadores irradiam-se da letra HUM e convidam os seres-de-sabedoria a virem de suas moradas naturais e permanecerem inseparáveis.

Convidar os seres-de-sabedoria

Vós que sois a fonte de toda felicidade e bondade –
Guru-raiz e Gurus-linhagem dos três tempos, Yidams e Três
  Joias Preciosas,
Juntamente com a assembleia de Heróis, Dakinis, Dharmapalas e
  Protetores –
Por vossa grande compaixão, por favor, vinde a este lugar e
  permanecei firmes.

Embora os fenômenos sejam, por natureza, totalmente livres de
  ir e de vir,
Apareceis de acordo com as inclinações de cada discípulo
E realizais feitos iluminados motivados por sabedoria e compaixão;
Ó Sagrados Refúgios e Protetores, por favor, vinde a este lugar
  juntamente com vosso séquito.

OM GURU BUDDHA BODHISATTÖ DHARMAPALA SAPARIWARA
EH HAYE HI: DZA HUM BAM HO
Os seres-de-sabedoria tornam-se inseparáveis dos seres-de-compromisso.

Prostrar-se ao Guia Espiritual como o Corpo-de-Deleite

Guia Espiritual, com uma forma semelhante à de uma joia,
Que, por compaixão, concedes num instante,
Até mesmo o supremo estado dos três corpos, a esfera de grande êxtase,
Ó Detentor do Vajra, a teus pés de lótus eu me prostro.

Prostrar-se ao Guia Espiritual como o Corpo-Emanação

Excelsa sabedoria de todos os infinitos Conquistadores,
Que, por meios supremamente habilidosos, apareces para servir aos discípulos,
Assumindo, agora, a forma de um monge em vestes de cor açafrão;
Ó Sagrado Refúgio e Protetor, a teus pés de lótus eu me prostro.

Prostrar-se ao Guia Espiritual como o Corpo-Verdade

Abandono de todas as falhas juntamente com suas marcas,
Precioso tesouro de incontáveis boas qualidades,
E única passagem a todo benefício e felicidade,
Ó Venerável Guia Espiritual, a teus pés de lótus eu me prostro.

Prostrar-se aos Guias Espirituais como a síntese das Três Joias

Essência de todos os Gurus-Budas e Deidades,
Fontes de todas as 84 mil classes de sagrado Dharma,
Principais dentre toda a Assembleia Superior,
Ó Bondosos Guias Espirituais, a vossos pés de lótus eu me prostro.

Prostrar-se aos Gurus-linhagem e às Três Joias

Aos Gurus que residem nos três tempos e nas dez direções,
Às Três Joias Supremas e a todos os demais objetos de prostração,
Eu me prostro com fé e respeito, um coro melodioso de louvor
E corpos emanados, tão numerosos quanto os átomos do mundo.

Oferecer as oferendas exteriores e os cinco objetos de desejo

Ó Guru, Refúgio e Protetor, juntamente com teu séquito,
Ofereço a ti estas vastas nuvens de diversas oferendas:

Os néctares purificadores das quatro águas a fluir suavemente
De amplos e radiantes vasos adornados com joias, perfeitamente dispostos;

Lindas flores, pétalas e grinaldas delicadamente arrumadas,
Que cobrem o solo e preenchem o céu;

A fumaça azulada de fragrante incenso
Ondulando nos céus como nuvens azuis de verão;

As luzes brincalhonas do sol e da lua, joias resplandecentes e um vasto conjunto de lamparinas,
Que dissipam a escuridão dos três mil mundos;

Requintados perfumes aromatizados com cânfora, sândalo e açafrão,
Num vasto oceano rodopiante que se estende tão longe quanto os olhos podem ver;

Alimentos e bebidas nutritivos, dotados com uma centena de sabores
E iguarias, de deuses e homens, sobrepostas tão alto quanto uma montanha;

De uma infinita variedade de instrumentos musicais,
Sons melodiosos preenchem a totalidade dos três mundos;

Adoráveis portadoras de formas, sons, odores, sabores e objetos de toque –
Deusas de prazeres externos e internos, que ocupam todas as direções.

Oferecer o mandala

Ó Tesouro de Compaixão, meu Refúgio e Protetor, Campo de Mérito supremamente perfeito,
Com uma mente de devoção, a ti eu ofereço
Um bilhão de Grandes Montanhas, de quatro continentes,
De sete maiores e menores posses reais e assim por diante,
Uma coleção de mundos e de seres perfeitos, que fazem surgir todas as alegrias,
Um grande tesouro de prazeres almejados por deuses e homens.

Oferecer nossa prática espiritual

Ó Venerável Guru, ofereço a ti estes jardins de prazeres,
Tanto os efetivamente dispostos quanto os emanados pela mente, nas praias de um mar-que-concede-desejos,
Nos quais, das puras virtudes brancas do samsara e do nirvana,
Surgem substâncias de oferendas de amplos lótus de mil pétalas, que deliciam as mentes de todos;
Onde as virtudes mundanas e supramundanas das três portas, as minhas e as dos outros,
São flores que trazem cor a todos os lugares
E exalam uma profusão de aromas semelhante às oferendas de Samantabhadra;
E onde os três treinos, os cinco caminhos e os dois estágios são os frutos.

Oferenda interior

Ofereço este oceano de néctar com os cinco anzóis, as cinco lamparinas e assim por diante,
Purificado, transformado e aumentado,
Juntamente com uma bebida de excelente chá,
Dotada com uma centena de sabores, a radiância do açafrão e um delicado aroma.

Durante um puja de longa vida, é costume fazer uma oferenda de chá neste ponto, enquanto recitamos a seguinte estrofe:

O Guru é Buda, o Guru é Dharma,
O Guru também é Sangha.
O Guru é a fonte de todas as alegrias;
A todos os Gurus, faço esta oferenda.
OM AH HUM (3x)

Se desejarmos fazer uma oferenda tsog para enfatizar a acumulação de grande mérito, como num puja de longa vida, devemos fazê-la neste ponto. A oferenda tsog está na página 340.

Oferenda secreta

E ofereço os mais atraentes e ilusórios mudras,
Uma hoste de mensageiras nascidas de lugares, nascidas de mantra e espontaneamente nascidas,
Com esbeltos corpos, peritas nas sessenta e quatro artes do amor,
E com o esplendor da beleza juvenil.

Oferenda da talidade (*thatness*)

E ofereço a ti a suprema bodhichitta última,
Uma perfeita, excelsa sabedoria de êxtase espontâneo livre de obstruções,
Inseparável da natureza de todos os fenômenos, a esfera de liberdade de elaboração,
Sem esforço e além de palavras, pensamentos e expressões.

Oferecer remédios e a nós mesmos como um servidor

Ofereço muitos tipos diferentes de excelentes remédios,
Que destroem as quatrocentas e quatro doenças das delusões,
E, para agradar-te, ofereço-me como um servidor;
Por favor, mantém-me a teu serviço pelo tempo que o espaço existir.

Se desejarmos, podemos recitar o Sutra Mahayana dos Três Montes Superiores.

Se desejarmos fazer uma oferenda tsog para enfatizar purificação, devemos fazê-la neste ponto. A oferenda tsog está na página 340.

Confissão

Na presença dos grandes Compassivos,
Confesso, com uma mente de grande arrependimento,
Todas as não-virtudes e ações negativas que, desde tempos sem início,
Eu fiz, ordenei que fossem feitas ou com as quais me regozijei;
E prometo que, de agora em diante, não vou mais cometê-las.

Regozijo

Embora os fenômenos não tenham sinal de existência inerente,
Do fundo de nosso coração nos regozijamos
Com toda felicidade e pura virtude branca, semelhantes-a-um-sonho,
Que surgem para os seres comuns e os Superiores.

Pedir que a Roda do Dharma seja girada

Das miríades de nuvens ondulantes de tua sublime sabedoria e compaixão,
Por favor, envia uma chuva do Dharma vasto e profundo,
Para que, no jardim de jasmins de benefício e felicidade,
Haja crescimento, sustento e progresso para todos os seres vivos.

Neste ponto, em um puja de longa vida, é costume fazer uma oferenda especial de mandala (ver página 351), recitar preces especiais para a longa vida de nosso Guia Espiritual e recitar a seguinte estrofe três vezes:

Rogar ao Guia Espiritual que não morra

Embora teu corpo-vajra não tenha nascimento ou morte,
Pedimos ao recipiente do grande Rei da União
Que permaneça imutável de acordo com os nossos desejos,
Sem perecer, até que o samsara termine.

Dedicatória

Dedico todas as puras virtudes brancas que aqui reuni, para que em todas as minhas vidas,
Eu nunca esteja separado do venerável Guru, que é bondoso de três maneiras;
Que eu sempre esteja sob seu cuidado amoroso,
E alcançe a União de Vajradhara.

Neste ponto, é costume recitar três vezes a prece Migtsema *de nove versos. Ela está na página 354.*

Se desejarmos fazer uma oferenda de mandala juntamente com os três grandes pedidos, podemos fazê-los neste ponto. A oferenda de mandala está na página 349.

Se também desejarmos receber bênçãos para obter as realizações do Mahamudra, podemos recitar neste ponto as Preces de Pedidos aos Gurus da Linhagem Mahamudra *e/ou* O Sentido

Condensado do Caminho Rápido Vajrayana. *Essas preces estão nas páginas 381 e 371, respectivamente.*

Pedir relembrando suas boas qualidades, como explicado nas escrituras Vinaya

Grande oceano de disciplina moral, fonte de todas as boas qualidades,
Repleto com uma coleção de joias de extenso saber,
Segundo Buda, venerável monge em vestes de cor açafrão,
Ó Venerável e Detentor do Vinaya, a ti faço pedidos.

Pedir relembrando suas boas qualidades como um Guia Espiritual Mahayana

Tu, que possuis as dez qualidades,
De um autêntico Professor do caminho dos Sugatas,
Senhor do Dharma, representante de todos os Conquistadores,
Ó Guia Espiritual Mahayana, a ti faço pedidos.

Pedir relembrando suas boas qualidades como um Guia Espiritual Vajrayana

Tuas três portas são perfeitamente controladas, tens grande sabedoria e paciência,
Sem presunção ou engôdo, tu és versado em mantras e no Tantra,
Tu possuis os dois conjuntos de dez qualidades e és habilidoso em desenhar e explicar;
Ó Principal Detentor do Vajra, a ti faço pedidos.

Pedir relembrando que ele é mais bondoso que todos os Budas

Para os seres rudes destes tempos impuros que, sendo tão difíceis de domar,
Não foram subjugados pelos incontáveis Budas de outrora,
Tu revelas corretamente o excelente caminho dos Sugatas;
Ó Compassivo Refúgio e Protetor, a ti faço pedidos.

Pedir relembrando que ele é mais bondoso até mesmo que Buda Shakyamuni

Agora, quando o sol de Buda se pôs,
Tu realizas, para os incontáveis migrantes sem proteção ou refúgio,
Exatamente os mesmos feitos que o Conquistador;
Ó Compassivo Refúgio e Protetor, a ti faço pedidos.

Pedir relembrando que ele é o Campo de Mérito supremo

Até mesmo um único de teus poros é, por nós, louvado,
Como um Campo de Mérito superior a todos os Conquistadores
Dos três tempos e das dez direções;
Ó Compassivo Refúgio e Protetor, a ti faço pedidos.

Pedir expressando suas qualidades exteriores

Do jogo de teus poderes miraculosos e meios habilidosos,
As rodas ornamentais de teus três corpos de Sugata
Aparecem sob uma forma comum para guiar os migrantes;
Ó Compassivo Refúgio e Protetor, a ti faço pedidos.

Pedir expressando suas qualidades interiores

Teus agregados, elementos, fontes e membros
São, por natureza, os Pais e as Mães das Cinco Famílias de Buda,
Os Bodhisattvas e as Deidades Iradas;
Ó Supremo Guia Espiritual, de natureza das Três Joias, a ti faço pedidos.

Pedir expressando suas qualidades secretas

Tu és a essência dos dez milhões de círculos de mandalas
Que surgem do estado da excelsa sabedoria toda-conhecedora;
Principal Detentor do Vajra, fonte que permea a centena de famílias,
Ó Protetor da União Primordial, a ti faço pedidos.

Pedir expressando suas qualidades referentes à talidade (*thatness*)

Natureza que permea todas as coisas estáveis e móveis,
Inseparável da experiência de alegria espontânea sem obstruções;
Completamente bom, desde o início livre dos extremos,
Ó Bodhichitta verdadeira e última, a ti faço pedidos.

Pedido estritamente focado

Tu és o Guru, tu és o Yidam, tu és o Daka e o Protetor do Dharma;
Doravante, até que eu alcance a iluminação, não buscarei outro refúgio além de ti.
Nesta vida, no bardo e até o fim de minhas vidas, por favor, segura-me com o gancho de tua compaixão,
Liberta-me dos medos do samsara e da paz, concede-me todas as aquisições, sê meu constante companheiro e protege-me contra todos os obstáculos. (3x)

Receber as bênçãos das quatro iniciações

Por força de pedir três vezes dessa maneira, raios de luz branca, vermelha e azul e néctares surgem dos lugares do corpo, fala e mente de meu Guru, em série e conjuntamente, e se dissolvem em meus três lugares, em série e conjuntamente. Minhas quatro obstruções são purificadas e recebo as quatro iniciações. Alcanço os quatro corpos e, por deleite, uma emanação de meu Guru dissolve-se em mim e concede suas bênçãos.

Neste ponto, meditamos brevemente sobre receber as bênçãos das quatro iniciações, de acordo com o comentário. Depois, imaginamos que uma emanação de Lama Losang Tubwang Dorjechang vem à coroa de nossa cabeça e, entrando por nosso canal central, desce até o nosso coração. Imaginamos que nosso corpo, fala e mente sutis tornam-se um único sabor com o corpo, fala e mente de nosso Guia Espiritual e meditamos nessa sensação especial de êxtase durante algum tempo.

Em seguida, recitamos os mantras de acordo com o comentário (ver páginas 214-217).

Neste ponto, é costume fazer uma oferenda de chá enquanto recitamos a seguinte estrofe:

O Guru é Buda, o Guru é Dharma,
O Guru também é Sangha.
O Guru é a fonte de todas as alegrias;
A todos os Gurus, faço esta oferenda.
OM AH HUM (3x)

Se desejarmos fazer uma oferenda tsog para enfatizar a aquisição rápida das realizações das etapas do caminho, devemos fazê-la após recitar os mantras. A oferenda tsog está na página 340.

Se desejarmos oferecer um mandala longo para pedir as realizações das etapas do caminho, devemos fazê-lo aqui. A oferenda de mandala está na página 349.

A maneira de confiar em nosso Guia Espiritual, a raiz dos caminhos espirituais

Por força de minhas oferendas e pedidos respeitosos
Ao Venerável Guia Espiritual, o sagrado e supremo Campo de Mérito,
Busco tuas bênçãos, Ó Protetor, a raiz de toda bondade e alegria,
Para que, alegremente, me tomes sob teu cuidado amoroso.

Desenvolver a aspiração de extrair a essência de nossa vida humana

Compreendendo que esta liberdade e dote, encontrados uma só vez,
São difíceis de obter e, contudo, decaem tão rapidamente,
Busco tuas bênçãos para reter seu significado essencial,
Sem me distrair com as atividades sem sentido desta vida.

O método propriamente dito para obter a felicidade de estados elevados nas vidas futuras

Temendo o fogo ardente dos sofrimentos das migrações ruins,
Do fundo de meu coração, busco refúgio nas Três Joias
E busco tuas bênçãos para empenhar-me sinceramente
Em abandonar não-virtudes e praticar a coleção inteira de virtudes.

Desenvolver o desejo de obter a libertação

Violentamente arremessado pelas ondas da delusão e do carma
E atormentado pelos monstros marinhos dos três sofrimentos,
Busco tuas bênçãos para desenvolver o forte desejo por libertação
Do ilimitado e apavorante oceano do samsara.

Como praticar o caminho que conduz à libertação

Abandonando a mente que vê, como um jardim de prazeres,
Esta prisão insuportável do samsara,
Busco tuas bênçãos para erguer o estandarte vitorioso da libertação,
Mantendo os três treinos superiores e as riquezas dos Superiores.

Como gerar grande compaixão, o fundamento do Mahayana

Contemplando como todos esses pobres migrantes são minhas mães,
Que, por bondade, têm apreciado e cuidado de mim muitas e muitas vezes,
Busco tuas bênçãos para gerar espontânea compaixão,
Como a de uma mãe amorosa por seu mais querido filho.

Equalizar eu com outros

Já que ninguém deseja sequer o mais leve sofrimento,
Ou nunca se contenta com a felicidade que tem,
Não há diferença entre mim e os outros;
Compreendendo isso, busco, com alegria, tuas bênçãos para fazer os outros felizes.

Os perigos do autoapreço

Vendo que essa doença crônica de apreciar a mim mesmo
É a causa que dá origem a sofrimento indesejado,
Busco tuas bênçãos para destruir esse grande demônio do egoísmo,
Por me opor a ele – o objeto da acusação.

Os benefícios de apreciar os outros

Vendo que a mente que aprecia os seres-mães e assegura sua felicidade
É a passagem que conduz a infinitas boas qualidades,
Busco tuas bênçãos para apreciar esses seres mais que a minha vida,
Mesmo que se ergam contra mim, como meus inimigos.

Trocar eu por outros

Em resumo, já que os infantis estão preocupados apenas consigo mesmos,
Ao passo que os Budas trabalham, exclusivamente, para o benefício dos outros,
Busco tuas bênçãos para distinguir falhas de benefícios
E, assim, ser capaz de me trocar por outros.

Visto que apreciar a mim mesmo é a porta para todas as falhas,
E apreciar os seres-mães é o fundamento de todas as boas qualidades,
Busco tuas bênçãos para tomar, como minha prática essencial,
O ioga de trocar eu por outros.

Tomar e Dar

Portanto, Ó Compassivo, Venerável Guru, busco tuas bênçãos
Para que todo sofrimento, negatividades e obstruções dos seres sencientes-mães
Amadureçam em mim neste instante;
E, por dar minha felicidade e virtude aos outros,
Que todos os seres migrantes sejam felizes. (3x)

Do terceiro ao sétimo pontos do treino da mente

Embora sobre o mundo e seus seres, repletos com os efeitos do mal,
Desabem, como chuva, sofrimentos indesejados,
Isso é uma chance para exaurir os efeitos das ações negativas;
Compreendendo isso, busco tuas bênçãos para transformar
condições adversas em caminho.

Em resumo, quer surjam condições favoráveis, quer desfavoráveis,
Busco tuas bênçãos para transformá-las no caminho de aperfeiçoar
as duas bodhichittas,
Praticando as cinco forças, a essência de todos os Dharmas,
E assim manter, unicamente, uma mente feliz.

Busco tuas bênçãos para tornar extremamente significativos esta
liberdade e dote
Por aplicar meditação imediatamente a tudo o que encontrar
Pelos meios habilidosos das quatro preparações
E por praticar os compromissos e preceitos do treino da mente.

Como meditar em intenção superior e gerar a bodhichitta

Por amor, compaixão e intenção superior,
E a prática mágica de montar o tomar e dar na respiração,
Busco tuas bênçãos para gerar a genuína bodhichitta
A fim de libertar todos os migrantes deste grande oceano do samsara.

Como tomar os votos da bodhichitta aspirativa e de compromisso

Busco tuas bênçãos para me empenhar sinceramente no único
caminho
Percorrido por todos os Conquistadores dos três tempos –
Atar minha mente com os puros votos bodhisattva
E praticar as três disciplinas morais do Mahayana.

Neste ponto, podemos enviar para fora o que restou da oferenda tsog para os espíritos. *Ver página 345–346.*

Como praticar a perfeição de dar

Busco tuas bênçãos para completar a perfeição de dar
Por meio das instruções sobre como aperfeiçoar a mente de dar
sem apego
E, assim, transformar meu corpo, meus prazeres e minhas virtudes
reunidas ao longo dos três tempos,
Em tudo o que cada ser vivo desejar.

Como praticar a perfeição de disciplina moral

Busco tuas bênçãos para completar a perfeição de disciplina
moral,
Não transgredindo, mesmo à custa de minha vida,
A disciplina moral dos votos Pratimoksha, Bodhisattva e do
Mantra Secreto,
E reunindo Dharmas virtuosos e realizando o bem-estar dos
seres sencientes.

Como praticar a perfeição de paciência

Busco tuas bênçãos para completar a perfeição de paciência
De modo que, mesmo se cada um dos seres dos três reinos,
Viesse, por raiva, a me prejudicar, criticar, ameaçar ou até mesmo
tirar minha vida,
Eu retribuísse, imperturbável, seu malefício, ajudando-os.

Como praticar a perfeição de esforço

Busco tuas bênçãos para completar a perfeição de esforço,
Empenhando-me pela iluminação suprema com inabalável
compaixão,
Mesmo que eu tenha de permanecer nas labaredas do mais
profundo inferno
Por muitos éons, para o benefício de cada ser.

Como praticar a perfeição de estabilização mental

Busco tuas bênçãos para completar a perfeição de estabilização mental,
Abandonando as falhas do afundamento, excitação e divagação mentais,
E concentrando-me, em absorção estritamente focada,
No estado que é a ausência de existência verdadeira de todos os fenômenos.

Como praticar a perfeição de sabedoria por meio de manter o equilíbrio meditativo semelhante-ao-espaço

Busco tuas bênçãos para completar a perfeição de sabedoria
Pelo ioga do equilíbrio meditativo semelhante-ao-espaço sobre o último,
Com o grande êxtase da maleabilidade,
Induzido pela sabedoria da análise individual da talidade.

Como praticar a perfeição de sabedoria por meio de manter a aquisição subsequente semelhante-a-uma-ilusão

Fenômenos exteriores e interiores são como ilusões, como sonhos,
E como reflexos da lua em um lago claro,
Pois, embora apareçam, eles não existem verdadeiramente;
Entendendo isso, busco tuas bênçãos para completar a concentração semelhante-a-uma-ilusão.

Como treinar a mente na visão profunda do Caminho do Meio

Busco tuas bênçãos para compreender o significado da intenção de Nagarjuna,
De que não há contradição, mas unicamente harmonia,
Entre a ausência até de um átomo de existência inerente no samsara e no nirvana
E a relação-dependente não enganosa de causa e efeito.

Tornar-se um recipiente adequado para o caminho profundo do Mantra Secreto e manter os votos e compromissos puramente

E, então, o turbilhão do oceano dos Tantras é atravessado
Graças à bondade do navegador, o Detentor do Vajra.
Busco tuas bênçãos para apreciar, mais que a minha vida,
Os votos e os compromissos, a raiz das aquisições.

Como meditar no estágio de geração

Pelo ioga do primeiro estágio, que transforma o nascimento, a morte e o bardo
Nos três corpos dos Conquistadores,
Busco tuas bênçãos para purificar todas as manchas de aparência e concepção comuns
E ver tudo, o que quer que apareça, como a forma da Deidade.

Como praticar o estágio de conclusão

Busco tuas bênçãos, Ó Protetor, para que ponhas teus pés
No centro do lótus de oito pétalas em meu coração,
Para que eu manifeste, nesta vida,
Os caminhos do corpo-ilusório, da clara-luz e da união.

A maneira de praticar o ritual de transferência de consciência se, tendo meditado, não tivermos recebido sinais

Se, até a hora de minha morte, eu não tiver completado o caminho,
Busco tuas bênçãos para ir à Terra Pura
Por meio da instrução de como aplicar corretamente as cinco forças,
O método supremamente poderoso de transferência para a Budeidade.

Como oferecer preces para ser cuidado por nosso Guia Espiritual em todas as vidas futuras

Em resumo, Ó Protetor, busco tuas bênçãos para que, em todas as minhas vidas,
Eu nunca esteja separado de ti, mas fique sempre sob teus cuidados,
E, como o principal de teus discípulos,
Mantenha todos os segredos de teu corpo, fala e mente.

Ó Protetor, sempre que te manifestares como um Buda,
Que eu seja o primeiro de teu séquito;
E que tudo seja auspicioso para que eu realize, sem esforço,
Todos os desejos e necessidades temporários e últimos.

Reunir e dissolver o Campo de Mérito

É costume não recitar a estrofe a seguir durante um puja de longa vida:

Por ter feito pedidos desta maneira, Ó Supremo Guia Espiritual,
Com deleite, por favor, vem a minha coroa para conceder tuas bênçãos;
E, uma vez mais, põe firmemente teus pés radiantes,
Nas anteras do lótus em meu coração.

Neste ponto, podemos treinar a prática do Mahamudra Vajrayana, a meditação propriamente dita do estágio de conclusão, de acordo com o comentário.

Dedicatória

Dedico todas as puras virtudes brancas que aqui reuni
Para que eu realize todas as preces
Feitas pelos Sugatas e Bodhisattvas dos três tempos
E mantenha o sagrado Dharma de escritura e *insight*.

Por força disso que, em todas as minhas vidas,
Eu nunca esteja separado das quatro rodas do Veículo Supremo,
E que, por meio delas, eu complete os caminhos da renúncia,
Bodhichitta, visão correta e dos dois estágios tântricos.

Neste ponto, podemos recitar as preces auspiciosas. Elas estão nas páginas 346–347.

A Oferenda Tsog

Abençoar as substâncias de oferenda

OM AH HUM (3x)

Sendo, por natureza, excelsa sabedoria, possuindo o aspecto da oferenda interior e das substâncias individuais de oferenda, e servindo como objetos de prazer dos seis sentidos para gerar uma excelsa sabedoria especial de êxtase e vacuidade, inconcebíveis nuvens de oferendas exteriores, interiores e secretas, substâncias de compromisso e oferendas fascinantes cobrem o solo por inteiro e preenchem todo o espaço.

EH MA HO Grande manifestação de excelsa sabedoria.
Todos os reinos são reinos vajra
E todos os lugares são magníficos palácios-vajra,
Dotados com vastas nuvens de oferendas de Samantabhadra,
Uma profusão de todos os prazeres desejados.
Todos os seres são, propriamente, Heróis e Heroínas,
Tudo é imaculadamente puro
Sem, sequer, o nome de aparência impura equivocada.

HUM Todas as elaborações são totalmente pacificadas no estado do Corpo-Verdade. O vento sopra e o fogo arde. Acima, sobre um tripé de três cabeças humanas, AH dentro de uma qualificada cuia de crânio, OM as substâncias individuais ardem. Acima disso estão OM AH HUM, cada qual resplandecendo com sua cor brilhante. Pelo soprar do vento e o arder do fogo, as substâncias derretem. Fervendo, elas rodopiam num grande vapor. Grandes quantidades de raios de luz irradiam das três letras para as dez direções e convidam os três vajras juntamente com néctares. Eles se dissolvem separadamente nas três letras. Derretendo-se em néctar, elas se

fundem com a mistura. Purificada, transformada e aumentada,
EH MA HO Isso se torna um fulgurante oceano de magníficos deleites.

OM AH HUM (3x)

Fazer o convite aos convidados da oferenda tsog

Ó Guru-raiz e Gurus-linhagem, cuja natureza é compaixão,
A assembleia de Yidams e objetos de refúgio, as Três Joias Preciosas,
E as hostes de Heróis, Dakinis, Protetores do Dharma e Dharmapalas,
Eu vos convido, por favor, vinde a este lugar de oferendas.

Entre vastas nuvens de oferendas exteriores, interiores e secretas,
Com luz que se irradia até de teus pés,
Ó Supremamente Realizado, por favor, permanece firme nesse lindo trono de joias,
E concede as aquisições que, ardorosamente, desejamos.

Fazer a oferenda tsog

HO Esse oceano de oferenda tsog de incontaminado néctar,
Abençoado por concentração, mantra e mudra,
Ofereço para agradar a assembleia de Guru-raiz e Gurus-linhagem
OM AH HUM
Deleitados pelo desfrute desses magníficos objetos de desejo,
EH MA HO
Por favor, concedei uma grande chuva de bênçãos.

HO Esse oceano de oferenda tsog de incontaminado néctar,
Abençoado por concentração, mantra e mudra,
Ofereço para agradar a divina assembleia de Yidams e seus séquitos.
OM AH HUM
Deleitados pelo desfrute desses magníficos objetos de desejo,
EH MA HO
Por favor, concedei uma grande chuva de aquisições.

HO Esse oceano de oferenda tsog de incontaminado néctar,
Abençoado por concentração, mantra e mudra,
Ofereço para agradar a assembleia das Três Joias Preciosas.
OM AH HUM
Deleitadas pelo desfrute desses magníficos objetos de desejo,
EH MA HO
Por favor, concedei uma grande chuva de Dharmas sagrados.

HO Esse oceano de oferenda tsog de incontaminado néctar,
Abençoado por concentração, mantra e mudra,
Ofereço para agradar a assembleia de Dakinis e Protetores do Dharma.
OM AH HUM
Deleitados pelo desfrute desses magníficos objetos de desejo,
EH MA HO
Por favor, concedei uma grande chuva de feitos virtuosos.

HO Esse oceano de oferenda tsog de incontaminado néctar,
Abençoado por concentração, mantra e mudra,
Ofereço para agradar a assembleia dos seres sencientes-mães.
OM AH HUM
Deleitados pelo desfrute desses magníficos objetos de desejo,
EH MA HO
Que o sofrimento e a aparência equivocada sejam apaziguados.

Fazer a oferenda tsog ao Mestre-Vajra

EH MA HO Grande círculo do tsog!
Ó Grande Herói, nós entendemos
Que, seguindo pelo caminho dos Sugatas dos três tempos,
Tu és a fonte de todas as aquisições.
Abandonando todas as mentes de conceitualização,
Por favor, desfruta continuamente deste círculo do tsog.
AH LA LA HO

A resposta do Mestre

OM Com uma natureza inseparável dos três vajras,
Gero-me como o Guru-Deidade.
AH Este néctar de excelsa sabedoria e êxtase incontaminados,
HUM Sem afastar-me da bodhichitta,
Compartilho para deleitar as Deidades que moram em meu corpo.
AH HO MAHA SUKHA

Neste ponto, é costume recitar preces especiais para a longa vida de nosso Guia Espiritual.

Canção da Rainha da Primavera

HUM A todos vós, Tathagatas,
Heróis, Ioguines,
Dakas e Dakinis,
A todos vós eu faço este pedido:
Ó Heruka, que te deleitas em grande êxtase,
Tu te envolves na União de espontâneo êxtase,
Acompanhando a Senhora inebriada de êxtase
E deleitando-te de acordo com os rituais.
AH LA LA, LA LA HO, AH I AH, AH RA LI HO
Que a assembleia de imaculadas Dakinis
Olhe com amorosa afeição e cumpra todos os feitos.

HUM A todos vós, Tathagatas,
Heróis, Ioguines,
Dakas e Dakinis,
A todos vós eu faço este pedido:
Com uma mente completamente desperta por grande êxtase
E um corpo numa dança de constante meneio,
Ofereço às hostes de Dakinis
O grande êxtase de desfrutar do lótus do mudra.
AH LA LA, LA LA HO, AH I AH, AH RA LI HO
Que a assembleia de imaculadas Dakinis
Olhe com amorosa afeição e cumpra todos os feitos.

HUM A todos vós, Tathagatas,
Heróis, Ioguines,
Dakas e Dakinis,
A todos vós eu faço este pedido:
Vós, que dançais de maneira linda e pacífica,
Ó Protetor, Pleno de Êxtase, e hostes de Dakinis,
Por favor, vinde à minha frente e concedei-me vossas bênçãos
E concedei-me grande êxtase espontâneo.
AH LA LA, LA LA HO, AH I AH, AH RA LI HO
Que a assembleia de imaculadas Dakinis
Olhe com amorosa afeição e cumpra todos os feitos.

HUM A todos vós, Tathagatas,
Heróis, Ioguines,
Dakas e Dakinis,
A todos vós eu faço este pedido:
Vós, que tendes a característica da libertação de grande êxtase,
Não dizeis que, numa única vida, a libertação possa ser alcançada
Por meio de várias práticas ascéticas de abandono do grande êxtase,
Mas que o grande êxtase reside no centro do supremo lótus.
AH LA LA, LA LA HO, AH I AH, AH RA LI HO
Que a assembleia de imaculadas Dakinis
Olhe com amorosa afeição e cumpra todos os feitos.

HUM A todos vós, Tathagatas,
Heróis, Ioguines,
Dakas e Dakinis,
A todos vós eu faço este pedido:
Qual lótus nascido no centro de um pântano,
Este método, embora nascido do apego, é impoluto pelas falhas do apego.
Ó Suprema Dakini, pelo êxtase de teu lótus,
Por favor, traz rapidamente a libertação das amarras do samsara.
AH LA LA, LA LA HO, AH I AH, AH RA LI HO
Que a assembleia de imaculadas Dakinis
Olhe com amorosa afeição e cumpra todos os feitos.

HUM A todos vós, Tathagatas,
Heróis, Ioguines,
Dakas e Dakinis,
A todos vós eu faço este pedido:
Assim como a essência do mel, na fonte do mel,
É bebida por enxames de abelhas de todas as direções,
Do mesmo modo, por vosso amplo lótus com seis características,
Por favor, satisfazei-nos com o gosto do grande êxtase.
AH LA LA, LA LA HO, AH I AH, AH RA LI HO
Que a assembleia de imaculadas Dakinis
Olhe com amorosa afeição e cumpra todos os feitos.

Retornar à página 325 se estivermos fazendo uma oferenda tsog com o objetivo de enfatizar grande acumulação de mérito, como em um puja de longa vida. Retornar à página 331 se estivermos fazendo uma oferenda tsog com o objetivo de enfatizar a aquisição das etapas do caminho.

Abençoar a oferenda tsog remanescente

HUM Aparências impuras equivocadas são purificadas na vacuidade,
AH Grande néctar gerado a partir da excelsa sabedoria,
OM Isso se torna um vasto oceano de desejado prazer.

OM AH HUM (3x)

Dar o remanescente da oferenda tsog para os espíritos

HO Esse oceano de oferenda tsog remanescente de incontaminado néctar,
Abençoado por concentração, mantra e mudra,
Ofereço para agradar a assembleia de guardiões sob-jura.
OM AH HUM
Deleitados pelo desfrute desses magníficos objetos de desejo,
EH MA HO
Por favor, executai ações perfeitas para ajudar os praticantes.

Sair com o que restou da oferenda tsog para os espíritos.

HO
Ó Convidados do restante, juntamente com vossos séquitos,
Por favor, desfrutai desse oceano de oferenda tsog remanescente.
Que aqueles que difundem a preciosa doutrina,
Os detentores da doutrina, seus benfeitores e outros,
E especialmente eu e os demais praticantes
Tenhamos boa saúde, vida longa, poder,
Glória, fama, fortuna
E extensos prazeres.
Por favor, concedei-me as aquisições
Das ações pacificadoras, crescentes, controladoras e iradas.
Vós, que estais comprometidos por jura, por favor, protegei-me
E ajudai-me a realizar todas as aquisições.
Erradicai toda morte prematura, doenças,
Danos causados por espíritos e obstruções.
Eliminai sonhos ruins,
Maus presságios e más ações.

Que haja felicidade no mundo e os anos por vir sejam bons,
Que as colheitas aumentem e o Dharma floresça.
Que toda bondade e felicidade aconteçam
E todos os desejos sejam realizados.

Por força dessa farta doação,
Que eu me torne um Buda para o benefício dos seres vivos,
E que, por minha generosidade, liberte
Todos os que não foram libertados pelos Budas anteriores.

Retornar à página 335.

Preces auspiciosas

Por força de toda pura virtude branca no samsara e no nirvana,
Que, doravante, haja um tesouro celestial de bondade e alegria
temporárias e últimas,
Livre das manchas de tudo o que não seja auspicioso;
E haja, assim, a auspiciosidade de desfrutar magnífico deleite.

Que os Centros de Dharma do Todo-Conhecedor Losang Dragpa
Sejam repletos com hostes de Sangha e Iogues
Empenhando-se em praticar, com concentração estritamente
focada, os três treinos puros;
E haja, assim, por muito tempo, a auspiciosidade da permanência
da doutrina de Buda.

Permanecendo nas bênçãos de Losang Dragpa,
Que, desde a juventude, fez pedidos ao supremo Guru-Deidade,
Sem esforço realizemos o bem-estar dos outros;
E haja, assim, a auspiciosidade de Losang Dorjechang.

Que os almejados dotes cresçam como um lago de verão,
E encontremos renascimentos ininterruptos com liberdade em
famílias imaculadas,
Que passemos todos os dias e noites com o sagrado Dharma de
Losang;
E haja, assim, a auspiciosidade de desfrutar magnífico deleite.

Doravante, até que eu e os outros alcancemos a iluminação,
Pelas virtudes que temos criado e aquelas ainda por criar,
Que haja a auspiciosidade da forma sagrada do Venerável Guru,
Permanecendo neste mundo como um vajra imutável.

Preces pela Tradição Virtuosa

Para que a tradição de Je Tsongkhapa,
O Rei do Dharma, floresça,
Que todos os obstáculos sejam pacificados
E todas as condições favoráveis sejam abundantes.

Pelas duas coleções, minhas e dos outros,
Reunidas ao longo dos três tempos,
Que a doutrina do Conquistador Losang Dragpa
Floresça para sempre.

Prece *Migtsema* de nove versos

Tsongkhapa, ornamento-coroa dos eruditos da Terra das Neves,
Tu és Buda Shakyamuni e Vajradhara, a fonte de todas as conquistas,
Avalokiteshvara, o tesouro de inobservável compaixão,
Manjushri, a suprema sabedoria imaculada,
E Vajrapani, o destruidor das hostes de maras.
Ó Venerável Guru Buda, síntese das Três Joias,
Com meu corpo, fala e mente, respeitosamente faço pedidos:
Peço, concede tuas bênçãos para amadurecer e libertar a mim e aos outros,
E confere-nos as aquisições comuns e supremas. (3x)

Cólofon: Esta tradução foi preparada sob a orientação compassiva de Venerável Geshe Kelsang Gyatso.

Oferenda do Mandala

OM VAJRA BHUMI AH HUM
Grande e poderoso solo dourado,
OM VAJRA REKHE AH HUM
Na fronteira, a cerca férrea rodeia o círculo exterior.
No centro, Monte Meru, o rei das montanhas,
Em torno do qual há quatro continentes:
A leste, Purvavideha, ao sul, Jambudipa,
A oeste, Aparagodaniya, ao norte, Uttarakuru.
Cada um tem dois subcontinentes:
Deha e Videha, Tsamara e Abatsamara,
Satha e Uttaramantrina, Kurava e Kaurava.
A montanha de joias, a árvore-que-concede-desejos,
A vaca-que-concede-desejos e a colheita não semeada.
A preciosa roda, a preciosa joia,
A preciosa rainha, o precioso ministro,
O precioso elefante, o precioso supremo cavalo,
O precioso general e o grande vaso tesouro.
A deusa da beleza, a deusa das grinaldas,
A deusa da música, a deusa da dança,
A deusa das flores, a deusa do incenso,
A deusa da luz e a deusa do perfume.
O sol e a lua, o precioso guarda-sol,
O estandarte da vitória em cada direção.
No centro, os tesouros tanto de deuses quanto de homens,
Uma coleção de excelências que nada exclui.

Ofereço-vos isso, meus bondosos Guru-raiz e Gurus-linhagem,
A todos vós, sagrados e gloriosos Gurus;
E especialmente a ti, grande Lama Losang Tubwang Dorjechang, juntamente com teus séquitos,
Por favor, aceita com compaixão pelos seres migrantes,
E, tendo aceito, por tua grande compaixão,
Concede, por favor, tuas bênçãos a todos os seres sencientes que preenchem o espaço.

O chão espargido com perfume e salpicado de flores,
A Grande Montanha, quatro continentes, sol e lua,
Percebidos como Terra de Buda e assim oferecidos,
Que todos os seres desfrutem dessas Terras Puras.

Ofereço, sem nenhum sentimento de perda,
Os objetos que fazem surgir meu apego, ódio e confusão,
Meus amigos, inimigos e estranhos, nossos corpos e prazeres;
Peço, aceita-os e abençoa-me, livrando-me diretamente dos três venenos.

IDAM GURU RATNA MANDALAKAM NIRYATAYAMI

Oferenda do Mandala de Solicitação ao Guru para que Permaneça

Primeiro, o líder de canto recita o seguinte:

Ó Glorioso e Sagrado Guru, cuja natureza é inseparável do Grande Conquistador, o Vajradhara que-tudo-permea, Senhor de um oceano de mandalas e linhagens, dotado com o significado dos símbolos supremos, incomparavelmente bondoso, Grande Guia Espiritual, ..., permite que ofereçamos, em tua presença, um mandala de solicitação, rogando que permaneças com um tempo de vida de cem mil éons, para o benefício da doutrina e dos migrantes.

Agora, todos recitam:

OM VAJRA BHUMI AH HUM
Grande e poderoso solo dourado,
OM VAJRA REKHE AH HUM
Na fronteira, a cerca férrea rodeia o círculo exterior.
No centro, Monte Meru, o rei das montanhas,
Em torno do qual há quatro continentes:
A leste, Purvavideha, ao sul, Jambudipa,
A oeste, Aparagodaniya, ao norte, Uttarakuru.
Cada um tem dois subcontinentes:
Deha e Videha, Tsamara e Abatsamara,
Satha e Uttaramantrina, Kurava e Kaurava.
A montanha de joias, a árvore-que-concede-desejos,

A vaca-que-concede-desejos e a colheita não semeada.
A preciosa roda, a preciosa joia,
A preciosa rainha, o precioso ministro,
O precioso elefante, o precioso supremo cavalo,
O precioso general e o grande vaso tesouro.
A deusa da beleza, a deusa das grinaldas,
A deusa da música, a deusa da dança,
A deusa das flores, a deusa do incenso,
A deusa da luz e a deusa do perfume.
O sol e a lua, o precioso guarda-sol,
O estandarte da vitória em cada direção.
No centro, os tesouros tanto de deuses quanto de homens,
Uma coleção de excelências que nada exclui.
Ofereço-vos isso, meus bondosos Guru-raiz e Gurus-linhagem,
E especialmente a ti, Senhor de um oceano de mandalas e linhagens,
Dotado com o significado dos símbolos supremos,
Incomparavelmente bondoso, Grande Guia Espiritual, ...,
Oferecemos, em tua presença, um mandala de solicitação, rogando a ti que permaneças com um tempo de vida de cem mil éons, para o benefício da doutrina e dos migrantes.
Por favor, aceita com compaixão pelos seres migrantes,
E, tendo aceito, por tua grande compaixão,
Concede, por favor, tuas bênçãos a todos os seres sencientes que preenchem o espaço.

O chão espargido com perfume e salpicado de flores,
A Grande Montanha, quatro continentes, sol e lua,
Percebidos como Terra de Buda e assim oferecidos,
Que todos os seres desfrutem dessas Terras Puras.

No espaço a minha frente, sobre um trono de leões, lótus e lua,
Os veneráveis Gurus sorriem com deleite.
Ó Supremo Campo de Mérito para a minha mente de fé,
Por favor, permanece por cem éons para difundir a doutrina.

Ó Losang, Principal Buda, Vajradhara,
Por favor, revela teus corpos exterior, interior e secreto, e que tudo permeam,
E com uma intenção compassiva pelos migrantes, tão extensos quanto o espaço,
Por favor, gira as Rodas do Dharma exterior, interior e secreta.

IDAM GURU RATNA MANDALAKAM NIRYATAYAMI

A Prece Migtsema *de Nove Versos*

Tsongkhapa, ornamento-coroa dos eruditos da Terra das Neves,
Tu és Buda Shakyamuni e Vajradhara, a fonte de todas as conquistas,
Avalokiteshvara, o tesouro de inobservável compaixão,
Manjushri, a suprema sabedoria imaculada,
E Vajrapani, o destruidor das hostes de maras.
Ó Venerável Guru Buda, síntese das Três Joias,
Com meu corpo, fala e mente, respeitosamente faço pedidos:
Peço, concede tuas bênçãos para amadurecer e libertar a mim e
aos outros,
E confere-nos as aquisições comuns e supremas.

O Ioga do Herói Vajra

A PRÁTICA ESSENCIAL CONCISA DE AUTOGERAÇÃO
DO MANDALA DE CORPO DE HERUKA

&

IOGA CONDENSADO EM SEIS SESSÕES

Introdução

Aqueles que não têm a habilidade ou que estão impossibilitados de praticar a sadhana extensa, *Essência do Vajrayana*, podem começar praticando este ioga conciso de autogeração do mandala de corpo de Heruka. O significado detalhado desta prática pode ser compreendido a partir da sadhana extensa e de seu comentário, o livro *Essência do Vajrayana*.

É muito importante aperfeiçoar nossa fé e convicção nessa prática por meio de cuidadosa leitura de seu comentário. Com compreensão clara e forte fé, poderemos desfrutar desta prática concisa do Tantra Ioga Supremo e conquistar a meta suprema da vida humana.

oferenda interior na cuia de crânio, vajra, sino, damaru, vaso-ação, mala

O Ioga do Herói Vajra

AS PRÁTICAS PRELIMINARES

Visualizar os objetos de refúgio e o Campo de Mérito

No espaço a minha frente, aparece Guru Heruka Pai e Mãe, rodeado pela assembleia de Gurus-diretos e Gurus-linhagem, Yidams, Budas, Bodhisattvas, Heróis, Dakinis e Protetores do Dharma.

Buscar refúgio e gerar a bodhichitta aspirativa

Eternamente, buscarei refúgio
Em Buda, Dharma e Sangha.
Para o benefício de todos os seres vivos,
Vou me tornar Heruka. (3x)

Gerar a bodhichitta de compromisso

Para conduzir todos os seres vivos-mães ao estado de felicidade última,
Vou alcançar o mais rapidamente possível, ainda nesta vida,
O estado da União de Buda Heruka.
Para esse propósito, vou praticar as etapas do caminho de Heruka. (3x)

Guru-Ioga

Prece dos sete membros

Com meu corpo, fala e mente, humildemente me prostro
E faço oferendas exteriores, interiores e secretas.
Confesso meus erros em todos os tempos
E regozijo-me nas virtudes de todos.
Peço, permanece até o cessar do samsara
E gira a Roda do Dharma para nós.
Dedico todas as virtudes à grande iluminação de Heruka.

Oferecimento do mandala

O chão espargido com perfume e salpicado de flores,
A Grande Montanha, quatro continentes, sol e lua,
Percebidos como Terra de Buda e assim oferecidos.
Que todos os seres desfrutem dessas Terras Puras.

Ofereço, sem nenhum sentimento de perda,
Os objetos que fazem surgir meu apego, ódio e confusão,
Meus amigos, inimigos e estranhos, nossos corpos e prazeres.
Peço, aceita-os e abençoa-me, livrando-me diretamente dos três venenos.

IDAM GURU RATNA MANDALAKAM NIRYATAYAMI

Pedido a nosso Guru-Raiz

À medida que os tempos tornam-se cada vez mais impuros,
Teu poder e bênçãos crescem continuamente,
E cuidas de nós rapidamente, tão veloz quanto o pensamento;
Ó meu Guru-raiz Heruka Pai e Mãe, por favor, concede tuas bênçãos. (3x)

Realizar grande êxtase espontâneo dissolvendo o Guru em nós

O Campo de Mérito reúne-se gradualmente, a partir das extremidades, e dissolve-se em meu Guru-raiz Heruka. Com deleite, ele vem a minha coroa, desce pelo meu canal central e torna-se um único sabor com minha mente, em meu coração. Experiencio grande êxtase espontâneo.

A PRÁTICA PROPRIAMENTE DITA DO ESTÁGIO DE GERAÇÃO

Trazer a morte para o caminho do Corpo-Verdade

Raios de luz irradiam-se do HUM em meu coração e dissolvem todos os mundos e seres em luz. Isso se dissolve em mim, e eu, por minha vez, desfaço-me gradualmente em luz a partir de baixo e de cima e dissolvo-me no HUM em meu coração. A letra HUM dissolve-se por etapas, desde a base até o *nada*. O *nada* torna-se menor e menor e dissolve-se na clara-luz da vacuidade. Eu sou o Corpo-Verdade Heruka.

Trazer o estado intermediário para o caminho do Corpo-de-Deleite

Do estado de vacuidade, minha mente aparece sob a forma de um *nada*. Eu sou o Corpo-de-Deleite Heruka.

Trazer o renascimento para o caminho do Corpo-Emanação

Do YAM, RAM, BAM, LAM, SUM, PAM surgem os quatro elementos, Monte Meru e o lótus. No centro do lótus, a partir das vogais e consoantes, surge uma lua branca avermelhada, da natureza das bodhichittas vermelhas e brancas de Guru Heruka Pai e Mãe. Eu, o *nada*, ingresso no centro da lua e me transformo, gradualmente, no aspecto de um HUM.

Luzes de cinco cores se irradiam do HUM e conduzem todos os seres vivos ao estado de Chakrasambara. Ao mesmo tempo, todos os Heróis e Heroínas são convidados a virem das Terras Búdicas das dez direções. Todos eles se desfazem em luz e se dissolvem no HUM, que se transforma na natureza de alegria espontânea. A lua, vogais, consoantes e o HUM transformam-se completamente, e as Deidades do mandala de corpo, juntamente com o mandala, surgem plena e instantaneamente. Eu sou o Corpo-Emanação Heruka.

Eu sou Heruka, com um corpo azul, quatro faces e doze braços, a natureza de minha gota branca indestrutível. Estou em abraço com Vajravarahi, a natureza de minha gota vermelha indestrutível. Estou rodeado pelos Heróis e Heroínas das Cinco Rodas, que são a natureza de meus canais e gotas purificados. Resido no mandala, a mansão celestial, que é a natureza de meu corpo denso purificado.

Convidar os seres-de-sabedoria, dissolvê-los nos seres-de--compromisso e receber a iniciação

PHAIM
Meus três lugares estão marcados pelas três letras. Raios de luz se irradiam da letra HUM e convidam todos os Budas das dez direções sob o mesmo aspecto dos que estão visualizados, juntamente com as Deidades iniciáticas. Todos os seres-de-sabedoria reúnem-se em um único e completo mandala sustentador e sustentado.

DZA HUM BAM HO
Os seres-de-sabedoria tornam-se inseparáveis dos seres-de-compromisso.

As Deidades iniciáticas concedem a iniciação, meu corpo é preenchido com néctar e experiencio êxtase. O excesso de néctar sobre as coroas transforma-se por completo, e o Principal é adornado por Vajrasattva; Vajravarahi é adornada por Akshobya; as Quatro Mães são adornadas por Ratnasambhava; as Deidades da roda-coração são adornadas por Akshobya; as Deidades da roda-fala são adornadas por Amitabha; as Deidades da roda-corpo são adornadas por Vairochana; e as Deidades da roda-compromisso são adornadas por Amoghasiddhi.

Fazer oferendas e louvor às Deidades autogeradas do mandala de corpo

Incontáveis oferendas extremamente belas e Deusas louvadoras emanam de meu coração e fazem oferendas e louvor a mim, gerado como Heruka Pai e Mãe.

Oferendas exteriores

OM AHRGHAM PARTITZA SÖHA
OM PADÄM PARTITZA SÖHA
OM ÄNTZAMANAM PARTITZA SÖHA
OM VAJRA PUPE AH HUM SÖHA
OM VAJRA DHUPE AH HUM SÖHA
OM VAJRA DIWE AH HUM SÖHA
OM VAJRA GÄNDHE AH HUM SÖHA
OM VAJRA NEWIDE AH HUM SÖHA
OM VAJRA SHAPTA AH HUM SÖHA

OM AH VAJRA ADARSHE HUM
OM AH VAJRA WINI HUM
OM AH VAJRA GÄNDHE HUM
OM AH VAJRA RASE HUM
OM AH VAJRA PARSHE HUM
OM AH VAJRA DHARME HUM

Oferenda interior

OM HUM BAM RIM RIM LIM LIM, KAM KHAM GAM GHAM NGAM, TSAM TSHAM DZAM DZHAM NYAM, TrAM THrAM DrAM DHrAM NAM, TAM THAM DAM DHAM NAM, PAM PHAM BAM BHAM, YAM RAM LAM WAM, SHAM KAM SAM HAM HUM HUM PHAT OM AH HUM

Oferenda secreta e oferenda da talidade (*thatness*)

Eu, o Principal Pai e Mãe, entro na união de abraço. A bodhichitta derrete e, à medida que desce de minha coroa até minha garganta, experiencio alegria; à medida que desce de minha garganta até meu coração, experiencio suprema alegria; à medida que desce de meu coração até meu umbigo, experiencio extraordinária alegria; e à medida que desce de meu umbigo até a ponta de minha joia, gero grande êxtase espontâneo inseparável da vacuidade. O Principal e todo o séquito experienciam uma excelsa sabedoria especial de êxtase e vacuidade.

Louvor

Ao Glorioso Heruka Pai e Mãe,
A natureza da compaixão de todos os Budas,
E a todos os Heróis e Heroínas das Cinco Rodas,
Respeitosamente, eu me prostro.

Neste ponto, (1) enquanto experienciamos grande êxtase e vacuidade, (2) meditamos na clara aparência do mandala e das Deidades, e (3) meditamos em orgulho divino enquanto (4) reconhecemos que as Deidades são a natureza dos nossos canais e gotas purificados, e que o mandala é a natureza do nosso corpo denso purificado.

Desse modo, em uma única e mesma concentração, treinamos sinceramente o estágio de geração denso ou sutil, que possui essas quatro características. Mantendo a quarta característica – o reconhecimento das Deidades como sendo a natureza dos nossos canais e gotas purificados e o mandala como sendo a natureza do nosso corpo denso purificado – tornamos essa concentração em uma verdadeira meditação do mandala de corpo.

Depois, quando precisarmos descansar da meditação, podemos praticar a recitação de mantra.

Abençoar o mala

O mala torna-se vacuidade. Do estado de vacuidade, cada conta aparece sob seu próprio aspecto, a natureza de Pemanarteshvara, a fala-vajra de todos os Budas.

Recitação de mantra

Visualização

O mantra a ser recitado desce da letra HUM em meu coração, sai pela ponta de meu vajra, entra na bhaga da consorte, sobe e sai por sua boca, entra por minha boca, desce e retorna ao HUM, dissolvendo-se nele. Depois, circula novamente como antes, saindo e entrando pelo meu canal central. Minhas quatro bocas e todas as Deidades do séquito recitam os mantras.

Recite os seguintes mantras quantas vezes desejar:

O mantra-essência do Pai

OM SHRI VAJRA HE HE RU RU KAM HUM HUM PHAT DAKINI DZALA SHAMBARAM SÖHA

O mantra-essência aproximador do Pai

OM HRIH HA HA HUM HUM PHAT

O mantra-essência da Mãe

OM VAJRA BEROTZANIYE HUM HUM PHAT SÖHA

O mantra-essência aproximador da Mãe

OM SARWA BUDDHA DAKINIYE VAJRA WARNANIYE HUM HUM PHAT SÖHA

O mantra-essência condensado das 60 Deidades do séquito

OM RIM RIM LIM LIM, KAM KHAM GAM GHAM NGAM, TSAM TSHAM DZAM DZHAM NYAM, TrAM THrAM DrAM DHrAM NAM, TAM THAM DAM DHAM NAM, PAM PHAM BAM BHAM, YAM RAM LAM WAM, SHAM KAM SAM HAM HUM HUM PHAT

Neste ponto, se desejar, você pode fazer oferendas de torma e oferendas tsog. Elas podem ser encontradas na sadhana extensa, Essência do Vajrayana.

Dedicatória

Assim, por minhas virtudes de corretamente fazer as oferendas, louvores, recitações e meditações
Do estágio de geração do Glorioso Heruka,
Que eu complete todas as etapas
Dos caminhos comum e incomum.

Para o benefício de todos os seres vivos
Que eu me torne Heruka;
E, então, conduza cada ser vivo
Ao estado supremo de Heruka.

E se eu não alcançar esse estado supremo nesta vida,
Que eu seja encontrado, na hora da minha morte, pelos Veneráveis Pai e Mãe e seus séquitos,
Com nuvens de oferendas extremamente belas, música celestial,
E muitos sinais auspiciosos e excelentes.

Então, ao final da clara-luz da morte,
Que eu seja conduzido à Terra Pura Dakini,
A morada dos Detentores do Saber, que praticam o caminho supremo;
E que, ali, eu complete rapidamente esse caminho profundo.

Que a mais profunda prática e instrução de Heruka,
Praticada por milhões de poderosos iogues, aumente imensamente;
E que ela permaneça por muito tempo sem se degenerar,
Como a entrada principal para os que buscam libertação.

Que os Heróis, Dakinis e seus séquitos,
Que residem nos vinte e quatro lugares supremos deste mundo,
Que possuem um poder livre de obstruções para realizarem este método,
Nunca oscilem em ajudar continuamente os praticantes.

Preces auspiciosas

Que haja a auspiciosidade de um grande tesouro de bênçãos
Surgindo dos excelentes feitos do Guru-raiz e de todos os Gurus-linhagem,
Que realizaram a suprema aquisição de Buda Heruka
Por confiarem no excelente caminho secreto do Rei dos Tantras.

Que haja a auspiciosidade dos grandes e excelentes feitos das Três Joias –
A sagrada Joia Buda, a natureza de Heruka que tudo permea;
A magnífica e secreta Joia Dharma última, as escrituras e realizações do Tantra de Heruka;
E a suprema Joia Sangha, as assembleias das Deidades do séquito de Heruka.

Por toda a grande boa fortuna que existe
Nas preciosas mansões celestiais, tão extensas como os três mil mundos,
Adornadas com ornamentos semelhantes aos raios do sol e da lua,
Que todos os mundos e seus seres tenham felicidade, bondade, glória e prosperidade.

Preces pela Tradição Virtuosa

Para que a tradição de Je Tsongkhapa,
O Rei do Dharma, floresça,
Que todos os obstáculos sejam pacificados
E todas as condições favoráveis sejam abundantes.

Pelas duas coleções, minhas e dos outros,
Reunidas ao longo dos três tempos,
Que a doutrina do Conquistador Losang Dragpa
Floresça para sempre.

Prece *Migtsema* de nove versos

Tsongkhapa, ornamento-coroa dos eruditos da Terra das Neves,
Tu és Buda Shakyamuni e Vajradhara, a fonte de todas as conquistas,
Avalokiteshvara, o tesouro de inobservável compaixão,
Manjushri, a suprema sabedoria imaculada,
E Vajrapani, o destruidor das hostes de maras.
Ó Venerável Guru Buda, síntese das Três Joias,
Com meu corpo, fala e mente, respeitosamente faço pedidos:
Peço, concede tuas bênçãos para amadurecer e libertar a mim e aos outros
E confere-nos as aquisições comuns e supremas. (3x)

Ioga Condensado em Seis Sessões

Todos que receberam a iniciação do Tantra Ioga Supremo têm o compromisso de praticar o Guru-Ioga em seis sessões. Se estivermos muito atarefados, podemos cumprir o nosso compromisso dessas seis sessões fazendo a prática que se segue, seis vezes todos os dias. Primeiro, relembramos os dezenove compromissos das Cinco Famílias Búdicas, que estão listados abaixo, e, então, com forte determinação de manter puramente esses compromissos, recitamos o Ioga Condensado em Seis Sessões, *como segue.*

OS DEZENOVE COMPROMISSOS DAS CINCO FAMÍLIAS BÚDICAS

Os seis compromissos da Família de Buda Vairochana:

(1) Buscar refúgio em Buda;
(2) Buscar refúgio no Dharma;
(3) Buscar refúgio na Sangha;
(4) Abster-se de não-virtude;
(5) Praticar virtude;
(6) Beneficiar os outros.

Os quatro compromissos da Família de Buda Akshobya:

(1) Manter um vajra para nos lembrar do grande êxtase;
(2) Manter um sino para nos lembrar da vacuidade;

(3) Gerar a nós mesmos como a Deidade;
(4) Confiar sinceramente em nosso Guia Espiritual.

Os quatro compromissos da Família de Buda Ratnasambhava:

(1) Dar ajuda material;
(2) Dar Dharma;
(3) Dar destemor;
(4) Dar amor.

Os três compromissos da Família de Buda Amitabha:

(1) Confiar nos ensinamentos de Sutra;
(2) Confiar nos ensinamentos das duas classes inferiores de Tantra;
(3) Confiar nos ensinamentos das duas classes superiores de Tantra.

Os dois compromissos da Família de Buda Amoghasiddhi:

(1) Fazer oferendas a nosso Guia Espiritual;
(2) Empenharmo-nos para manter puramente todos os votos que tomamos.

IOGA CONDENSADO EM SEIS SESSÕES

Eu busco refúgio no Guru e nas Três Joias.
Segurando vajra e sino, gero-me como a Deidade e faço oferendas.
Confio nos Dharmas de Sutra e de Tantra e abstenho-me de todas as ações não virtuosas.
Reunindo todos os Dharmas virtuosos, ajudo todos os seres vivos por meio das quatro práticas de dar.

Todos os dezenove compromissos estão incluídos nessa estrofe. As palavras "Eu busco refúgio no Guru e nas Três Joias" *referem-se aos três primeiros compromissos da Família de Buda Vairochana: buscar refúgio em Buda, buscar refúgio no Dharma e buscar refúgio na Sangha. A palavra* "Guru" *refere-se ao quarto compromisso da Família de Buda Akshobya: confiar sinceramente em nosso Guia Espiritual.*

As palavras "Segurando vajra e sino, gero-me como a Deidade" *referem-se aos primeiros três compromissos da Família de Buda Akshobya: manter um vajra para nos lembrar do grande êxtase, manter um sino para nos lembrar da vacuidade e gerar a nós mesmos como a Deidade. As palavras* "e faço oferendas" *referem-se ao primeiro compromisso da Família de Buda Amoghasiddhi: fazer oferendas a nosso Guia Espiritual.*

As palavras "Confio nos Dharmas de Sutra e de Tantra" *referem-se aos três compromissos de Buda Amitabha: confiar nos ensinamentos de Sutra, confiar nos ensinamentos das duas classes inferiores de Tantra e confiar nos ensinamentos das duas classes superiores de Tantra. As palavras* "e abstenho-me de todas as ações não virtuosas" *referem-se ao quarto compromisso da Família de Buda Vairochana: abster-se de não-virtude.*

As palavras "Reunindo todos os Dharmas virtuosos" *referem-se ao quinto compromisso da Família de Buda Vairochana: praticar virtude. As palavras* "ajudo todos os seres vivos" *referem-se ao sexto compromisso da Família de Buda Vairochana: beneficiar os outros. As palavras* "por meio das quatro práticas de dar" *referem-se aos quatro compromissos da Família de Buda Ratnasambhava: dar ajuda material, dar Dharma, dar destemor e dar amor.*

Finalmente, a estrofe inteira refere-se ao segundo compromisso da Família de Buda Amoghasiddhi: empenharmo-nos para manter puramente todos os votos que tomamos.

Mais detalhes sobre os votos e os compromissos do Mantra Secreto podem ser encontrados no livro Solos e Caminhos Tântricos.

Cólofon: Esta sadhana foi compilada de fontes tradicionais por Venerável Geshe Kelsang Gyatso.

O Sentido Condensado do Caminho Rápido Vajrayana

O MAHAMUDRA DA LINHAGEM ORAL DA INIGUALÁVEL TRADIÇÃO VIRTUOSA

Este sentido condensado do livro *Clara-Luz de Êxtase – um comentário à prática do Mahamudra no Budismo Vajrayana*, foi escrito por Venerável Geshe Kelsang Gyatso.

O Sentido Condensado do Caminho Rápido Vajrayana

A explicação das etapas sobre como praticar o Caminho Rápido Vajrayana do Mahamudra da linhagem oral da inigualável Tradição Virtuosa é apresentada em três partes:

1. Introdução aos caminhos gerais;
2. A fonte da linhagem, da qual estas instruções procedem;
3. A explicação propriamente dita das instruções pertencentes a esta linhagem.

A explicação propriamente dita das instruções pertencentes a esta linhagem tem três partes:

1. As práticas preliminares;
2. A prática propriamente dita;
3. As etapas de finalização.

As práticas preliminares tem duas partes:

1. As práticas preliminares comuns;
2. As práticas preliminares incomuns.

As práticas preliminares comuns tem quatro partes:

1. O guia de buscar refúgio e gerar a bodhichitta, a porta de ingresso ao Budadharma e ao Mahayana;
2. O guia das oferendas de mandala, a porta de ingresso para acumular uma coleção de mérito;
3. O guia da meditação e recitação de Vajrasattva, a porta de ingresso para purificar negatividades e quedas;
4. O guia do Guru-Ioga, a porta de ingresso para receber bênçãos.

A prática propriamente dita tem três partes:

1. Como praticar o Mahamudra que é a união de êxtase e vacuidade;
2. Como praticar o Mahamudra que é a união das duas verdades;
3. Como realizar o Mahamudra que é a União-resultante do Não-Mais-Aprender, o estado que possui as sete preeminentes qualidades do abraço.

Como praticar o Mahamudra que é a união de êxtase e vacuidade tem duas partes:

1. Explicação do método para gerar o objeto-possuidor, grande êxtase espontâneo;
2. Explicação do método para realizar corretamente o objeto, a vacuidade.

A *explicação do método para gerar o objeto-possuidor, grande êxtase espontâneo*, tem duas partes:

1. Penetrar precisamente os pontos do próprio corpo;
2. Penetrar precisamente os pontos do corpo de outra pessoa.

Penetrar precisamente os pontos do próprio corpo tem quatro partes:

1. Identificar as dez portas pelas quais os ventos podem entrar no canal central;
2. A razão pela qual os ventos podem entrar no canal central pela penetração precisa dessas portas;
3. Explicação de suas diferentes funções;
4. Explicação das etapas da meditação no fogo interior (tummo), em particular.

A *explicação das etapas da meditação no fogo interior (tummo), em particular*, tem duas partes:

1. Como meditar no fogo interior (tummo) em oito etapas;
2. Fundamentada nessas oito etapas, uma explicação da prática das quatro alegrias e das nove mesclas.

Como meditar no fogo interior (tummo) em oito etapas tem oito partes:

1. Explicação da eliminação de ventos impuros e a meditação sobre um corpo oco;
2. Visualizar e meditar nos canais;
3. Treinar nos caminhos dos canais;
4. Visualizar e meditar nas letras;
5. Inflamar o fogo interior (tummo);
6. Fazer arder o fogo;
7. Mero arder e gotejar;
8. Explicação do arder e gotejar extraordinários.

Fundamentada nessas oito etapas, uma explicação da prática das quatro alegrias e das nove mesclas tem duas partes:

1. Explicação das quatro alegrias;
2. Explicação das nove mesclas.

A *explicação das nove mesclas* tem três partes:

1. Explicação das mesclas durante o estado de vigília;
2. Explicação das mesclas durante o sono;
3. Explicação das mesclas durante a morte.

A *explicação das mesclas durante o estado de vigília* tem três partes:

1. Mesclar com o Corpo-Verdade durante o estado de vigília;
2. Mesclar com o Corpo-de-Deleite durante o estado de vigília;
3. Mesclar com o Corpo-Emanação durante o estado de vigília.

A *explicação das mesclas durante o sono* tem três partes:

1. Mesclar com o Corpo-Verdade durante o sono;
2. Mesclar com o Corpo-de-Deleite durante o sono;
3. Mesclar com o Corpo-Emanação durante o sono.

A *explicação das mesclas durante a morte* tem três partes:

1. Mesclar com o Corpo-Verdade durante a morte;
2. Mesclar com o Corpo-de-Deleite durante a morte;
3. Mesclar com o Corpo-Emanação durante a morte.

Penetrar precisamente os pontos do corpo de outra pessoa tem duas partes:

1. Confiar em um mudra-ação;
2. Confiar em um mudra-sabedoria.

Explicação do método para realizar corretamente o objeto, a vacuidade, tem três partes:

1. De que modo a realização direta da vacuidade depende do tranquilo-permanecer;
2. A explicação incomum sobre como meditar no tranquilo-permanecer;
3. Como investigar a visão da vacuidade por meio de meditação.

A explicação incomum sobre como meditar no tranquilo-permanecer tem duas partes:

1. Introdução ao objeto de meditação, a mente ela própria;
2. A explicação propriamente dita sobre como treinar.

Introdução ao objeto de meditação, a mente ela própria, tem três partes:

1. Introdução à mente em geral;
2. Introdução aos diferentes tipos de mente;
3. Evitar confundir a introdução à natureza convencional da mente com a introdução à natureza última da mente.

A *introdução aos diferentes tipos de mente* tem três partes:

1. Introdução às mentes densas;
2. Introdução às mentes sutis;
3. Introdução à mente muito sutil.

A explicação propriamente dita sobre como treinar tem três partes:

1. Como treinar por meio de contínua-lembrança geral;
2. Como treinar por meio de contínuas-lembranças específicas;
3. Como treinar por meio dos seis métodos para fixar a mente.

Como treinar por meio de contínuas-lembranças específicas tem cinco partes:

1. Como treinar por meio de nova contínua-lembrança;
2. Como treinar por meio de contínua-lembrança antiga;
3. Como treinar por meio de métodos apropriados;
4. Como treinar por meio de categorias conhecidas por outros;
5. Como treinar por meio da cessação natural dos pensamentos conceituais.

Como treinar por meio dos seis métodos para fixar a mente tem seis partes:

1. Fixar a mente como um sol que não é obscurecido por nuvens;
2. Fixar a mente como um garuda descrevendo círculos no céu;
3. Fixar a mente como um oceano tranquilo;
4. Fixar a mente como uma criança que, admirada, olha as imagens e pinturas em um templo;
5. Fixar a mente como o rastro de um pássaro voando no céu;
6. Fixar a mente como um fio de excelente algodão.

Como investigar a visão da vacuidade por meio de meditação tem três partes:

1. Como meditar na ausência do em-si de pessoas;
2. Como meditar na ausência do em-si de fenômenos;
3. Aconselhar aqueles que desejam uma compreensão inequívoca da visão última, tanto a do Sutra quanto a do Tantra, sobre a necessidade de ouvir, contemplar e meditar no texto raiz de Nagarjuna sobre o Caminho do Meio e em seus comentários.

Como meditar na ausência do em-si de pessoas tem três partes:

1. Identificar o objeto de negação;
2. A maneira de refutar o objeto de negação;
3. Como treinar na vacuidade durante o equilíbrio meditativo e a aquisição subsequente.

A maneira de refutar o objeto de negação tem três partes:

1. O ponto essencial em determinar a presença, ou permeação;
2. O ponto essencial em determinar a ausência de unicidade;
3. O ponto essencial em determinar a ausência de diferença.

Como treinar na vacuidade durante o equilíbrio meditativo e a aquisição subsequente tem duas partes:

1. O ioga do equilíbrio meditativo semelhante-ao-espaço;
2. O ioga da aquisição subsequente semelhante-a-uma--ilusão.

Como meditar na ausência do em-si de fenômenos tem três partes:

1. Meditação sobre a ausência de existência inerente do corpo;
2. Meditação sobre a ausência de existência inerente da mente;
3. Meditação sobre a ausência de existência inerente dos demais fenômenos.

Cada um desses três itens possui três partes – identificar o objeto de negação e assim por diante.

Como praticar o Mahamudra que é a união das duas verdades tem três partes:

1. Explicação das etapas de obtenção do corpo-ilusório com respeito à verdade convencional;
2. Explicação das etapas de obtenção da clara-luz-significativa com respeito à verdade última;
3. A explicação propriamente dita do Mahamudra que é a união das duas verdades.

A *explicação das etapas de obtenção do corpo-ilusório com respeito à verdade convencional* tem quatro partes:

1. De que modo discípulos que possuem os quatro atributos solicitam, de um Guia Espiritual qualificado, o significado do corpo-ilusório;
2. De que modo uma compreensão correta sobre o corpo-ilusório depende das instruções do Guia Espiritual;

3. Reconhecer a base para obter o corpo-ilusório;
4. A maneira propriamente dita de obter o corpo-ilusório a partir dessa base.

A *explicação das etapas de obtenção da clara-luz-significativa com respeito à verdade última* tem três partes:

1. Explicação do método para cultivá-la;
2. A maneira de cultivá-la confiando nesse método;
3. A razão pela qual essa clara-luz, exclusivamente, atua como o antídoto direto tanto para as delusões intelectualmente formadas quanto para as delusões inatas.

A explicação propriamente dita do Mahamudra que é a união das duas verdades tem duas partes:

1. Introdução a essa união;
2. Mostrar as etapas por meio das quais ela é gradualmente realizada.

Como realizar o Mahamudra que é a União-resultante do Não--Mais-Aprender, o estado que possui as sete preeminentes qualidades do abraço tem cinco partes:

1. O lugar onde a Budeidade é conquistada;
2. A base sobre a qual a Budeidade é conquistada;
3. A maneira como a Budeidade é conquistada;
4. As boas qualidades de um Buda;
5. Explicação sobre as relações da ordem serial e reversa.

Dedicatória

Para realizar todos os propósitos dos seres vivos,
Que, por estas virtudes, eu rapidamente alcance
As sete preeminentes qualidades do abraço:
Um Corpo-Forma dotado com os sinais maiores e as indicações
menores,
Em abraço com uma consorte de sabedoria-conhecimento,
Uma mente em estado permanente de grande êxtase,
Um êxtase que realiza a ausência de existência inerente,
Uma compaixão que abandonou o extremo da paz,
Um ininterrupto continuum de corpo
E incessantes feitos iluminados.

Que tudo seja auspicioso.

Preces de Pedidos aos Gurus da Linhagem Mahamudra

Preces de Pedidos aos Gurus da Linhagem Mahamudra

Homenagem ao Mahamudra

Ó Excelso Vajradhara, que permeas todas as naturezas;
Glorioso Primeiro Buda, Principal de todas as Famílias Búdicas,
No interior da mansão celestial dos três corpos espontâneos,
Peço a ti, por favor, concede-me tuas bênçãos
Para que eu corte a videira sinuosa, furtiva e serpeante do agarramento ao em-si em meu continuum mental,
Treine em amor, compaixão e bodhichitta
E realize, rapidamente, o Mahamudra do Caminho da União.

Ó Onisciente Superior Manjushri,
Pai de todos os Conquistadores dos três tempos
Nas Terras Búdicas em todos os mundos das dez direções,
Peço a ti, por favor, concede-me tuas bênçãos
Para que eu corte a videira sinuosa, furtiva e serpeante do agarramento ao em-si em meu continuum mental,
Treine em amor, compaixão e bodhichitta
E realize, rapidamente, o Mahamudra do Caminho da União.

Ó Venerável Losang Dragpa,
O Segundo Capaz da doutrina de Buda,
Aparecendo na setentrional Terra das Neves,
Peço a ti, por favor, concede-me tuas bênçãos
Para que eu corte a videira sinuosa, furtiva e serpeante do agarramento ao em-si em meu continuum mental,
Treine em amor, compaixão e bodhichitta
E realize, rapidamente, o Mahamudra do Caminho da União.

Ó Togden Jampel Gyatso,
Principal detentor da doutrina da linhagem de realização
De Je Tsongkhapa, o Filho de Manjushri,
Peço a ti, por favor, concede-me tuas bênçãos
Para que eu corte a videira sinuosa, furtiva e serpeante do
agarramento ao em-si em meu continuum mental,
Treine em amor, compaixão e bodhichitta
E realize, rapidamente, o Mahamudra do Caminho da União.

Ó Baso Chokyi Gyaltsen,
Que abriste o tesouro de instruções da Linhagem Sussurrada
E amadureceste discípulos afortunados,
Peço a ti, por favor, concede-me tuas bênçãos
Para que eu corte a videira sinuosa, furtiva e serpeante do
agarramento ao em-si em meu continuum mental,
Treine em amor, compaixão e bodhichitta
E realize, rapidamente, o Mahamudra do Caminho da União.

Ó Supremo Iogue Dharmavajra,
Que concluíste os iogas dos dois estágios
E alcançaste o corpo imortal de um Detentor do Conhecimento,
Peço a ti, por favor, concede-me tuas bênçãos
Para que eu corte a videira sinuosa, furtiva e serpeante do
agarramento ao em-si em meu continuum mental,
Treine em amor, compaixão e bodhichitta
E realize, rapidamente, o Mahamudra do Caminho da União.

Ó Losang Donyo Drubpa (Gyalwa Ensapa),
Que sustentaste o estandarte da vitória da doutrina definitiva,
Liberto dos grilhões dos oito dharmas mundanos,
Peço a ti, por favor, concede-me tuas bênçãos
Para que eu corte a videira sinuosa, furtiva e serpeante do
agarramento ao em-si em meu continuum mental,
Treine em amor, compaixão e bodhichitta
E realize, rapidamente, o Mahamudra do Caminho da União.

Ó Khedrub Sangye Yeshe,
Que guias todos os migrantes com teu aspecto de ordenado
No encantador palácio dos três corpos,
Peço a ti, por favor, concede-me tuas bênçãos
Para que eu corte a videira sinuosa, furtiva e serpeante do
agarramento ao em-si em meu continuum mental,
Treine em amor, compaixão e bodhichitta
E realize, rapidamente, o Mahamudra do Caminho da União.

Ó Venerável Losang Chogyen (primeiro Panchen Lama),
Todo-Conhecedor, inseparável do Protetor da doutrina
Do Conquistador, Venerável Losang Dragpa,
Peço a ti, por favor, concede-me tuas bênçãos
Para que eu corte a videira sinuosa, furtiva e serpeante do
agarramento ao em-si em meu continuum mental,
Treine em amor, compaixão e bodhichitta
E realize, rapidamente, o Mahamudra do Caminho da União.

Ó Grande Iogue Gendun Gyaltsen (Nechu Rabjampa),
Que concluíste todas as práticas, integrando, em um único
significado,
As palavras dos Sutras, Tantras e comentários,
Peço a ti, por favor, concede-me tuas bênçãos
Para que eu corte a videira sinuosa, furtiva e serpeante do
agarramento ao em-si em meu continuum mental,
Treine em amor, compaixão e bodhichitta
E realize, rapidamente, o Mahamudra do Caminho da União.

Ó Realizado Gyaltsen Dzinpa (Drungpa Tsondru Gyaltsen),
Que, por meio de grande esforço, conquistaste o supremo estado
Por experienciar a essência da doutrina do Conquistador, Venerável
Losang,
Peço a ti, por favor, concede-me tuas bênçãos
Para que eu corte a videira sinuosa, furtiva e serpeante do
agarramento ao em-si em meu continuum mental,
Treine em amor, compaixão e bodhichitta
E realize, rapidamente, o Mahamudra do Caminho da União.

Ó Konchog Gyaltsen, Detentor da grande linhagem,
Que és habilidoso em expor a discípulos afortunados
O néctar essencial dos sagrados Dharmas vasto e profundo,
Peço a ti, por favor, concede-me tuas bênçãos
Para que eu corte a videira sinuosa, furtiva e serpeante do
agarramento ao em-si em meu continuum mental,
Treine em amor, compaixão e bodhichitta
E realize, rapidamente, o Mahamudra do Caminho da União.

Ó Venerável Losang Yeshe (segundo Panchen Lama),
És o próprio Venerável Losang Chokyi Gyaltsen,
Retornando para a glória dos migrantes e da doutrina,
Peço a ti, por favor, concede-me tuas bênçãos
Para que eu corte a videira sinuosa, furtiva e serpeante do
agarramento ao em-si em meu continuum mental,
Treine em amor, compaixão e bodhichitta
E realize, rapidamente, o Mahamudra do Caminho da União.

Ó Venerável Losang Trinlay (Lhapa Tulku),
Que realizaste o caminho profundo da Linhagem Sussurrada,
Diretamente abençoada pelos Veneráveis Budas,
Peço a ti, por favor, concede-me tuas bênçãos
Para que eu corte a videira sinuosa, furtiva e serpeante do
agarramento ao em-si em meu continuum mental,
Treine em amor, compaixão e bodhichitta
E realize, rapidamente, o Mahamudra do Caminho da União.

Ó Supremo Realizado, Drubwang Losang Namgyal,
Que completaste a prática do significado essencial
Da Linhagem Sussurrada do Conquistador Venerável Losang,
Peço a ti, por favor, concede-me tuas bênçãos
Para que eu corte a videira sinuosa, furtiva e serpeante do
agarramento ao em-si em meu continuum mental,
Treine em amor, compaixão e bodhichitta
E realize, rapidamente, o Mahamudra do Caminho da União.

Ó Bondoso Kachen Yeshe Gyaltsen,
Que, por compaixão, elucidas sem erro
As instruções da Linhagem Sussurrada do Venerável Lama,
Peço a ti, por favor, concede-me tuas bênçãos
Para que eu corte a videira sinuosa, furtiva e serpeante do agarramento ao em-si em meu continuum mental,
Treine em amor, compaixão e bodhichitta
E realize, rapidamente, o Mahamudra do Caminho da União.

Ó Venerável Phurchog Ngawang Jampa,
Que difundiste, por todas as terras centrais e áreas de fronteira,
A essência da inequívoca doutrina da totalidade do caminho
Peço a ti, por favor, concede-me tuas bênçãos
Para que eu corte a videira sinuosa, furtiva e serpeante do agarramento ao em-si em meu continuum mental,
Treine em amor, compaixão e bodhichitta
E realize, rapidamente, o Mahamudra do Caminho da União.

Ó Panchen Palden Yeshe,
Que, como um glorioso primeiro Buda sob o aspecto de um ordenado,
Amadureceste toda a China e Tibete com o Dharma,
Peço a ti, por favor, concede-me tuas bênçãos
Para que eu corte a videira sinuosa, furtiva e serpeante do agarramento ao em-si em meu continuum mental,
Treine em amor, compaixão e bodhichitta
E realize, rapidamente, o Mahamudra do Caminho da União.

Ó Khedrub Ngawang Dorje,
Que realizaste, estritamente focado, todas as aquisições,
A conclusão dos excelentes caminhos de Sutra e de Tantra,
Peço a ti, por favor, concede-me tuas bênçãos
Para que eu corte a videira sinuosa, furtiva e serpeante do agarramento ao em-si em meu continuum mental,
Treine em amor, compaixão e bodhichitta
E realize, rapidamente, o Mahamudra do Caminho da União.

Ó Venerável Ngulchu Dharmabhadra,
Protetor que clarificaste a doutrina do Conquistador por meio de explicação e composição,
Com habilidade, resoluto e imperturbável, como um segunda Buda,
Peço a ti, por favor, concede-me tuas bênçãos
Para que eu corte a videira sinuosa, furtiva e serpeante do agarramento ao em-si em meu continuum mental,
Treine em amor, compaixão e bodhichitta
E realize, rapidamente, o Mahamudra do Caminho da União.

Ó Yangchen Drubpay Dorje,
Cujos olhos, de grande e inobservável compaixão, nunca estão fechados,
E cuja profunda e extensa sabedoria é como a de Manjushri,
Peço a ti, por favor, concede-me tuas bênçãos
Para que eu corte a videira sinuosa, furtiva e serpeante do agarramento ao em-si em meu continuum mental,
Treine em amor, compaixão e bodhichitta
E realize, rapidamente, o Mahamudra do Caminho da União.

Ó Khedrub Tendzin Tsondru,
Que concluíste os iogas de êxtase e vacuidade
E foste diretamente à capital da União,
Peço a ti, por favor, concede-me tuas bênçãos
Para que eu corte a videira sinuosa, furtiva e serpeante do agarramento ao em-si em meu continuum mental,
Treine em amor, compaixão e bodhichitta
E realize, rapidamente, o Mahamudra do Caminho da União.

Ó Venerável Phabongkha Trinlay Gyatso,
Que, pelo poder de teu amor por todos os migrantes,
Sustentaste o estandarte da vitória das doutrinas de Sutra e de Tantra,
Peço a ti, por favor, concede-me tuas bênçãos
Para que eu corte a videira sinuosa, furtiva e serpeante do agarramento ao em-si em meu continuum mental,
Treine em amor, compaixão e bodhichitta
E realize, rapidamente, o Mahamudra do Caminho da União.

Ó Bondoso Losang Yeshe (Trijang Rinpoche),
Guia Espiritual que, para discípulos afortunados,
Promoveste a essência-coração do Venerável Segundo Conquistador,
Peço a ti, por favor, concede-me tuas bênçãos
Para que eu corte a videira sinuosa, furtiva e serpeante do
agarramento ao em-si em meu continuum mental,
Treine em amor, compaixão e bodhichitta
E realize, rapidamente, o Mahamudra do Caminho da União.

Ó Venerável Kelsang Gyatso Rinpoche,
Que, por tua compaixão e com tua grande habilidade,
Explicas, para discípulos afortunados,
As instruções de teu Guru e da linhagem profunda,
Peço a ti, por favor, concede-me tuas bênçãos
Para que eu corte a videira sinuosa, furtiva e serpeante do
agarramento ao em-si em meu continuum mental,
Treine em amor, compaixão e bodhichitta
E realize, rapidamente, o Mahamudra do Caminho da União.

Por favor, concedei-me vossas bênçãos
Para que eu veja o Venerável Guru como um Buda,
Supere o apego pelas moradas do samsara
E, tendo assumido o fardo de libertar todos os migrantes,
Realize os caminhos comum e incomum
E alcance, rapidamente, a União do Mahamudra.

Que este meu corpo e teu corpo, Ó Pai,
Esta minha fala e tua fala, Ó Pai,
Esta minha mente e tua mente, Ó Pai,
Tornem-se, por meio de tuas bênçãos, inseparavelmente uma única.

Cólofon: Esta prece tradicional de pedidos aos Gurus da Linhagem Mahamudra foi traduzida pelos discípulos de Venerável Geshe Kelsang Gyatso sob sua compassiva orientação. A estrofe de pedidos a Geshe Kelsang Gyatso foi escrita pelo Glorioso Protetor do Dharma, Duldzin Dorje Shugden, a pedidos dos fervorosos discípulos de Geshe Kelsang.

Glossário

Ações não virtuosas As dez ações não virtuosas são: matar, roubar, má conduta sexual, mentir, discurso divisor, discurso ofensivo, vã tagarelice, cobiça, maldade e sustentar visões errôneas. Consultar *Caminho Alegre da Boa Fortuna* e *Contemplações Significativas.*

Agarramento ao em-si Mente conceitual que sustenta qualquer fenômeno como sendo inerentemente existente. A mente de agarramento ao em-si dá surgimento a todas as demais delusões, como a raiva e o apego. Ele é a causa-raiz de todo sofrimento e insatisfação. Consultar *Caminho Alegre da Boa Fortuna, Novo Coração de Sabedoria* e *Oceano de Néctar.*

Agregado Em geral, todas as coisas funcionais são agregados porque são uma agregação de suas partes. Em particular, uma pessoa do reino do desejo ou do reino da forma tem cinco agregados: os agregados forma, sensação, discriminação, fatores de composição e consciência. Um ser do reino da sem-forma carece do agregado forma, mas possui os outros quatro agregados. O agregado forma de uma pessoa é o seu corpo. Os quatro agregados restantes são aspectos de sua mente. Consultar *Novo Coração de Sabedoria.*

Agregado(s) contaminado(s) Qualquer um dos agregados forma, sensação, discriminação, fatores de composição e consciência de um ser samsárico. Consultar *Novo Coração de Sabedoria* e *Caminho Alegre da Boa Fortuna.*

Akshobya A manifestação do agregado consciência de todos os Budas. Ele tem um corpo azul.

Amitabha A manifestação do agregado discriminação de todos os Budas. Ele tem um corpo vermelho.

Amoghasiddhi A manifestação do agregado fatores de composição de todos os Budas. Ele tem um corpo verde.

Aparência dual Aparência de um objeto à mente juntamente com a aparência da existência inerente do objeto. Consultar *Novo Coração de Sabedoria* e *Oceano de Néctar*.

Aquisição "*Siddhi*" em sânscrito. Existem dois tipos de aquisições: as aquisições comuns e as aquisições supremas. Aquisições comuns são de quatro tipos principais: aquisições pacificadoras (a habilidade de purificar negatividade, superar obstáculos e curar doenças), aquisições crescentes (a habilidade de aumentar as realizações de Dharma, mérito, tempo de vida e riqueza), aquisições controladoras (a habilidade de alguém de controlar sua própria mente e ações e a mente e ações dos outros) e aquisições iradas (a habilidade de utilizar ações iradas – quando isso for apropriado – para beneficiar os outros). As aquisições supremas são as realizações especiais de um Buda. Consultar *Solos e Caminhos Tântricos*.

Aquisições supremas Ver aquisição.

Arya Ver Ser superior.

Atisha (982–1054) Famoso erudito budista indiano e mestre de meditação. Ele foi abade do grande monastério budista de Vikramashila durante o período em que o Budismo Mahayana florescia na Índia. Foi convidado, posteriormente, a ir ao Tibete a fim de restabelecer o Budismo naquele país. Ele é o autor do primeiro texto sobre as etapas do caminho, *Luz para o Caminho*.

Sua tradição ficou conhecida posteriormente como "a Tradição Kadampa". Consultar *Caminho Alegre da Boa Fortuna.*

Autoapreço Atitude mental que faz com que alguém se considere precioso ou importante. O autoapreço é considerado o principal objeto a ser abandonado pelos Bodhisattvas. Consultar *Compaixão Universal*, *Oito Passos para a Felicidade* e *Contemplações Significativas.*

Bardo Ver estado intermediário.

Bênção "*Jin gyi lob*" em tibetano. Transformação da nossa mente de um estado negativo para um estado positivo, de um estado infeliz para um estado feliz, de um estado de fraqueza para um estado de vigor, pela inspiração de seres sagrados, como nosso Guia Espiritual, Budas e Bodhisattvas.

Bodhichitta Palavra sânscrita para "mente de iluminação". "*Bodhi*" significa "iluminação", e "*chitta*" significa "mente". Existem dois tipos de bodhichitta: bodhichitta convencional e bodhichitta última. Em linhas gerais, o termo "bodhichitta" refere-se à bodhichitta convencional, que é uma mente primária motivada por grande compaixão que busca, espontaneamente, a iluminação para beneficiar todos os seres vivos. A bodhichitta convencional é de dois tipos: a bodhichitta aspirativa e a bodhichitta de compromisso. A bodhichitta última é uma sabedoria motivada pela bodhichitta convencional e que realiza diretamente a vacuidade, a natureza última dos fenômenos. Consultar *Caminho Alegre da Boa Fortuna*, *Contemplações Significativas* e *Compaixão Universal.*

Bodhisattva Uma pessoa que gerou a bodhichitta espontânea, mas que ainda não se tornou um Buda. A partir do momento que um praticante gera a bodhichitta não artificial, ou espontânea, ele (ou ela) torna-se um Bodhisattva e ingressa no primeiro Caminho Mahayana, o Caminho da Acumulação. Um Bodhisattva comum é um Bodhisattva que não realizou a vacuidade diretamente, e um

Bodhisattva superior é um Bodhisattva que obteve uma realização direta da vacuidade. Consultar *Caminho Alegre da Boda Fortuna* e *Contemplações Significativas*.

Buda Um ser que abandonou completamente todas as delusões e suas marcas. Existem muitos seres que se tornaram Budas no passado, e existem muitos seres que irão se tornar Budas no futuro. Consultar *Caminho Alegre da Boa Fortuna*.

Buda Shakyamuni O quarto Buda dentre mil Budas que irão aparecer neste mundo durante este Éon Afortunado. Os primeiros três Budas foram Krakuchchhanda, Kanakamuni e Kashyapa. O quinto Buda será Maitreya.

Budadharma Os ensinamentos de Buda e as realizações interiores obtidas pela prática desses ensinamentos.

Caminho De acordo com o Dharma, *caminho* é um caminho interior. Existem dois tipos de caminho: caminhos corretos e caminhos incorretos. Exemplos de caminhos corretos são as etapas do caminho que conduzem à libertação e à iluminação, e exemplos de caminhos incorretos são as ações e concentrações contaminadas que conduzem ao renascimento cíclico. Ver também solo.

Caminho do Meio A visão correta da vacuidade impede ambos os extremos e, por essa razão, a vacuidade é denominada de "caminho do meio". Ver também Madhyamika.

Caminho profundo O caminho profundo inclui todas as práticas de sabedoria que conduzem a uma realização direta da vacuidade e, por fim, ao Corpo-Verdade de um Buda. Consultar *Caminho Alegre da Boa Fortuna* e *Oceano de Néctar*.

Caminho vasto O caminho vasto inclui todas as práticas do método, desde o cultivo inicial da compaixão até a aquisição final do Corpo-Forma de um Buda. Consultar *Caminho Alegre da Boa Fortuna* e *Oceano de Néctar.*

Canais Corredores interiores sutis do corpo através dos quais fluem gotas sutis movidas pelos ventos interiores. Consultar *Clara-Luz de Êxtase.*

Canal central O principal canal, localizado bem no centro do corpo, e onde as rodas-canal estão localizadas. Consultar *Clara--Luz de Êxtase.*

Carma Termo sânscrito que se refere às ações e seus efeitos. Por força de intenção, fazemos ações com nosso corpo, fala e mente, e todas essas ações produzem efeitos. O efeito das ações virtuosas é felicidade, e o efeito das ações negativas é sofrimento. Consultar *Caminho Alegre da Boa Fortuna.*

Chakra Ver roda-canal.

Chandrakirti Grande erudito budista indiano e mestre de meditação que escreveu, dentre muitos outros livros, *Guia ao Caminho do Meio*, no qual elucida claramente a visão da escola Madhyamika--Prasangika de acordo com os ensinamentos de Buda dados nos *Sutras Perfeição de Sabedoria*. Consultar *Oceano de Néctar.*

Cinco sabedorias oniscientes As cinco excelsas sabedorias de um Buda: excelsa sabedoria semelhante a um espelho, excelsa sabedoria da igualdade, excelsa sabedoria da análise individual, excelsa sabedoria de realizar atividades e excelsa sabedoria do Dharmadhatu.

Clara aparência Em geral, é qualquer clara aparência de um objeto de meditação à concentração que está focada nele. Mais especificamente, clara aparência é uma prática do Mantra Secreto pela qual o praticante, tendo gerado a si mesmo como uma Deidade e o ambiente como o mandala da Deidade, tenta obter clara aparência da totalidade do objeto à sua concentração. Essa clara aparência é o antídoto à aparência comum. Consultar *Novo Guia à Terra Dakini* e *Joia-Coração*.

Clarividência Habilidade que surge de concentração especial. Existem cinco tipos principais de clarividência: a clarividência do olho divino (a habilidade de ver formas sutis e distantes), a clarividência do ouvido divino (a habilidade de escutar sons sutis e distantes), a clarividência de poderes miraculosos (a habilidade de emanar diversas formas por meio da mente), a clarividência de relembrar vidas anteriores e a clarividência de conhecer a mente dos outros. Alguns seres, como os seres-do-bardo e alguns seres humanos e fantasmas, têm clarividência contaminada, desenvolvida devido ao carma, mas esse tipo de clarividência não é verdadeira clarividência.

Coleção de mérito Qualquer ação virtuosa motivada por bodhichitta e que é a causa principal para se obter o Corpo-Forma de um Buda. Exemplos: fazer oferendas e prostrações aos seres sagrados com a motivação de bodhichitta e praticar as perfeições de dar, disciplina moral e paciência. Ver também Corpos de Buda.

Coleção de sabedoria Ação mental virtuosa motivada por bodhichitta e que é a causa principal para se obter o Corpo-Verdade de um Buda. Exemplos: ouvir com atenção, contemplar e meditar sobre a vacuidade com a motivação de bodhichitta. Ver também Corpos de Buda.

Compromissos Promessas e juramentos tomados quando nos empenhamos em certas práticas espirituais. Consultar *Novo Guia à Terra Dakini*.

Conquistador Solitário Um tipo de praticante hinayana. Também conhecido como "Realizador Solitário". Consultar *Oceano de Néctar*.

Corpo-Forma Ver Corpos de Buda.

Corpo-ilusório Quando um praticante do Tantra Ioga Supremo sai da meditação sobre a mente-isolada da clara-luz-exemplo última, ele (ou ela) obtém um corpo que não é o mesmo que seu corpo físico comum. Esse novo corpo é o corpo-ilusório. Ele tem a mesma aparência que o corpo da Deidade pessoal do estágio de geração, exceto que sua cor é branca. Ele pode ser percebido somente por aqueles que já obtiveram um corpo-ilusório. Consultar *Clara-Luz de Êxtase* e *Solos e Caminhos Tântricos*.

Corpo-vajra Geralmente, os canais, ventos interiores e gotas. Mais especificamente, o corpo-ilusório puro. O corpo de um Buda é conhecido como "o corpo-vajra resultante". Consultar *Clara-Luz de Êxtase*.

Corpo-Verdade Ver Corpos de Buda.

Corpos de Buda Um Buda possui quatro corpos: o Corpo-Verdade-Sabedoria, o Corpo-Verdade-Natureza, o Corpo-de-Deleite e o Corpo-Emanação. O Corpo-Verdade-Sabedoria é a mente onisciente de Buda. O Corpo-Verdade-Natureza é a vacuidade, ou natureza última, de sua mente. O Corpo-de-Deleite é seu Corpo-Forma verdadeiro, que é muito sutil. O Corpo-Emanação, a partir do qual cada Buda manifesta um número incontável de corpos, são Corpos-Forma densos visíveis aos seres comuns. O Corpo-Verdade-Sabedoria e o Corpo-Verdade-Natureza estão, ambos, incluídos no Corpo-Verdade, e o Corpo-de-Deleite e o Corpo-Emanação estão, ambos, incluídos no Corpo-Forma. Consultar *Caminho Alegre da Boa Fortuna* e *Oceano de Néctar*.

Dakas Ver Dakinis.

Dakinis Budas tântricos femininos e mulheres que alcançaram a realização da clara-luz-significativa. Dakas são os equivalentes masculinos. Consultar *Novo Guia à Terra Dakini*.

Deidade "*Yidam*" em tibetano. Um ser iluminado tântrico.

Delusão Fator mental que surge de atenção imprópria e que atua tornando a mente perturbada e descontrolada. Existem três delusões principais: ignorância, apego e ódio. Delas surgem todas as demais delusões, como inveja, orgulho e dúvida deludida. Consultar *Caminho Alegre da Boa Fortuna* e *Como Entender a Mente.*

Delusões inatas Delusões que não são produzidas por especulação intelectual, mas que surguem naturalmente. Consultar *Caminho Alegre da Boa Fortuna* e *Como Entender a Mente.*

Delusões intelectualmente formadas Delusões que surgem como resultado de confiarmos em raciocínios incorretos ou em princípios ou doutrinas equivocadas. Consultar *Caminho Alegre da Boa Fortuna* e *Como Entender a Mente.*

Delusões-obstruções Ver obstruções à libertação.

Demônio "*Mara*" em sânscrito. Um mara é algo que obstrui a aquisição da libertação ou da iluminação. Existem quatro tipos principais de demônio: o demônio das delusões, o demônio dos agregados contaminados, o demônio da morte e os demônios Devaputra. Dentre esses quatro tipos, somente os demônios Devaputra são, de fato, seres sencientes. O principal demônio Devaputra é Ishvara irado, o mais elevado dos deuses do reino do desejo e que habita a "Terra em que se Controlam Emanações de Outros". Buda é chamado de "Conquistador" porque conquistou todos os quatro tipos de demônio. Consultar *Novo Coração de Sabedoria* e *Oceano de Néctar.*

Destruidor de Inimigos "*Arhat*" em sânscrito. Refere-se a um praticante que abandonou todas as delusões e suas sementes por meio de treinar em caminhos espirituais e que nunca mais renascerá no samsara. Neste contexto, o termo "inimigo" refere-se às delusões.

Deuses Seres do reino dos deuses, o mais elevado dos seis reinos do samsara. Existem muitos tipos diferentes de deuses. Alguns pertencem ao reino do desejo, ao passo que outros pertencem aos reinos da forma e da sem-forma. Consultar *Caminho Alegre da Boa Fortuna.*

Dez direções As quatro direções cardeais, as quatro direções intermediárias e as direções para cima e para baixo.

Dharma Os ensinamentos de Buda e as realizações interiores obtidas na dependência da prática desses ensinamentos. "Dharma" significa "proteção". Por praticar os ensinamentos de Buda, nos protegemos de sofrimento e problemas. Consultar *Caminho Alegre da Boa Fortuna.*

Dorje Shugden Protetor do Dharma que é uma emanação do Buda da Sabedoria Manjushri. Consultar *Joia-Coração.*

Doze fontes As seis faculdades (a faculdade visual e assim por diante) e os seis objetos dessas faculdades (formas visuais e assim por diante). Consultar *Novo Coração de Sabedoria* e *Oceano de Néctar.*

Duas verdades A verdade convencional e a verdade última. Consultar *Contemplações Significativas* e *Oceano de Néctar.*

Elemento A natureza de qualquer fenômeno. Todos os fenômenos possuem sua própria natureza, que está incluída nos dezoito elementos. Consultar *Novo Coração de Sabedoria* e *Oceano de Néctar.*

Éon Afortunado É o nome dado a esta época do mundo. Ela é assim denominada porque mil Budas irão aparecer durante este éon. Buda Shakyamuni foi o quarto Buda, e Buda Maitreya será o quinto.

Equilíbrio meditativo Concentração estritamente focada em um objeto virtuoso, como, por exemplo, a vacuidade. Consultar *Oceano de Néctar.*

Era dourada Época na qual os seres sencientes possuem mérito abundante e quando as atividades de Dharma florescem. É o oposto de uma época degenerada.

Estado intermediário "*Bardo*" em tibetano. O estado entre a morte e o renascimento. O estado intermediário começa no momento em que a consciência deixa o corpo e cessa no momento em que a consciência entra no corpo da próxima vida. Consultar *Caminho Alegre da Boa Fortuna.*

Estágio de conclusão Realizações do Tantra Ioga Supremo obtidas pela conclusão de um método especial que faz com que os ventos entrem, permaneçam e dissolvam-se no canal central. Consultar *Clara-Luz de Êxtase, Novo Guia à Terra Dakini* e *Solos e Caminhos Tântricos.*

Estágio de geração Realização de um ioga criativo obtida como resultado da concentração pura em trazer os três corpos para o caminho, por meio da qual alguém gera a si mesmo como uma Deidade tântrica e seu ambiente como o mandala da Deidade. A meditação no estágio de geração é denominada "ioga criativo" porque seu objeto é criado, ou gerado, por meio de imaginação correta. Consultar *Novo Guia à Terra Dakini* e *Mahamudra Tantra.*

Etapas do caminho Apresentação sistemática de todas as etapas do caminho à iluminação. Consultar *Caminho Alegre da Boa Fortuna* e *Novo Manual de Meditação.*

Excelsa sabedoria Qualquer realização de Dharma mantida por renúncia ou bodhichitta. Em geral, excelsa sabedoria, solo e caminho são sinônimos. Ver também solo.

Existência cíclica Ver samsara.

Existência inerente Modo de existência imaginado, no qual os fenômenos são considerados como existindo do seu próprio lado, independentes de outros fenômenos. Em realidade, todos os fenômenos são vazios de existência inerente, pois dependem de suas partes. Consultar *Novo Coração de Sabedoria, Caminho Alegre da Boa Fortuna* e *Oceano de Néctar.*

Fator mental Conhecedor que apreende, principalmente, um atributo específico de um objeto. Existem 51 fatores mentais específicos. Consultar *Como Entender a Mente.*

Fenômenos contaminados Qualquer fenômeno que faz com que as delusões surjam ou que causa o aumento das delusões. Exemplos de fenômenos contaminados são os ambientes, os seres e os prazeres do samsara. Consultar *Caminho Alegre da Boa Fortuna.*

Fogo interior "*Tummo*" em tibetano. Calor interior localizado no centro da roda-canal do umbigo. Consultar *Clara-Luz de Êxtase* e *Novo Guia à Terra Dakini.*

Geshe Título concedido pelos monastérios kadampa para eruditos budistas realizados.

Geshe Langri Tangpa (1054–1123) Um grande geshe kadampa, famoso por suas realizações de trocar eu por outros. Ele escreveu *Oito Estrofes do Treino da Mente.* Consultar *Oito Passos para a Felicidade.*

Gotas Existem dois tipos de gotas no corpo: gotas brancas e gotas vermelhas. Elas são a pura essência do esperma e do sangue, respectivamente. Quando as gotas se derretem e fluem pelos canais interiores, elas causam o surgimento de uma experiência de êxtase. Consultar *Clara-Luz de Êxtase.*

Grande compaixão Uma mente que deseja proteger todos os seres vivos do sofrimento. Consultar *Caminho Alegre da Boa Fortuna, Compaixão Universal* e *Oito Passos para a Felicidade.*

Guia ao Caminho do Meio Texto budista mahayana clássico, escrito pelo grande iogue e erudito budista indiano Chandrakirti e que proporciona uma ampla explicação da visão Madhyamika-Prasangika sobre a vacuidade como foi ensinada nos *Sutras Perfeição de Sabedoria*. Para uma tradução e comentário completo sobre esse texto, consultar *Oceano de Néctar*.

Guia do Estilo de Vida do Bodhisattva Texto budista mahayana clássico, escrito pelo grande iogue e erudito budista indiano Shantideva, que apresenta todas as práticas de um Bodhisattva, desde as primeiras etapas de gerar a bodhichitta até a conclusão da prática das seis perfeições. Para ler a tradução dessa obra, consultar *Guia do Estilo de Vida do Bodhisattva*. Para um comentário completo a esse texto, ler *Contemplações Significativas*.

Heróis e Heroínas Um Herói é uma Deidade tântrica masculina, que é a corporificação do método. Uma Heroína é uma Deidade tântrica feminina, que é a corporificação da sabedoria. Consultar *Novo Guia à Terra Dakini*.

Hinayana Termo sânscrito para "Pequeno Veículo". A meta hinayana é meramente a conquista da libertação do sofrimento para si próprio pelo completo abandono das delusões. Consultar *Caminho Alegre da Boa Fortuna*.

Ignorância Fator mental que está confuso sobre a natureza última dos fenômenos. Ver também agarramento ao em-si. Consultar *Novo Coração de Sabedoria*, *Caminho Alegre da Boa Fortuna* e *Como Entender a Mente*.

Iluminação Normalmente, a plena iluminação da Budeidade. Existem três níveis de iluminação: pequena iluminação (ou a iluminação de um Ouvinte); iluminação mediana (ou a iluminação de um Conquistador Solitário); e a grande iluminação (ou a iluminação de um Buda). A iluminação é uma libertação e uma verdadeira cessação. Consultar *Clara-Luz de Êxtase*, *Caminho Alegre da Boa Fortuna* e *Oceano de Néctar*.

Imagem genérica O objeto aparecedor para uma mente conceitual. Consultar *Novo Coração de Sabedoria* e *Como Entender a Mente*.

Ioga Termo utilizado para várias práticas espirituais que requerem a manutenção de uma visão especial, como as práticas de Guru-Ioga e os iogas de dormir, acordar e experienciar néctar. "Ioga" refere-se também a "união", como a união do tranquilo-permanecer com a visão superior. Consultar *Novo Guia à Terra Dakini*.

Irmãos-vajra/Irmãs-vajra Praticantes que receberam qualquer iniciação do Tantra Ioga Supremo de um mesmo Mestre-Vajra, numa mesma cerimônia ou em momentos diferentes. Consultar *Novo Guia à Terra Dakini*.

Je Phabongkhapa (1878–1941) Grande lama tibetano que foi uma emanação de Heruka. Phabongkha Rinpoche foi o detentor de muitas linhagens de Sutra e do Mantra Secreto.

Joia-que-Satisfaz-os-Desejos Uma joia legendária, que concede o que quer que desejemos.

Kadampa Um kadampa é um seguidor da Tradição Kadampa, transmitida a partir de Atisha e de seu discípulo Dromtonpa. Na época de Je Tsongkhapa, a tradição era conhecida como "a Antiga Tradição Kadampa", e, após a época de Je Tsongkhapa, passou a ser conhecida como "a Nova Tradição Kadampa". Ver Programas de Estudo do Budismo Kadampa, neste livro.

Lamrim Ver etapas do caminho.

Letra-semente Letra sagrada a partir da qual uma Deidade é gerada. Cada Deidade possui uma letra-semente específica. Por exemplo, a letra-semente de Manjushri é DHI, a letra-semente de Tara é TAM, a letra-semente de Vajrayogini é BAM, e a letra semente de Heruka é HUM.

Libertação Liberdade completa do samsara e de suas causas, as delusões. Consultar *Caminho Alegre da Boa Fortuna.*

Linhagem búdica A mente raiz de um ser senciente e sua natureza última. Linhagem búdica, natureza búdica e semente búdica são sinônimos. Todos os seres sencientes têm a linhagem búdica e, portanto, possuem o potencial para alcançar a Budeidade.

Linhagem Sussurrada Ensa Outro nome para a Linhagem Sussurrada Incomum da Tradição Virtuosa.

Lojong Ver treino da mente.

Madhyamika Uma das duas principais escolas de princípios filosóficos mahayana. A visão madhyamika foi ensinada por Buda nos *Sutras Perfeição de Sabedoria* durante a Segunda Girada da Roda do Dharma e foi elucidada, posteriormente, por Nagarjuna e seus seguidores. Existem duas divisões dessa escola: Madhyamika-Svatantrika e Madhyamika-Prasangika, sendo esta última a visão final, conclusiva de Buda. Consultar *Contemplações Significativas* e *Oceano de Néctar.*

Mahasiddha Termo sânscrito que significa "grandemente realizado". É utilizado para se referir a iogues com elevadas aquisições.

Mahayana Termo sânscrito para "Grande Veículo", o caminho espiritual à grande iluminação. Consultar *Caminho Alegre da Boa Fortuna* e *Contemplações Significativas.*

Maitreya A corporificação da bondade amorosa de todos os Budas. No tempo de Buda Shakyamuni, Maitreya manifestou-se como um discípulo. No futuro, ele irá se manifestar como o quinto Buda universal.

Mandala Normalmente, refere-se à mansão celestial na qual uma Deidade tântrica habita ou ao ambiente ou Deidades de uma Terra Pura Búdica.

Mandala de corpo A transformação, de qualquer parte do corpo de alguém gerado como uma Deidade, em uma Deidade. Consultar *Novo Guia à Terra Dakini* e *Essência do Vajrayana.*

Manjushri Corporificação da sabedoria de todos os Budas. Na época de Buda Shakyamuni, manifestou-se como um discípulo Bodhisattva. Consultar *Joia-Coração.*

Mantra Significa, literalmente, "proteção da mente". O mantra protege a mente das aparências e concepções comuns. Consultar *Novo Guia à Terra Dakini* e *Solos e Caminhos Tântricos.*

Mantra Secreto Sinônimo de Tantra. Os ensinamentos do Mantra Secreto diferem dos ensinamentos de Sutra por revelarem métodos de treinar a mente com o objetivo de trazer o resultado futuro – a Budeidade – para o caminho atual. O Mantra Secreto é o caminho supremo à plena iluminação. O termo "mantra" indica que se trata de uma instrução especial de Buda para proteger a nossa mente das aparências e concepções comuns. Os praticantes do Mantra Secreto superam as aparências e concepções comuns visualizando o seu corpo, ambientes, prazeres e atividades como sendo os de um Buda. O termo "secreto" indica que as práticas devem ser feitas reservadamente e que podem ser praticadas apenas pelos que receberam uma iniciação tântrica. Consultar *Novo Guia à Terra Dakini, Solos e Caminhos Tântricos* e *Clara-Luz de Êxtase.*

Mara Ver demônio.

Meditação Familiarização constante da mente com um objeto virtuoso. Consultar *Caminho Alegre da Boa Fortuna* e *Novo Manual de Meditação.*

Meditação analítica Processo mental de investigar um objeto virtuoso, isto é, analisar sua natureza, atuação (ou função), características e outros aspectos. Consultar *Caminho Alegre da Boa Fortuna* e *Novo Manual de Meditação.*

Mente Aquilo que é clareza e que conhece. Consultar *Clara-Luz de Êxtase* e *Como Entender a Mente.*

Mente primária Conhecedor que apreende, principalmente, a mera entidade de um objeto. Existem seis mentes primárias: consciência visual, consciência auditiva, consciência olfativa, consciência gustativa, consciência tátil e consciência mental. Consultar *Como Entender a Mente.*

Mérito Boa fortuna criada por ações virtuosas. É um poder potencial para aumentar nossas boas qualidades e produzir felicidade.

Método Qualquer caminho espiritual que faz com que nossa linhagem búdica amadureça. Treinar em renúncia, compaixão e bodhichitta são exemplos de práticas do método.

Migrante(s) Ser que está no samsara, migrando de um renascimento descontrolado para outro.

Monte Meru De acordo com a cosmologia budista, uma vasta montanha que se ergue no centro do universo.

Mudra Em geral, a palavra sânscrita "*mudra*" significa "selo", como em "Mahamudra", que significa "grande selo". Mais especificamente, "mudra" é utilizado para se referir a um(a) consorte, como um "mudra-ação" ou "mudra-sabedoria", e gestos manuais utilizados em rituais tântricos. Consultar *Clara-Luz de Êxtase* e *Novo Guia à Terra Dakini.*

Mudra-ação Consorte do Tantra Ioga Supremo que auxilia no desenvolvimento de grande êxtase. Consultar *Clara-Luz de Êxtase.*

Naga Ser não humano que, normalmente, não é visível aos humanos. Os nagas costumam viver nos oceanos, mas, algumas vezes, habitam em terra firme, em regiões rochosas e em árvores. Eles são muito poderosos – alguns são benevolentes, ao passo que outros são malévolos.

Nagarjuna Grande erudito budista indiano e mestre de meditação que reviveu o Mahayana no primeiro século por trazer à luz os ensinamentos sobre os *Sutras Perfeição de Sabedoria.* Consultar *Oceano de Néctar.*

Naropa Um Mahasiddha budista indiano. Consultar *Novo Guia à Terra Dakini.*

Obstruções à libertação Obstruções que impedem a conquista da libertação. Todas as delusões, como ignorância, apego e raiva, juntamente com suas sementes, são obstruções à libertação. Também chamadas de "delusões-obstruções". Consultar *Caminho Alegre da Boa Fortuna.*

Obstruções à onisciência Marcas das delusões, que impedem a realização simultânea e direta de todos os fenômenos. Somente os Budas superaram essas obstruções. Consultar *Caminho Alegre da Boa Fortuna.*

Oferenda interior Uma oferenda do Tantra Ioga Supremo, produzida pela transformação de dez substâncias interiores em néctar.

Oferenda de torma Oferenda especial de comida feita de acordo com rituais de Sutra ou de Tantra.

Oito liberdades e dez dotes São as oito liberdades de impedimentos à prática espiritual e dez condições especiais para a prática espiritual; elas caracterizam uma preciosa vida humana. Consultar *Caminho Alegre da Boa Fortuna.*

Oito sofrimentos Os sete sofrimentos dos seres humanos e o sofrimento de ter agregados contaminados.

Orgulho divino Orgulho não deludido de alguém que se considera, a si próprio, como uma Deidade e seu ambiente e prazeres como os da Deidade. O orgulho divino é o antídoto às concepções comuns. Consultar *Clara-Luz de Êxtase*, *Guia à Terra Dakini* e *Joia-Coração.*

Perfeição de sabedoria Qualquer sabedoria mantida pela motivação de bodhichitta. Consultar *Novo Coração de Sabedoria*, *Caminho Alegre da Boa Fortuna* e *Oceano de Néctar.*

Poderes miraculosos Ver clarividência.

Postura de sete pontos de Vairochana Postura especial para meditação, na qual partes do nosso corpo adotam uma posição específica: sentar-se sobre uma almofada confortável, com as pernas cruzadas em posição vajra; costas eretas; a cabeça levemente inclinada para a frente; os olhos permanecem abertos, fitando levemente o nariz; os ombros alinhados, nivelados; a boca gentilmente fechada; e, com as palmas para cima, colocamos a mão direita sobre a esquerda, quatro dedos abaixo do umbigo e com os dois polegares tocando-se logo acima do umbigo. Consultar *Caminho Alegre da Boa Fortuna.*

Postura vajra A perfeita postura de pernas cruzadas. *Ver* postura de sete pontos de Vairochana.

Prasangika Ver Madhyamika.

Pratimoksha Palavra sânscrita que significa "libertação individual". Consultar *O Voto do Bodhisattva.*

Protetor(es) do Dharma Manifestação de Budas ou Bodhisattvas, cuja principal função é eliminar obstáculos e reunir todas as condições necessárias para os puros praticantes de Dharma. Consultar *Joia-Coração.*

Puja Cerimônia na qual são feitas, diante de seres sagrados, oferendas e outros atos de devoção.

Quatro Nobres Verdades Verdadeiros sofrimentos, verdadeiras origens, verdadeiras cessações e verdadeiros caminhos. Elas são denominados "nobres" pois são objetos supremos de meditação. Por meditarmos nesses quatro objetos, podemos realizar a verdade última diretamente e, assim, nos tornarmos um Ser superior, ou nobre. Algumas vezes, elas são referidas como "as Quatros Verdades dos Superiores". Consultar *Novo Coração de Sabedoria, Caminho Alegre da Boa Fortuna* e *Como Solucionar Nossos Problemas Humanos.*

Ratnasambhava Manifestação do agregado sensação de todos os Budas. Ele tem um corpo amarelo.

Reino do desejo Os ambientes dos seres humanos, animais, fantasmas famintos, seres-do-inferno e dos deuses que desfrutam os cinco objetos de desejo.

Reino da forma O ambiente dos deuses que possuem forma.

Reino do inferno O reino mais inferior dos seis reinos do samsara. Consultar *Caminho Alegre da Boa Fortuna.*

Reino da sem-forma O ambiente dos deuses que não possuem forma.

Retiro Período no qual nos impomos várias restrições em nossas ações de corpo, fala e mente, de modo que sejamos capazes de nos concentrar mais plenamente em uma prática espiritual específica. Consultar *Novo Guia à Terra Dakini* e *Joia-Coração.*

Roda-Canal "*Chakra*" em sânscrito. O chakra é um centro focal de onde canais secundários ramificam-se a partir do canal central. Meditar nesses pontos pode fazer com que os ventos interiores entrem no canal central. Consultar *Clara-Luz de Êxtase.*

Sadhana Um método especial para obtermos realizações, associado a uma Deidade tântrica.

Samkhya Uma escola não budista. Consultar *Contemplações Significativas.*

Samsara Também conhecido como "existência cíclica". O samsara pode ser compreendido de duas maneiras: como renascimento ininterrupto, sem liberdade ou controle, ou como os agregados de um ser que tomou tal renascimento. Existem seis reinos no samsara. Os reinos do samsara, listados em ordem ascendente de acordo com o tipo de carma que causou o renascimento neles, são: o reino dos seres-do-inferno, o reino dos fantasmas famintos, o reino dos animais, o reino dos seres humanos, o reino dos semideuses e o reino dos deuses. Os primeiros três reinos são reinos inferiores, ou migrações infelizes; e os demais três reinos são reinos superiores, ou migrações felizes. Embora o reino dos deuses seja o mais elevado reino no samsara, devido ao carma que causou o renascimento nele, é dito que o reino humano é o reino mais afortunado, pois possibilita as melhores condições para se alcançar a libertação e a iluminação. Consultar *Caminho Alegre da Boa Fortuna.*

Sangha De acordo com a tradição do Vinaya, Sangha é qualquer comunidade de quatro ou mais monges plenamente ordenados. Em geral, pessoas leigas ou ordenadas que tomaram os votos bodhisattva ou os votos tântricos também podem ser chamadas de Sangha.

Seis perfeições As perfeições de dar, disciplina moral, paciência, esforço, estabilização mental e sabedoria. Elas são chamadas de perfeições porque são motivadas pela bodhichitta. Consultar *Caminho Alegre da Boa Fortuna*, *Contemplações Significativas* e *Oceano de Néctar*.

Ser-de-compromisso Um Buda visualizado ou nós mesmos visualizados como um Buda. Um ser-de-compromisso é assim denominado porque, em geral, é um compromisso de todos os budistas visualizar ou lembrar-se de Buda e, em particular, é um compromisso de todos os que receberam uma iniciação do Tantra Ioga Supremo gerar a si mesmos como uma Deidade.

Ser comum Um ser que não realizou diretamente a vacuidade.

Ser-de-concentração Um símbolo do Corpo-Verdade de um Buda, normalmente visualizado como uma letra-semente no coração de um ser-de-compromisso ou de um ser-de-sabedoria. O ser-de-concentração é assim denominado porque é gerado por meio de concentração.

Ser-de-sabedoria Um Buda efetivo especialmente convidado a se unificar com um ser-de-compromisso visualizado.

Ser senciente Qualquer ser que possua uma mente que está contaminada pelas delusões ou pelas marcas das delusões. Os termos "ser senciente" e "ser vivo" são termos utilizados para fazer a distinção entre os seres cujas mentes estão contaminadas pelas duas obstruções (ou por uma delas) e os Budas, cujas mentes são completamente livres das duas obstruções.

Ser superior "*Arya*" em sânscrito. Ser que possui uma realização direta da vacuidade. Existem Hinayanas superiores e Mahayanas superiores.

Shantideva (687–763) Grande erudito e mestre de meditação budista indiano. Escreveu *Guia do Estilo de Vida do Bodhisattva*. Consultar *Contemplações Significativas*.

Siddhi Ver aquisição.

Solo Em geral, solo e caminho são sinônimos. "Solo" significa qualquer realização mantida por uma realização espontânea de renúncia ou bodhichitta. Os dez solos são as realizações dos Bodhisattvas superiores. Os dez solos são: Muito Alegre, Imaculado, Luminoso, Radiante, Difícil de Superar, Aproximando-se, Indo Além, Inamovível, Boa Compreensão e Nuvem do Dharma. Consultar *Oceano de Néctar*.

Sugata Outro termo para Buda. Esse termo indica que os Budas alcançaram o estado de imaculado e indestrutível êxtase.

Sukhavati Terra de Êxtase, em sânscrito. É a Terra Pura de Buda Amitabha.

Sutra Ensinamentos de Buda abertos para a prática de todos. Os ensinamentos de Sutra incluem os ensinamentos das Três Giradas da Roda do Dharma.

Sutras Perfeição de Sabedoria Sutras da Segunda Girada da Roda do Dharma, na qual Buda revelou sua visão final e definitiva da natureza última de todos os fenômenos – a ausência de existência inerente. Consultar *Novo Coração de Sabedoria* e *Oceano de Néctar*.

Sutras Vinaya Sutras nos quais Buda explica, principalmente, a prática de disciplina moral e, em particular, a disciplina moral pratimoksha.

Tantra Ver Mantra Secreto.

Tantra-Mãe Tantra que revela, principalmente, métodos para se alcançar a clara-luz.

Tara Buda feminino que é a manifestação do elemento vento de todos os Budas.

Tathagata Outro nome para Buda.

Tempos degenerados Período no qual atividades espirituais se degeneram.

Terra Dakini A Terra Pura de Vajrayogini. É chamada de "Keajra" em sânscrito e "Dagpa Khacho" em tibetano. Consultar *Novo Guia à Terra Dakini.*

Terra Dakini interior Mente de clara-luz que realiza diretamente a vacuidade. Sinônimo de clara-luz-significativa. Consultar *Novo Guia à Terra Dakini.*

Thangka Pintura tradicional representando um Buda.

Tranquilo-permanecer Concentração que possui o êxtase especial da maleabilidade física e mental, obtida na dependência de se completar as nove permanências mentais. Consultar *Clara-Luz de Êxtase, Caminho Alegre da Boa Fortuna* e *Contemplações Significativas.*

Treino da mente Uma linhagem especial de instruções recebidas de Manjushri e transmitidas a Shantideva, Atisha e geshes kadampas, que enfatiza gerar a bodhichitta por meio das práticas de equalizar eu com outros e de trocar eu por outros, em associação com a prática de tomar e dar. Consultar *Compaixão Universal, Caminho Alegre da Boa Fortuna* e *Oito Passos para a Felicidade.*

Três Joias As Três Joias são os três objetos de refúgio: a Joia Buda, a Joia Dharma e a Joia Sangha. Eles são chamados de "Joias" porque são raros e preciosos. Consultar *Caminho Alegre da Boa Fortuna.*

Três reinos Os três reinos do samsara: o reino do desejo, o reino da forma e o reino da sem-forma.

Três tempos Passado, presente e futuro.

Trijang Rinpoche Um precioso lama tibetano especial que viveu no século XX e que foi uma emanação de Buda Shakyamuni, Heruka, Atisha, Amitabha e Je Tsongkhapa. Também conhecido como "Trijang Dorjechang" e "Losang Yeshe".

Trinta e Cinco Budas Confessionais Trinta e Cinco Budas que têm poderes especiais para purificar negatividades e quedas daqueles que recitam seus nomes com fé. Consultar *O Voto Bodhisattva.*

Ushnisha Protuberância localizada na coroa de Buda. Um dos 32 sinais maiores.

Vacuidade Ausência de existência inerente, a natureza última de todos os fenômenos. Consultar *Novo Coração de Sabedoria, Transforme sua Vida* e *Oceano de Néctar.*

Vairochana Manifestação do agregado forma de todos os Budas. Ele tem um corpo branco.

Vajra Em geral, a palavra sânscrita "*vajra*" significa "indestrutível como o diamante e poderoso como o raio". No contexto do Mantra Secreto, significa a indivisibilidade de método e sabedoria. Consultar *Solos e Caminhos Tântricos.*

Vajra e sino Vajra é um objeto ritual semelhante a um cetro e simboliza grande êxtase. O sino é um sino de mão e simboliza a vacuidade. Consultar *Solos e Caminhos Tântricos*.

Vajrayana O veículo do Mantra Secreto. Ver também Mantra Secreto.

Vajrayogini Deidade do Tantra Ioga Supremo e a corporificação de êxtase e vacuidade indivisíveis. Ela é a mesma natureza que Heruka. Consultar *Guia à Terra Dakini*.

Vasubhandu Grande erudito budista que foi convertido ao Mahayana por seu irmão, Asanga.

Ventos Ver ventos interiores.

Ventos interiores Ventos especiais relacionados com a mente e que fluem pelos canais de nosso corpo. Nossa mente não pode atuar, ou funcionar, sem esses ventos. Consultar *Clara-Luz de Êxtase* e *Solos e Caminhos Tântricos*.

Verdade convencional Qualquer outro fenômeno que não a vacuidade. Verdades convencionais são verdadeiras com respeito às mente dos seres comuns, mas, em realidade, as verdades convencionais são falsas. Consultar *Novo Coração de Sabedoria*, *Contemplações Significativas* e *Oceano de Néctar*.

Verdade última Sinônimo de vacuidade, ausência de existência inerente. Consultar *Oceano de Néctar* e *Caminho Alegre da Boa Fortuna*.

Verdadeira cessação A natureza última de uma mente liberta de qualquer obstrução por meio de um verdadeiro caminho. Consultar *Caminho Alegre da Boa Fortuna* e *Novo Coração de Sabedoria*.

Verdadeira origem Ação ou delusão que é a principal causa de um verdadeiro sofrimento. Consultar *Caminho Alegre da Boa Fortuna* e *Novo Coração de Sabedoria.*

Verdadeiro caminho Caminho espiritual sustentado pela sabedoria que realiza diretamente a vacuidade. Consultar *Caminho Alegre da Boa Fortuna* e *Novo Coração de Sabedoria.*

Verdadeiro sofrimento Objeto contaminado produzido por delusões e carma. Consultar *Caminho Alegre da Boa Fortuna* e *Novo Coração de Sabedoria.*

Vinte e quatro lugares sagrados Vinte e quatro lugares especiais neste mundo, onde os mandalas de Heruka e Vajrayogini ainda permanecem. São eles: Puliramalaya, Dzalandhara, Odiyana, Arbuta, Godawari, Rameshori, Dewikoti, Malawa, Kamarupa, Ote, Trishakune, Kosala, Kalinga, Lampaka, Kanchra, Himalaya, Pretapuri, Grihadewata, Shaurashtra, Suwanadvipa, Nagara, Sindhura, Maru, e Kuluta. Consultar *Novo Guia à Terra Dakini.*

Visão superior Sabedoria especial que vê seu objeto claramente e que é mantida pelo tranquilo-permanecer e por uma maleabilidade especial induzida por investigação. Consultar *Caminho Alegre da Boa Fortuna.*

Voto(s) Promessa de abster-se de determinadas ações. Os três conjuntos de votos são: os votos Pratimoksha de libertação individual, os votos bodhisattva e os votos do Mantra Secreto. Consultar *O Voto Bodhisattva* e *Novo Guia à Terra Dakini.*

Yamantaka Deidade do Tantra Ioga Supremo e que é a manifestação irada de Manjushri.

Yidam Ver Deidade.

Bibliografia

Geshe Kelsang Gyatso é um mestre de meditação e erudito altamente respeitado da tradição do budismo mahayana fundada por Je Tsongkhapa. Desde sua chegada ao Ocidente, em 1977, Geshe Kelsang tem trabalhado incansavelmente para estabelecer o puro Budadharma no mundo todo. Durante esse tempo, deu extensos ensinamentos sobre as principais escrituras mahayana. Esses ensinamentos foram publicados em inglês e estão sendo traduzidos em muitas línguas, proporcionando uma exposição completa das práticas essenciais de Sutra e de Tantra do budismo mahayana.

Consulte o website da Tharpa Brasil para conferir os títulos disponíveis em língua portuguesa.

Livros

Budismo Moderno. O caminho da compaixão e sabedoria. (2ª edição, 2012)

Caminho Alegre da Boa Fortuna. O completo caminho budista à iluminação. (4ª edição, 2010)

Clara-Luz de Êxtase. Um manual de meditação tântrica.

Como Solucionar Nossos Problemas Humanos. As Quatro Nobres Verdades. (4ª edição, 2012)

Compaixão Universal. Soluções inspiradoras para tempos difíceis. (3ª edição, 2007)

Contemplações Significativas. Como se tornar um amigo do mundo. (2009)

Como Entender a Mente. A natureza e o poder da mente. (edição revista pelo autor, 2014. Edição anterior, com o título *Entender a Mente*, 2002)

Essência do Vajrayana. A prática do Tantra Ioga Supremo do mandala de corpo de Heruka.

Grande Tesouro de Mérito. Como confiar num Guia Espiritual. (2013)

Guia do Estilo de Vida do Bodhisattva. Como desfrutar uma vida de grande significado e altruísmo. Uma tradução da famosa obra-prima em versos de Shantideva. (2ª edição, 2009)

Guia à Terra Dakini. A prática do Tantra Ioga Supremo de Buda Vajrayogini. (2001)

Introdução ao Budismo. Uma explicação do estilo de vida budista. (6ª edição, 2012)

Joia-Coração. As práticas essenciais do Budismo Kadampa. (2008)

Mahamudra Tantra. O supremo néctar da Joia Coração. (2006)

Novo Coração de Sabedoria. Uma explicação do Sutra Coração. (edição revista pelo autor, 2013. Edição anterior, com o título *Coração de Sabedoria*, 2005)

Novo Manual de Meditação. Meditações para tornar nossa vida feliz e significativa. (2ª edição, 2009)

Oceano de Néctar. A verdadeira natureza de todas as coisas.

Oito Passos para a Felicidade. O caminho budista da bondade amorosa. (edição revista pelo autor, 2012)

Solos e Caminhos Tântricos. Como ingressar, progredir e concluir o Caminho Vajrayana.

Transforme sua Vida. Uma jornada de êxtase. (2ª edição, 2013)

Viver Significativamente, Morrer com Alegria. A prática profunda da transferência de consciência. (2007)

O Voto do Bodhisattva. Um guia prático para ajudar os outros. (2ª edição, 2005)

Sadhanas

Geshe Kelsang também supervisionou a tradução de uma coleção essencial de sadhanas, ou livretos de orações. Consulte o website da Tharpa Brasil para conferir os títulos disponíveis em língua portuguesa.

Caminho de Compaixão para quem Morreu. Sadhana de Powa para o benefício dos que morreram.

Caminho de Êxtase. A Sadhana Condensada de Autogeração de Vajrayogini

Caminho Rápido ao Grande Êxtase. Sadhana de autogeração de Vajrayogini.

Caminho à Terra Pura. Sadhana para o treino em Powa - a transferência de consciência.

Cerimônia de Powa. Transferência de consciência de quem morreu.

Cerimônia de Refúgio Mahayana e Cerimônia do Voto Bodhisattva.

A Confissão Bodhisattva das Quedas Morais. A prática de purificação do Sutra Mahayana dos Três Montes Superiores.

Dakini Ioga em Seis Sessões. Guru-Ioga em seis sessões combinado com a autogeração como Vajrayogini.

Essência da Boa Fortuna. Preces das seis práticas preparatórias para a meditação sobre as Etapas do Caminho à iluminação.

Essência do Vajrayana. Sadhana de autogeração do mandala de corpo de Heruka, de acordo com o sistema do Mahasiddha Ghantapa.

Essência do Vajrayana Condensado. Sadhana de autogeração do mandala de corpo de Heruka.

O Estilo de Vida Kadampa. As práticas essenciais do Lamrim Kadam.

Festa de Grande Êxtase. Sadhana de autoiniciação de Vajrayogini.

Gota de Essência de Néctar. Uma prática especial de jejum e purificação em associação com Avalokiteshvara de Onze Faces.

Grande Libertação do Pai. Preces preliminares para a meditação no mahamudra em associação com a prática de Heruka.

Grande Libertação da Mãe. Preces preliminares para a meditação no mahamudra em associação com a prática de Vajrayogini.

A Grande Mãe. Um método para superar impedimentos e obstáculos pela recitação do *Sutra Essência da Sabedoria* (o *Sutra Coração*).

O Ioga de Avalokiteshvara de Mil Braços. Sadhana de autogeração.

O Ioga de Buda Amitayus. Um método especial para aumentar tempo de vida, sabedoria e mérito.

O Ioga de Buda Heruka. A breve sadhana de autogeração do mandala de corpo de Heruka & Ioga Condensado em Seis Sessões.

O Ioga de Buda Maitreya. Sadhana de autogeração.

O Ioga de Buda Vajrapani. Sadhana de autogeração.

O Ioga da Grande Mãe Prajnaparamita. Sadhana de autogeração.

O Ioga do Herói Vajra. Uma breve prática de autogeração do mandala de corpo de Heruka.

O Ioga Incomum da Inconceptibilidade. A instrução especial sobre como alcançar a Terra Pura de Keajra com este corpo humano.

O Ioga da Mãe Iluminada Arya Tara. Sadhana de autogeração.

O Ioga de Tara Branca, Buda de Longa Vida.

Joia-Coração. O Guru-Ioga de Je Tsongkhapa associado à sadhana condensada de seu Protetor do Dharma.

Joia-dos-Desejos. O Guru-Ioga de Je Tsongkhapa associado com a sadhana de seu Protetor do Dharma.

Libertação da Dor. Preces e pedidos às 21 Taras.

Manual para a Prática Diária dos Votos Bodhisattva e Tântricos.

Meditação e Recitação de Vajrasattva Solitário.

Melodioso Tambor Vitorioso em Todas as Direções. O ritual extenso de cumprimento e de renovação de compromissos com o Protetor do Dharma, o grande rei Dorje Shugden, juntamente com Mahakala, Kalarupa, Kalindewi e outros Protetores do Dharma.

Oferenda ao Guia Espiritual (Lama Chöpa). Uma maneira especial de confiar no Guia Espiritual.

Prece do Buda da Medicina. Um método para beneficiar os outros.

Preces para Meditação. Preces preparatórias curtas para meditação.

Preces pela Paz Mundial.

Preces Sinceras. Preces para o rito funeral em cremações ou enterros.
Sadhana de Avalokiteshvara. Preces e pedidos ao Buda da Compaixão.
Sadhana do Buda da Medicina. Um método para obter as aquisições do Buda da Medicina.
O Tantra Raiz de Heruka e Vajrayogini. Capítulos Um e Cinquenta e Um do Tantra Raiz Condensado de Heruka.
Tesouro de Sabedoria. A sadhana do Venerável Manjushri.
União do Não-Mais-Aprender. Sadhana de autoiniciação do mandala de corpo de Heruka.
Vida Pura. A prática de tomar e manter os Oito Preceitos Mahayana.
Os Votos e Compromissos do Budismo Kadampa.

Os livros e sadhanas de Geshe Kelsang Gyatso podem ser adquiridos nos Centros Budistas Kadampa e Centros de Meditação Kadampa e suas filiais. Você também pode adquiri-los diretamente pelo site da Editora Tharpa Brasil.

Editora Tharpa Brasil
Rua Fradique Coutinho 710
Vila Madalena
05416-011 São Paulo – SP
Tel: (11) 3812 7509
Web: www.tharpa.com.br
E-mail: contato@tharpa.com.br

NTK - UBKI

Programas de Estudo do Budismo Kadampa

O Budismo Kadampa é uma escola do budismo mahayana fundada pelo grande mestre budista indiano Atisha (982-1054). Seus seguidores são conhecidos como "Kadampas": "Ka" significa "palavra" e refere-se aos ensinamentos de Buda e "dam" refere-se às instruções especiais de Lamrim ensinadas por Atisha, conhecidas como "as Etapas do Caminho à iluminação". Integrando o conhecimento dos ensinamentos de Buda com sua prática de Lamrim e incorporando-a em suas vidas diárias, os budistas kadampas são incentivados a usar os ensinamentos de Buda como métodos práticos para transformar atividades diárias em caminho à iluminação. Os grandes professores kadampas são famosos não apenas por serem grandes eruditos, mas também por serem praticantes espirituais de imensa pureza e sinceridade.

A linhagem desses ensinamentos, tanto sua transmissão oral como suas bênçãos, foi passada de mestre a discípulo e se espalhou por grande parte da Ásia e, agora, por diversos países do mundo ocidental. Os ensinamentos de Buda, conhecidos como "Dharma", são comparados a uma roda que gira, passando de um país a outro segundo as condições e tendências cármicas de seus habitantes. As formas externas de se apresentar o budismo podem mudar de acordo com as diferentes culturas e sociedades, mas sua autenticidade essencial é assegurada pela continuidade de uma linhagem ininterrupta de praticantes realizados.

O Budismo Kadampa foi introduzido no Ocidente em 1977 pelo renomado mestre budista Venerável Geshe Kelsang Gyatso. Desde então, ele vem trabalhando incansavelmente para expandir o Budismo Kadampa por todo o mundo, dando extensos ensinamentos, escrevendo textos profundos sobre o Budismo Kadampa e fundando a Nova Tradição Kadampa-União Budista Kadampa Internacional (NTK-UBKI), que hoje congrega mais de mil Centros Budistas e grupos kadampa em todo o mundo. Esses centros oferecem programas de estudo sobre a psicologia e a filosofia budistas, instruções para meditar e retiros para todos os níveis de praticantes. A programação enfatiza a importância de incorporarmos os ensinamentos de Buda na vida diária, de modo que possamos solucionar nossos problemas humanos e propagar paz e felicidade duradouras neste mundo.

O Budismo Kadampa da NTK-UBKI é uma tradição budista totalmente independente e sem filiações políticas. É uma associação de centros budistas e de praticantes que se inspiram no exemplo e nos ensinamentos dos mestres kadampas do passado, conforme a apresentação feita por Geshe Kelsang.

Existem três razões pelas quais precisamos estudar e praticar os ensinamentos de Buda: para desenvolver nossa sabedoria, cultivar um bom coração e manter a paz mental. Se não nos empenharmos em desenvolver nossa sabedoria, sempre permaneceremos ignorantes da verdade última – a verdadeira natureza da realidade. Embora almejemos felicidade, nossa ignorância nos faz cometer ações não virtuosas, a principal causa do nosso sofrimento. Se não cultivarmos um bom coração, nossa motivação egoísta destruirá a harmonia e tudo o que há de bom nos nossos relacionamentos com os outros. Não teremos paz nem chance de obter felicidade pura. Sem paz interior, a paz exterior é impossível. Se não mantivermos um estado mental apaziguado, não conseguiremos ser felizes, mesmo que estejamos desfrutando de condições ideais. Por outro lado, quando nossa mente está em paz, somos felizes ainda que as condições exteriores sejam ruins. Portanto, o desenvolvimento dessas qualidades é da maior importância para nossa felicidade diária.

Geshe Kelsang Gyatso, ou "Geshe-la", como é carinhosamente chamado por seus discípulos, organizou três programas espirituais especiais para o estudo sistemático e a prática do Budismo Kadampa. Esses programas são especialmente adequados para a vida moderna – o Programa Geral (PG), o Programa Fundamental (PF) e o Programa de Formação de Professores (PFP).

PROGRAMA GERAL

O Programa Geral (PG) oferece uma introdução básica aos ensinamentos, à meditação e à prática budistas e é ideal para iniciantes. Também inclui alguns ensinamentos e práticas mais avançadas de Sutra e de Tantra.

PROGRAMA FUNDAMENTAL

O Programa Fundamental (PF) oferece uma oportunidade de aprofundar nossa compreensão e experiência do budismo por meio do estudo sistemático de seis textos:

Caminho Alegre da Boa Fortuna – um comentário às instruções de Lamrim de Atisha, as Etapas do Caminho à iluminação.

Como Entender a Mente – uma explicação detalhada da mente, com base nos trabalhos dos eruditos budistas Dharmakirti e Dignaga.

Compaixão Universal – um comentário ao Treino da Mente em Sete Pontos, do Bodhisattva Chekhawa.

Contemplações Significativas – um comentário ao Guia do Estilo de Vida do Bodhisattva, escrito pelo Venerável Shantideva.

Novo Coração de Sabedoria – um comentário ao Sutra Coração.

Oito Passos para a Felicidade – um comentário às *Oito Estrofes do Treino da Mente*, do Bodhisattva Langri Tangpa.

Os benefícios de estudar e de praticar esses textos são:

Caminho Alegre da Boa Fortuna – ganhamos a habilidade de colocar em prática todos os ensinamentos de Buda, de Sutra e de Tantra. Podemos facilmente fazer progressos e concluir as etapas do caminho à felicidade suprema da iluminação. Do ponto de vista prático, o Lamrim é o corpo principal dos ensinamentos de Buda e todos os demais ensinamentos são como seus membros.

Como Entender a Mente – compreendemos a relação entre nossa mente e seus objetos exteriores. Se entendermos que os objetos dependem da mente subjetiva, poderemos mudar a maneira como esses objetos nos aparecem, mudando nossa própria mente. Aos poucos, vamos adquirir a habilidade de controlar nossa mente e de solucionar todos os nossos problemas.

Compaixão Universal e Oito Passos para a Felicidade – ganhamos a habilidade de incorporar os ensinamentos de Buda em nossa vida diária e de como solucionar todos os nossos problemas humanos.

Contemplações Significativas – transformamos nossas atividades diárias no estilo de vida de um Bodhisattva, tornando significativo cada momento de nossa vida humana.

Novo Coração de Sabedoria – obtemos a realização da natureza última da realidade. Por meio desta realização, podemos eliminar a ignorância do agarramento ao em-si, que é a raiz de todos os nossos sofrimentos.

PROGRAMA DE FORMAÇÃO DE PROFESSORES

O Programa de Formação de Professores (PFP) foi concebido para as pessoas que desejam treinar para se tornarem autênticos professores de Dharma. Além de completar o estudo de quatorze textos de Sutra e de Tantra, que incluem os seis textos acima citados, o estudante deve observar alguns compromissos que dizem respeito ao seu comportamento e estilo de vida e concluir um certo número de retiros de meditação.

Todos os Centros Budistas Kadampa são abertos ao público. Anualmente, celebramos festivais nos EUA e Europa, incluindo dois festivais na Inglaterra, nos quais pessoas do mundo inteiro reúnem-se para receber ensinamentos e iniciações especiais e desfrutarem de férias espirituais. Por favor, sinta-se à vontade para nos visitar a qualquer momento!

Para mais informações sobre o Budismo Kadampa
e para conhecer o Centro Budista mais próximo de você,
por favor, entre em contato com:

Centro de Meditação
Kadampa Brasil
www.budismokadampa.org.br

Centro de Meditação
Kadampa Mahabodhi
www.meditadoresurbanos.org.br

Escritórios da Editora Tharpa no Mundo

Atualmente os livros da Tharpa são publicados em inglês (americano e britânico), chinês, francês, alemão, italiano, japonês, português e espanhol. Os livros na maioria desses idiomas estão disponíveis em qualquer um dos escritórios da Editora Tharpa listados abaixo.

Inglaterra
Tharpa Publications UK
Conishead Priory
ULVERSTON
Cumbria, LA12 9QQ, UK
Tel: +44 (0)1229-588599
Fax: +44 (0)1229-483919
Web: www.tharpa.com/uk/
E-mail: info.uk@tharpa.com

Estados Unidos
Tharpa Publications USA
47 Sweeney Road
GLEN SPEY NY 12737
USA
Tel: +1 845-856-5102
Toll-free: 888-741-3475
Fax: +1 845-856-2110
Web: www.tharpa.com/us/
E-mail: info.us@tharpa.com

África do Sul
c/o Mahasiddha Kadampa Buddhist Centre
2 Hollings Road, Malvern
DURBAN
4093 REP. OF SOUTH AFRICA
Tel : +27 31 464 0984
Web: www.tharpa.com/za/
E-mail: info.za@tharpa.com

Alemanha
Tharpa Verlag (Zweigstelle Berlin)
Sommerswalde 8
16727 Oberkrämer OT Schwante
GERMANY
Tel: +49 (0)33055 222135
Fax : +49 (0) 33055 222139
Web: www.tharpa.com/de/
E-mail: info.de@tharpa.com

Austrália
Tharpa Publications Australia
25 McCarthy Road
PO Box 63
MONBULK
VIC 3793
AUSTRALIA
Tel: +61 (3) 9752-0377
Web: www.tharpa.com/au/
E-mail: info.au@tharpa.com

Brasil
Editoria Tharpa Brasil
Rua Fradique Coutinho 710
Vila Madalena
05416-011 São Paulo – SP
BRASIL
Tel: +55 (11) 3812 7509
Web: www.tharpa.com.br
E-mail: contato@tharpa.com.br

Canadá
Tharpa Publications Canada
631 Crawford Street
TORONTO ON
M6G 3K1, CANADA
Tel: +1 (416) 762-8710
Toll-free: 866-523-2672
Fax: +1 (416) 762-2267
Web: www.tharpa.com/ca/
E-mail: info.ca@tharpa.com

Espanha
Editorial Tharpa España
Camino Fuente del Perro s/n
29120 ALHAURÍN EL GRANDE
(Málaga)
ESPAÑA
Tel.: +34 952 596808
Fax: +34 952 490175
Web: www.tharpa.com/es/
E-mail: info.es@tharpa.com

França
Editions Tharpa
Château de Segrais
72220 SAINT-MARS-D'OU-
TILLÉ
FRANCE
Tél : +33 (0)2 43 87 71 02
Fax : +33 (0)2 76 01 34 10
Web: www.tharpa.com/fr/
E-mail: info.fr@tharpa.com

Hong Kong
Tharpa Asia
2nd Floor, 21 Tai Wong St. East,
Wanchai,
HONG KONG
Tel: +852 25205137
Fax: +852 25072208
Web: www.tharpa.com/hk-cht/
E-mail: info.hk@tharpa.com

Japão
Tharpa Japan
Dai 5 Nakamura Kosan Biru #501,
Shinmachi 1-29-16, Nishi-ku,
OSAKA, 550-0013
JAPAN
Tel/Fax : +81 6-6532-7632
Web: www.tharpa.com/jp/
E-mail: info.jp@tharpa.com

México
Enrique Rébsamen No 406,
Col. Narvate, entre Xola y
Diagonal de San Antonio,
C.P. 03020,
MÉXICO D.F., MÉXICO
Tel: +01 (55) 56 39 61 86
Tel/Fax: +01 (55) 56 39 61 80
Web: www.tharpa.com/mx/
Email: tharpa@kadampa.org/mx

Suiça
Tharpa Verlag
Mirabellenstrasse 1
CH-8048 ZURICH
Schweiz
Tel: +41 44 401 02 20
Fax: +41 44 461 36 88
Web: www.tharpa.com/ch/
E-mail: info.ch@tharpa.com

Índice Remissivo

a letra "g" indica entrada para o glossário

A

D

F

H

I

K

L

M

P

S

T

Y